现代礼仪教程
秘书篇

体现课程思政特色　达成结果导向目标

本书为《现代秘书礼仪》（江苏高校哲学社会科学研究基金指导项目【2014SJD404】研究成果）修订版

滕燊薤 ◎ 编著

首都经济贸易大学出版社
Capital University of Economics and Business Press

·北京·

图书在版编目（CIP）数据

现代礼仪教程：秘书篇/滕燊蘶编著. -- 北京：首都经济贸易大学出版社，2022.9
ISBN 978 – 7 – 5638 – 3393 – 1

Ⅰ.①现… Ⅱ.①滕… Ⅲ.①礼仪—教材 Ⅳ.①K891.26

中国版本图书馆 CIP 数据核字（2022）第 147517 号

现代礼仪教程：秘书篇
滕燊蘶 编著
XIANDAI LIYI JIAOCHENG：MISHU PIAN

责任编辑	杨丹璇
封面设计	砚祥志远·激光照排 TEL：010-65976003
出版发行	首都经济贸易大学出版社
地　　址	北京市朝阳区红庙（邮编100026）
电　　话	（010）65976483　65065761　65071505（传真）
网　　址	http://www.sjmcb.com
E – mail	publish@cueb.edu.cn
经　　销	全国新华书店
照　　排	北京砚祥志远激光照排技术有限公司
印　　刷	唐山玺诚印务有限公司
成品尺寸	170 毫米×240 毫米　1/16
字　　数	278 千字
印　　张	15.5
版　　次	2022 年 9 月第 1 版　2022 年 9 月第 1 次印刷
书　　号	ISBN 978 – 7 – 5638 – 3393 – 1
定　　价	38.00 元

图书印装若有质量问题，本社负责调换
版权所有　侵权必究

前 言

礼仪是人类文明和社会进步的标志。礼仪是人格的外在显现，是人群求同的准绳，是社会约束的道德力量。礼仪的核心是尊重，一个社会如果讲礼、识礼者少，社会就会失序，各种摩擦、冲突就会频繁发生，人们相处不仅缺少安全感，甚至有举目皆敌的危机感；反之，社会就会和谐融洽，人们的生活也会有更多的幸福感。

从现行规范来看，现代礼仪分为两大类。

一类为综合性精神风貌与处事风范，包括待人接物、举手投足的形象规范、气质规范、行为举止规范、礼貌与礼仪规范、心理调适规范等。

另一类是对从事某个专项活动的具体要求，一般从专项活动开展的程序和方法两个方面规定为程序规范、技术规范两大类型。前者用来约束每一个人，体现个人道德修养程度。本书将其定义为个人形象礼仪。后者是工作中的各项规范，体现日常事务与专项事务的统一。不同类型事务如政务礼仪、实务礼仪、法务礼仪的特殊需要，用来约束人们在不同服务与管理中的行为，主要指规范的仪式、标准及工作流程。本书将其定义为仪式礼仪。

礼仪学是处理人际关系和公共关系的学问。本书研究当今社会人们在工作中应该遵循的礼仪原则，探索职场工作者为塑造个人和组织的良好形象而对交往对象表示尊敬与友好的行为规范和准则。内容上概述礼仪各类知识，介绍个人相关礼仪和工作仪式礼仪。

具体包括个人仪容举止、服装配饰、语言谈吐礼仪，职场专项办公、会议、宴请、交往、谈判、公关礼仪等；特别探讨应用类、管理类、金融类等专业毕业生求职应聘、面试见习等环节应有的礼仪规范。课程教学规避礼仪限制死板、枯燥繁多、条例难记、理论脱离实际等缺陷，将具体礼仪放到贴近现实的案例中，聚焦社会关注的重点、难点、热点事件，于得失分析中树立规则意识，使学生代入感更强，深刻理解知礼、懂礼、讲礼的迫切性与重要性。

本书具有以下六个特点：

第一，突出课程思政元素，提升育人意识。本书提炼出优秀传统文化中蕴含的礼仪精华，融注于各个章节，并配有对应案例，形成可推广、可辐射的思政育人方法，激发学生的文化自信和爱国情怀，实现专业积累与德行提升同步。

第二，内容全面。本书涵盖现代秘书工作涉及的所有礼仪范畴，与现代秘书内容互相关照。

第三，视域独到。本书关注秘书入职礼仪的全面性，填补了目前相关研究的空白，为毕业生进入职场后的身份转变提供了切实可行的理论指导。

第四，案例精准。本书选用的案例针对性强，聚焦社会关注的重点、难点。案例指向明确，每个案例配有思考题，提示出案例中需关注的重点，供学习者借鉴。

第五，原创典型。大量案例均根据作者亲历事件编写，来自职场，现场感极强，是秘书实际工作中发生概率极高的真事，极具参考价值。

第六，时效性强。全书内容与时俱进，贴近现实。

作者在本书修订过程中参阅了大量资料，在此谨向资料作者表示诚挚的谢意！同时感谢首都经济贸易大学出版社孟岩岭老师和杨丹璇老师的辛勤付出。由于作者专业水平有限，本书难免存在不足之处，敬请广大读者批评指正。

滕桑蕤
2022 年 6 月 30 日

目 录
CONTENTS

第一章
现代秘书礼仪概述 / 1
第一节　礼仪的基本概念 / 2
第二节　现代秘书礼仪的基本特征与基本原则 / 13
第三节　现代秘书礼仪的作用 / 23

第二章
秘书形象礼仪——仪表举止 / 35
第一节　仪容仪表礼仪 / 37
第二节　仪态举止礼仪 / 46

第三章
秘书形象礼仪——服装配饰礼仪 / 57
第一节　服装穿着礼仪 / 58
第二节　佩戴饰品礼仪 / 73

第四章
秘书形象礼仪—— 语言谈吐礼仪 / 77
第一节　常用的语言形式 / 77
第二节　现代秘书的言谈礼仪 / 80
第三节　言谈的礼节 / 83

第五章

秘书人员入职礼仪 / 91

第一节　求职前期礼仪 / 91

第二节　求职应聘礼仪 / 96

第三节　入职秘书的见习礼仪 / 103

第四节　入职秘书从头学起 / 108

第六章

现代秘书办公礼仪 / 117

第一节　办公环境礼仪 / 117

第二节　办公场所用餐礼仪 / 120

第三节　办公公共区域的使用礼仪 / 120

第四节　办公设备的使用礼仪 / 122

第七章

现代秘书办公室人际关系礼仪 / 130

第一节　秘书与上司相处的礼仪 / 130

第二节　秘书与平级同事及下属相处的礼仪 / 134

第八章

现代秘书办会礼仪 / 139

第一节　秘书主办会议的礼仪 / 139

第二节　秘书人员出席会议礼仪 / 151

第三节　一些特殊会议的礼仪规范 / 154

第九章

现代秘书宴请礼仪 / 161

第一节　宴请形式 / 161

第二节　宴请准备 / 165

第三节　就餐礼仪 / 174

第十章
宴请饮品礼仪 / 189
第一节　饮酒礼仪 / 189
第二节　饮茶与喝咖啡的礼仪 / 195

第十一章
现代秘书公关礼仪 / 200
第一节　秘书专项公关活动礼仪 / 200
第二节　公关活动的礼品馈赠礼仪 / 206

第十二章
现代秘书商务谈判礼仪 / 211
第一节　商务谈判概述 / 212
第二节　商务谈判原则和程序 / 214
第三节　商务谈判现场礼仪 / 221

附录一
古今称谓 / 225

附录二
中国传统节日及礼俗 / 229

附录三
西方传统节日及礼俗 / 233

附录四
颜色的寓意 / 236

主要参考文献 / 238

第一章
现代秘书礼仪概述

现代社会，人们明礼、学礼、懂礼、守礼，讲究以礼立身。礼仪早已成为衡量个人修养和文明程度的标准。

现代秘书兼具服务者与管理者的双重身份，既是为领导和决策层服务的人员，又是管理班子中不可缺少的重要组成部分。这一角色定位，决定了秘书只能根据领导意图或领导精神办事，具有被动性和从属性。但同时，秘书又必须当好领导的助手，承担起大量的具体事务，事无巨细，做出成效，必须主动发挥能动性。

既被动又主动，秘书这个特殊的群体，从产生之日起就与礼仪结下了不解之缘。就像一张纸的正反面，秘书与礼仪永远无法剖开。现代秘书作为承上启下、沟通内外、协调各方的专职人士，工作的所有对象都是人，因而举手投足、待人接物处处需要懂礼、守礼、持礼有度。可以说，礼仪是秘书社会行为基本规范的重要内容，是秘书的必备素质，是秘书内在修养的体现，也是秘书外在良好形象的体现，更是秘书所在组织形象的体现。

现代秘书礼仪不仅是一种形式，还是一种工具，它能够帮助人们清除交往中的障碍。在现代社会环境下，秘书这个群体与职业自有一系列专业相关的礼仪规范。

课程思政元素

礼仪作为一种文化存在，既讲内修，也讲外达。中国自古以来便是一个尚美懂礼的民族，讲仁爱、重民本、守诚信、崇正义、尚和合、求大同等优秀传统文化中蕴含的礼仪之道，是现代礼仪的基石。

1. 中国传统文化中的和合思想，从"协和万邦"的古老理念到倡导"和谐世界"的新国际安全观。
2. 中国传统文化中的大同理念，如"君子和而不同，小人同而不和"。
3. 中国传统文化中的自强精神，如"路漫漫其修远，吾将上下而求索"。

4. 中国传统文化中的内外兼修，如秀外慧中。
5. 中国传统文化中的诚信、智勇。
6. 中国传统文化中的处世观，如温、良、恭、俭、让。
7. 中国传统文化中的人本主义精神和礼治精神。

第一节　礼仪的基本概念

礼仪作为一种文化存在，既讲内修，也讲外达。中国几千年的文化积淀，形成了中国社会的"礼"之规范，即"尊重"与"敬畏"生成的人与人的平衡、人与自然的平衡。

礼仪是人类文明和社会进步的标志，是处理人际关系和公共关系的学问。它是人们在长期的社会交往过程中积累形成又不断扬弃，最终约定俗成，为人们共同接受和认同的行为规范和准则。

《荀子·修身》中对"礼"的表述是"人无礼则不生，事无礼则不成，国无礼则不宁"，今天的理解就是：对个人而言，礼是定名分、排长幼的参照物；对社会活动而言，礼是约束行为、协调关系的润滑剂；对国家治理而言，礼是处理争端、化解矛盾的辅助手段。

一般的表述中，与"礼"相关的词最常见的有三个：礼仪、礼貌、礼节。

一、"礼仪"的含义

（一）"礼"的含义

古人视"礼"为"敬神"，现引申为"敬意"。礼的含义就是尊敬他人，友善待人，为他人着想。实质上，"礼"就是由一定的道德观念和风俗形成的礼节及表示尊敬的态度和动作。"夫君子之行，静以修身，俭以养德。非淡泊无以明志，非宁静无以致远"。这就是自敬的表现。随着时代的发展，社会活动更加多样化，"礼"的含义也日渐丰富，从不同的角度，我们发现它有不同的指向，具体包括四个方面。

（1）表达敬意。这是指表达礼貌时的动作，如敬礼。

（2）表达敬意或为了表达敬意而举行的仪式，如各种典礼。

（3）社会约定俗成的道德规范。这是指制度、品格节操，如规章制度、公序良俗等。

（4）为表达敬意而赠送的物品，如礼品。

(二)"仪"的含义

"仪"为人们准则、行为的依据，就是人的外表、动作及按程序进行的礼节。"仪"是举止、行为，是让人看得见的东西。具体包括五个方面：

（1）准则规范或行为的规矩。《墨子》中有"置此以为法，立此以为仪"的句子，"法"与"仪"都是准则的意思。

（2）典范、表率。古语有"上者，下之仪也"，指上级应该做下级的表率。

（3）形式或某种固定的程序，指仪式。

（4）人的容貌和外形。《诗经》中有"令仪令色，小心翼翼"，指人的仪表、风度。

（5）表达敬意而赠送物品的程式，如谢仪。

综上所述，一般意义的礼仪是指人们内心有对他人的尊敬之情，通过美好的仪表和规范的仪式表达出来。遵从礼仪，就是内心对交往对象含有尊敬之意，在程序和谈吐举止上懂得约定俗成的规范，外表上注重仪容、仪态和仪表，在正式场合讲究典礼程序。它既包含外在的形式，又涉及内在的修养。这一定义包含以下几层意思：第一，礼仪是道德行为规范。第二，礼仪的直接目的是表示对他人的尊重、亲善与友好，用以建立和谐的人际关系。第三，礼仪的根本目的是维系社会正常的秩序。

案例分析

不卑不亢

1972年2月21日中午，尼克松乘坐的专机抵达北京，周恩来总理等到机场迎接。在尼克松步出机舱走下舷梯近一半时，周总理鼓起掌来，尼克松也报之以掌声。请注意，周总理不是等尼克松一出舱就鼓掌，也不是根本不鼓掌，而是等他下到舷梯中央时才鼓掌。欢迎宴会上还有一个细节：往常在和其他国家领导人碰杯时，周总理总是让自己酒杯的上沿去碰对方杯子的中间部分，但在向尼克松敬酒时，他却特意将自己酒杯的杯沿和尼克松的酒杯杯沿持平后再碰杯。此次会晤，外报对我方接待工作的评价是"Correct, Not Warm"，即"合于礼而不热"，这也正是我们要的"不卑不亢"的效果。

二、"礼貌"的含义

施行各种礼节，为的是在姿态容貌上表现出内心对他人的敬意。内心有敬意，外在形态上就要遵守礼节。如见面问候、见长者端坐、看人平视、面带微笑等，这些都是礼貌的表现。

今天说到礼貌，要求人们互相尊重并且表里如一。无论生活还是工作，礼貌已成为调整人们相互之间的关系、维持社会生活正常秩序的道德规范和行为准则，是人们相互交往时的和谐相处行为，是争取对方好感的具体表现。正如孟德斯鸠所言："礼貌使有礼貌的人喜悦，也使那些受人以礼相待的人们喜悦。"又如冈察尔所言："礼貌是最容易做到的事，也是最珍贵的东西。"

礼貌是礼仪的重要组成部分。礼貌是各种礼节的内在基础，"诚于中而形于外"，内心对他人尊敬，才会施礼。礼貌具体包括六项基本内容。

（1）和善的态度。君子讲究温、良、恭、俭、让，温即温和、温顺，良即善良、善意，恭即恭敬、恭顺，俭即节俭、勤俭，让即礼让、谦让。总的来说，人们推崇好的态度。

（2）端庄的仪表。这是指人的外表，主要是人的形体、仪容、服饰要端正整洁、不邋遢。

（3）合规的行为。这表现为遵纪守法，遵守社会秩序，维护社会公德，遵从公序良俗。

（4）绝对的诚信。言必信，行必果，这是对自身人格的尊重和珍惜，也是对他人敬重的表现。

（5）良好的道德。主要指在尊老爱幼、重贤惜才、尊敬女性等方面表现出良好的风尚。

（6）环境的整洁。卫生整洁既是文明的标志，也是对他人健康应尽的道德责任，是守礼的表现。

三、"礼节"的含义

礼节是礼貌的具体表现，是具体的动作、语言和仪式。《荀子·非十二子》中有"遇友则修礼节辞让之义"，节指节制、适度。礼节是人们在相互交往过程中表示友好和敬意的惯用形式，是人们在日常生活中表现出来的行为举止规矩。

礼节在礼仪学中处于最表层，是礼仪的重要组成部分，是礼貌的具体表现。美国的拿破仑·希尔很直接地说："世界上最廉价而且能得到最大收益的一项物质，就是礼节。"今天，世界通行的见面礼节，如点头、握手、鞠躬，欧美国家的拥抱、亲吻，一些地区的双手合十、贴面、抚胸等，都是礼节的表现形式。

四、"现代秘书礼仪"的含义

秘书礼仪以礼仪为基础和内容，是秘书人员在工作中应该遵循的礼仪原则和方法，是秘书人员为塑造个人和组织的良好形象而对交往对象表示尊敬与友好的规范和程序，是礼仪在实际工作中的运用与体现。

（一）从现行规范来看

从现行规范来看，现代秘书礼仪有两大类。一类是指秘书在履职过程中高尚职业道德的外在体现与自然流露，表现为综合性精神风貌与处事风范，包括待人接物、举手投足的形象规范、气质规范、行为举止规范、礼貌与礼仪规范、心理调适规范等；另一类是对秘书从事某个专项活动的具体要求，一般从专项活动开展的程序和方法两个方面规定为程序规范和技术规范两大类型。

前者用来约束每一个从业秘书，体现个人道德修养程度。本书将其定义为个人形象礼仪。后者是秘书工作中的各项规范，体现日常事务与专项事务的统一。不同类型事务的特殊需要用来约束秘书人员在不同服务与管理中的操办行为，主要指规范的仪式、程序和标准及工作流程。本书将其定义为仪式礼仪。

（二）从表现形态来看

从表现形态来看，现代秘书礼仪既指比较正式的办公室场合礼仪，又泛指秘书在职场交往中对外使用的礼节、礼貌。

礼仪是礼貌、礼节和仪式的统称。其中，礼貌是礼仪的基础，礼节是礼仪的基本组成部分。

现代秘书礼仪在不同层面上有不同的表现形态。

（1）从个人修养的角度看，现代秘书礼仪是个人修养和素质的外在表现，是秘书人员的总体形象展示。

（2）从社会交际的角度看，现代秘书礼仪是人际交往的固化形式，是秘书活动中必须严格执行的准绳。可以说是秘书人际交往中的实用艺术。

（3）从传播角度看，现代秘书礼仪是人际沟通的技巧，涉及秘书人员所处职位上经常交往的人，上下、左右、内外的联络、沟通、协调，是辐射性传递，关系到秘书工作的成败。

（4）从审美的角度看，现代秘书礼仪是内心美的外化形式，是一种形式美，体现秘书人员所代表的组织的企业文化、发展理念、价值导向、办事效率、作风水平等。

（5）从道德的角度看，"道德仁义，非礼不成"。礼仪通过秘书人员的表现透露出组织的价值观、理念、思想倾向。

（6）从民俗的角度看，现代秘书礼仪是习惯形式或习惯做法，体现了涉外秘书活动中"入乡随俗""客随主便"等礼规融合。

（三）从涉及范围来看

从涉及的范围来看，现代秘书礼仪具体包括秘书角色个人形象礼仪、秘书职场礼仪、应聘入职礼仪、办公室人际关系礼仪、办公环境设置礼仪、办公设备使用礼仪、日常办公礼仪、各项秘书工作礼仪及涉外工作礼仪等专项礼仪。

五、现代秘书礼仪的实际内容

礼仪的内容丰富驳杂，现代秘书礼仪的内容至少包含五个层面。

（一）秘书不是主角

现代秘书角色定位决定了秘书永远不是主角，而是领导背后的影子。秘书对自己的工作和职权都必须有清醒和明确的界定。任何时候秘书都不能喧宾夺主，积极过头容易出现"越位"，越位即失礼。

案例分析

如此露脸

年轻的小王大学毕业以后，进入一家规模很大的贸易公司的杭州分公司工作。凭着聪明和能力，经过一段时间的努力，他被分公司的李经理看中，调到经理办公室当秘书，王秘书干得倒也有声有色。这些天，王秘书很兴奋，因为几天后总公司的张副总经理要来他们分公司视察工作。由于工作出色，人又机灵，李经理点名让王秘书陪同一起向张副总经理汇报工作。王秘书心想机会来了，他要精心准备一番，一定要在副总经理面前好好表现一把，不光让李经理脸上有光，说不定自己以后还可以调到总公司工作。所以，在张副总经理视察期间，王秘书总是抢着介绍公司某些具体情况，侃侃而谈，娓娓道来，从现状到未来发展趋势、从具体工作到宏观评价，无一遗漏。对自己了解得不太准确的情况，他也能灵机一动，迅速做出汇报。对张副总经理给公司布置的任务，王秘书也毫不犹豫地承诺下来。视察结束后，王秘书还给张副总经理留了名片，表示今后张副总经理要办什么事，无论公私，都可以直接找自己。送走张副总经理以后，王秘书对自己的表现有些沾沾自喜，可是，他发现李经理的脸色有些不好看。李经理并没有表扬他，只说了一句："辛苦了。"过了几天，王秘书被调到销售科当业务员去了。他怎么也没有想到会是这样的结果，郁闷极了。

思考题

作为领导的秘书在工作中应该有积极主动的精神，辅佐自己的领导做好接待的准备工作，并在接待的过程中做好服务和补充工作。案例中王秘书有什么错？

提示： 王秘书由于忽视对自己工作和职权的界定，"积极主动"过头，出现"越位"现象。在接待上级领导的过程中，一是汇报工作越位，本来应由领导来汇报的情况，他抢先汇报；二是表态越位，超越自己的身份，胡乱表态。

（二）现代秘书礼仪表现为各种礼节和仪式

现代秘书礼仪是特定的、专门的、具体的动作和形式。它表现为各种礼节和仪式。如在个人形象礼仪上，个人形象礼仪是个人素质的体现，可以称之为形象设计，有容貌、形体、举止表情、谈吐、服饰、气质、风度等的要求。它具体涉及秘书人员的穿着打扮、仪容仪表、言谈举止，是对现代秘书人员的礼仪修养所提出的具体要求，是自尊自爱的具体表现形式。

礼仪形象向来被视为个人素质非常重要的组成部分。形象体现于细节，细节展示着素质。衣着打扮、言谈举止、待人接物，其实都是素养问题。现代形象礼仪是一种文明行为标准，是秘书个体的生活行为规范与待人处事的准则，是个人仪表、仪容、言谈、举止、待人、接物等方面的特别规定，是个人道德品质、文化素养、教养良知等精神内涵的外在表现。

秘书人员承担内外沟通、上传下达的职能，对外展示所在组织的形象，外界通过秘书人员形象窥一斑见全豹，秘书就是组织形象的代言人。

在仪式礼仪上，现代秘书的行政事务有迎来送往、接待规格等规矩；在涉外事务中，有国际通行又兼具本国、本地方文化特色的惯例和原则；在现代公关礼仪中，有长幼亲疏的各种社交规则；在不同仪式典礼中，也有各自的礼仪特点和程式。

案例分析

互相考察

据报道，一次，某省政府组织驻该省的外资金融机构的20余名代表考察该省的投资环境，整个考察活动是成功的。然而，给这些外资金融机构代表们留下深刻印象的除了各市对引进资金的迫切心情及良好的投资环境外，还有一些令他们费解、同时也令国人汗颜的小片段。

在某开发区，在向考察者介绍开发区的投资环境时，由开发区的一位副主任担任英语翻译。活动组织者和随行记者都认为一个精通英语的当地领导一定会增强考察者们的投资信心。哪知，这位副主任翻译起来结结巴巴、漏洞百出，几分钟后，不得不换另外一个翻译，但水平同样糟糕。而且，外资金融机构的代表们一个个西装革履、正襟危坐，而这位翻译却穿着一件长袖衬衫，开着领口，袖子卷得老高。考察团中几乎所有的中方人员都为这蹩脚的翻译及其近乎随便的打扮感到难为情。

外方人员虽然没有说什么，但下午在该市市内考察时，市里另安排了一个翻译，几个外方考察人员都对记者说："这个翻译的水平还行。"其言外之意不言而喻。

考察团在考察一家钢琴厂时，主人介绍钢琴的质量如何好、市场上如何抢手，其中一个原因就是他们选用的木材都是从兴安岭林场中专门挑选的一个品种，而且这个品种的树木生长缓慢。一位外资金融机构的代表顺口问道："木材这么珍贵，却拿来做钢琴，环保问题怎么解决？"没想到旁边一位当地陪同人员竟说："中国人现在正忙着吃饭，还没顾上搞环保。"一时间，所有听到这个回答的考察团中方人员瞠目结舌。事后，那个提问的外方金融机构的代表对记者说："做钢琴用不了多少木头，我只是顺口问问，也许他没想好就回答了。"虽然提问者通情达理，然而那位"率直"的回答者口中说出的中国人"正忙着吃饭"，却不能不令人感到羞愧。

在某市，当地安排考察团到一个风景区游览，山清水秀的环境的确令人心旷神怡。外资金融机构的代表刚下车，一位中方陪同人员却把一个携带着的或许是变质了的西瓜当着这些代表的面扔到了路旁。这大煞风景的举动令其他中方人员感到无地自容。

(摘自腾讯网)

思考题

省政府派出接待的陪同人员个人形象、言谈举止分别给人什么印象？分别说明并判断其对错。

(三) 现代秘书礼仪是社会道义的体现

礼仪是社会成员之间相互尊重、彼此友好的表示，是一个人的公共道德修养在社会活动中的体现。现代秘书形象礼仪直接体现组织文化，不仅涉及个人，而且事关全局，足以影响秘书所在组织的整体形象。由此可见，现代秘书礼仪不仅是衡量一个人道德水准和教养的尺度，而且是衡量一个组织、一个社会、一个国家文明程度的重要标志。

从源头上说，秘书礼仪规范是在历史的演变中逐渐形成、在岁月的淘洗中约定俗成的，它是社会秩序的规定，处于这个社会中的个体与组织，都应该遵循这些规定。那些约定俗成的特别的行为和特殊的形式，表达着礼仪施行者的心意和愿望，体现着平等互敬、尊人自尊的内在意义。今天，现代秘书礼仪不仅是组织行为和形式，还是一种社会道德，这是礼仪的深层次内容，涉及现代礼仪概念的意义层面。遵从现代礼仪已经不是纯粹的个人行为和行业行为，而是社会道德行为。

(四) 现代秘书礼仪是"他律"也是"自律"

现代秘书礼仪不仅是限制别人的"他律"，还是自我约束的"自律"。现代礼仪具有强制力量，它对人性约束的同时也促成了人性的提升。合乎人性的礼仪行为只有被看成人格的自然体现，礼仪才能转化成人的自觉行为。优雅的举止、得体的服饰、潇洒的风度、合规的程式，实质上都是人格的外在体现。遵从现代秘书礼仪，表面看，是形式规范、职业要求，实际上，是人格的外化显现，是人格的自律。

现代秘书礼仪的道义体现决定了它内在的价值层面。职场如战场，职场礼节就是人们在职业中为表示尊重职业和他人而采取的规范形式，而仪式是按程序进行的礼节形式，这说明现代秘书礼仪既有礼节方面的规范要求，也有如何做、做到什么程度、从何处着手做、做的先后顺序等的规范化要求。

秘书工作中，言行合情合理、大方得体、讲究礼貌、规矩办事、执行程序等，既是对自我的约束，也是对他人的约束，既是"自律"也是"他律"。

案例分析

孟子休妻

传说有一次，孟子的妻子在房间里休息，因为是独自一人，便无所顾忌地将两腿叉开坐着。这时，孟子推门进来，看见妻子这样坐着，他非常生气。

原来，古人称这种双腿向前叉开坐为箕踞，箕踞向人是非常不礼貌的。孟子一声不吭地走出去，看到孟母，便说："我要把妻子休了，让她回娘家去。"孟母问他："这是为什么？"孟子说："她既不懂礼貌，又没有仪态。"孟母又问："因为什么而认为她没礼貌呢？""她双腿叉开坐着，箕踞向人，"孟子回道，"所以要休了她。""那你又是如何知道的呢？"孟母问。

孟子便把刚才的一幕说给孟母听，孟母听完说："没礼貌的人是你，而不是你妻子。难道你忘了《礼记》上是怎么教人的？进屋前，要先问一下里面是谁；上厅堂时，要高声说话；为避免看见别人的隐私，进房后，眼睛应向下看。你想想，卧室是休息的地方，你不出声、不低头就闯了进去，已经先失了礼，怎么能责备别人没礼貌呢？没礼貌的人是你自己呀！"

一席话说得孟子心服口服，再也没说什么要休掉妻子的话了。

思考题

1. 一时一地的行为举止反映出一个人的礼仪修养，所以我们大可以观察别人并监督别人，这样就可以提升礼仪素养了，对不对？

2. 孟子因妻子"箕踞向人"而生气休妻，孟母却认为孟子"先失了礼"，最后孟子不再提休妻的事，仅仅是因为孟子听母亲的话吗？

3. 秘书人员在工作中应如何对待相关礼仪规范？

提示：礼仪不单是他律，更是自律。

六、现代秘书礼仪的职业特点

（一）现代秘书的职业特点

1. 从属性特点

现代秘书是因为领导需要才产生的，没有领导活动就没有秘书职业和秘书活动。秘书工作总是围绕领导工作展开的，领导工作涉及什么，秘书工作才能介入什么。秘书不能自作主张、自行其是，不能超越职权，只能根据领导指令开展工作。甚至参加领导层会议，秘书也只有发言权，没有决策权。

从属性特点决定了秘书人员发挥主观能动性受限，主动工作意味着不折不扣地完成领导交办的事务，而不是脱离领导指挥、偏离决策意图，按照自己的思路开辟新的工作领域和范畴。即使为领导工作提供决策依据做辅助活动，也要坚决贯彻领导的决策方针。

2. 被动性特点

秘书工作是为满足领导工作的需要而开展的，受领导活动的制约和支配。

秘书自己的工作计划和安排不能脱离领导，必须以领导活动为中心，决不能不顾领导需要而自己另搞一套。秘书个人的兴趣与工作内容相左时，不能以主观意愿取舍，应以服从领导为先。一般情况下，秘书接受的工作都不是其内心期望做的，仅仅是职责所需，因此对于工作，秘书人员是被动地服从与完成。

3. 服务性特点

秘书的服务贯穿在为领导办事、办文、办会的所有过程。办事求效率、讲效果，办文求精准、讲规则，办会讲成败、求结果。事务性工作，有些可以预先安排，有些不可预计，如遇到突发事件、紧急来文、临时变动，就需要随机应变，领导交代什么就干什么。这类事务大多是被动的，却是秘书职责所在、分内之事，非干不可，不以个人的意志为转移。

（二）现代秘书礼仪的特点

现代秘书的职业特点决定了现代秘书礼仪的特点。

（1）秘书礼仪无时不在、无处不在。秘书工作对象是人，只要有秘书活动，就有人际交往。只要有人际交往，就必须遵从相关的礼仪与规范。现代秘书工作介入各行各业，秘书礼仪也相应带有各行各业的专业印记，商务秘书礼仪、政务秘书礼仪、法务秘书礼仪，各具特色，又互相交融。

（2）秘书礼仪注重技巧，具有可操作性。所有事务中，秘书应该怎么做、不应该怎么做，都有一定之规、比如坐有坐相、接待宾客后背不露给人、交谈严守禁忌、典礼坚持固定程式等。这些礼规简单明了，不可触犯。秘书礼仪非常注重技巧性，这种技巧可以通过训练习得，熟能生巧。

（3）秘书礼仪讲究专项专用，注重礼仪尺度。秘书办文，要注意文书形式、内容、语言等方面的规范和程序，把握情感分寸；秘书办会，要注意会场布置、会议接待、会务安排等方面的礼仪规范，保证会议成功；秘书办事，更处处离不开礼仪。秘书部门不是职能部门，而是枢纽部门，每天上传下达、沟通内外，与各方人士打交道，精准把握各种场合的不同礼仪，过分了或不到位，都是失礼，而用错了礼仪则会成为笑话。

（4）秘书礼仪发于外而形于内，没有礼仪修养，行为只能流于庸俗和虚伪。内心没有向好的意愿，只在外观上用力表演，那么皮相的展示掩盖不了内心的冷漠，礼节再周全也止于职业性的客套，拒人于千里之外。因此，秘书礼仪讲究内心的坦荡热情、磊落友善、敬人自敬，然后才谈得上以规范形式待人。

案例分析

懂礼的福特

福特大学毕业后,去一家汽车公司应聘。和他一起应聘的三四个人都比他学历高,前面几个人面试之后,他觉得自己没有什么希望了。但既来之,则安之。他敲门走进了董事长办公室,一进办公室,他发现门口地上有一张纸,便弯腰捡了起来。他发现这是一张废纸,便顺手把它扔进了废纸篓里,然后才走到董事长的办公桌前,说:"我是来应聘的福特。"董事长说:"很好,很好!福特先生,你被我们录用了。"福特惊讶地说:"董事长,我觉得前几位都比我好,你怎么把我录用了?"董事长说:"福特先生,前面三位的确学历比你高,且仪表堂堂,但是他们眼睛只能看见大事,而看不见小事。你的眼睛能看见小事,我认为看见小事的人将来自然能看见大事,一个只能看见大事的人会忽略很多小事,是不会成功的。所以,我才录用你。"福特就这样进了这个公司,后来公司改名为"福特公司",使美国的汽车产业在世界居于领先地位,当初那个应聘的年轻人福特,就是今天大名鼎鼎的"美国福特公司"的创造人福特。

思考题

1. 福特应聘成功源于他在门口捡起了一张废纸,这张废纸为什么这么重要?
2. "看见小事的人将来自然能看见大事,一个只能看见大事的人会忽略很多小事"。这里的"大事"和"小事"指的是什么?

案例分析

李嘉诚的逆袭

李嘉诚处于人生低谷时,偶遇一五金厂厂长李嘉茂,谋得厂里的推销员职位。一开始,李嘉诚瞄准的都是香港的大酒店,但这类使用五金件较多的酒店基本不买小厂的产品。李嘉诚有一次去五星级的君悦酒店推销,酒店门口有门童守候,他们见了汽车才会笑脸相迎。李嘉诚想见到酒店老板谈业务,比较难。

后来,李嘉诚想方设法进了门,夹着皮包壮着胆,刚走到三楼老板办公室外的接待厅,女秘书就拦住了他。"对不起,老板肯定不会接待你的,我也不敢进去通报。"

李嘉诚只好退出接待厅,他蹲在厅外的走廊里,一等就是一小时。女秘书发现他守在外面,心中不忍,破例向老板通报。老板却一口回绝了。

李嘉诚无奈下楼,又坐在大堂沙发上等待时机。一上午老板都没下楼,直到下午1点,女秘书意外发现李嘉诚还没走,于是再次向老板通报。

总算见到了老板,李嘉诚刚提到五金厂的小铁桶,老板就客气地打断他的话头,表示君悦酒店不会买他们五金厂的任何产品。

李嘉诚只好礼貌地致意告辞，出门到楼下忽然又转身上三楼。面对惊愕的老板，他谦和地说："我刚才就这样匆忙下楼是不礼貌的。因为我还没有征求您对我推销方式的意见呢。我年轻，刚做这种生意，有些不谙此道。我对您并无他求，只求您能以长辈的身份，给我的推销方式提一点宝贵意见。"

老板对李嘉诚立即刮目相看了，说："年轻人，你是个很会做事的人，当推销员很称职。只是你们五金厂太小，产品不能登大雅之堂。我们大酒店，一般都从有名气的大厂进货。请你原谅。"

李嘉诚非常通情达理："没关系，如果我处在先生的位置，也会这么做。如果我没猜错，贵店是从名气很大的凯腾五金厂进的小铁桶吧？"

老板很意外："年轻人，你怎么知道这些？"

李嘉诚笑了笑："都是做五金生意的，我们当然有所耳闻。"

老板说："坦率地说，凯腾和我们合作好几年了，他们生产的镀锌小铁桶用起来很顺手，所以不需要另外进货了。"

李嘉诚笑着说："先生有可能对小铁桶的生产工艺不太了解。据我所知，凯腾虽然在香港享有很高的声誉，但他们产品质量很值得怀疑啊。因为他们不是用进口镀锌板，而是用我们五金厂不用的边角料进行加工。然后他们以进口镀锌板的名义上市，很多买主都被蒙在鼓里。"

老板大吃一惊："竟有这样的事？年轻人，你的风度气质让我折服，不过你为了推销产品就随便败坏同行，这可不好啊。"

李嘉诚不慌不忙："我本不应该说出同行秘密，只是我感觉您的人品好，也是读书人，才忍不住说了实话。无意失言了，对不起。请相信我，最好不要上当。"

李嘉诚走后，老板请人查验，确如李嘉诚所言。鉴于李嘉诚所在的厂家用料好、产品好、价格低，老板一下就订了 500 只。从此，君悦酒店不断开出订单，李嘉茂的五金厂成功成为许多大客户的供货商。

思考题

1. 李嘉诚靠什么推销成功了？除了言谈得体，他身上什么东西让人刮目相看？
2. 李嘉诚与酒店老板对话时总是面带微笑，他的微笑体现了什么内涵？

第二节　现代秘书礼仪的基本特征与基本原则

一、现代秘书礼仪的基本特征

礼仪的内修外达是形式与内容的统一，既是精神基础，又是外在表现。

道德规范（即"礼"）需要通过一定的行为规范（即"仪"）表现出来。现代秘书礼仪作为一种行为规范和准则，自身具有一些独有的特征，具体表现为以下六个方面。

（一）目的明确性

礼仪的目的与作用，在于使原本的顽梗变柔顺，使人们的气质变温和，尊重别人，和别人合得来。秘书礼仪实施的目的，就是和谐人际关系，营造良好氛围，便于开展工作，达成最佳效果。

（二）社会规范性

礼仪不是空想出来的，是人们在长期的社会实践中约定俗成的规范和准则。它约束着人们在现代社会活动中的言辞行为、工作程式，使人们尽量合乎规范，既衡量他人，也判断自己，是共同遵守的行为准绳。这个准绳有共同认可的标杆，反映的尺度和标准是通用的、规范的。礼仪不是一次性即兴发挥的行为，而是相对固定的模式规范行为。如国际上座位排次以右为尊的定位原则与中国传统礼仪并不一致，但现已经被中、西方共同认可。正是因为现代礼仪具有规范性，国家之间、民族之间、地区之间的商务往来才有了通行的基础和条件。

（三）历史继承性

任何国家的礼仪都有自己鲜明的民族特色，现代秘书礼仪不是横空出世的，而是古代礼仪传承、丰富、发展、积淀而来的，它经过代代认同，具有继承性。礼仪不是僵化不变的，随着时代的前进，其形式和内容都会发生变化。其变化可能来自文化之间的传递、政治的改革或物器的沿革。例如随着信息化时代的到来，电子、网络逐渐成为职场人士问候、求职、处理业务的主要沟通方式，与之相应的电子科技礼仪也应运而生。即便如此，使用手机、电子邮件等处理业务、沟通问候，仍然遵从着传统礼节，短信、邮件仍然讲究语言上的规范。

（四）表现差异性

礼仪因时间、地域、对象、场合的不同而产生差异，有些礼仪所表达的内容，在不同国家或地区可能截然不同，甚至在一个国家的不同地区也可能有不同的含义。例如竖起大拇指的动作，在中国的含义是"棒、厉害"，在美国是"顺利"的意思,而在有些国家却是"搭车"的意思。宴请中的主位安排、餐具摆放和使用等都有不同的形式和意义,我们应该灵活运用各种礼仪规范,不能忽略礼仪的差异性,以免造成笑话。

(五)实际操作性

礼仪是各种规范,没有操作性就无法落实。现代秘书礼仪必须实用可行、规则简明、易学易会、容易上手,这样才能切实有效。阳春白雪,曲高和寡,高高在上,可望而不可即,那礼仪规范只能束之高阁,与社会脱节。而传统礼仪中的一些繁文缛节,在快节奏的现代社会,必然被舍弃。如中华古代见面礼,行跪拜礼,长跪磕头,过于烦琐和流于形式,在讲究实际效果的今天,不具备可行性,因而基本没有人使用。今天见面使用的握手礼,更具操作性,已成全球通行礼。

(六)发展变动性

随着社会发展与文明进步,礼仪与时俱进,推陈出新。现代礼仪的内容和方式有了巨大的变化,人们的礼仪素质和操办礼仪活动的能力要求也有了相应变化。经济全球化和信息共享的网络化,加上中西方文化的进一步交融,不同礼仪规则也不断相互影响、相互渗透、取长补短,使得现有的礼仪变动日益明显,同样的礼仪行为在不同的环境下也出现了变化。如餐饮礼仪中,中、西餐礼仪都有部分改变,并已被大家接受。因此,不必固守着传统礼仪的所有规定,要学会与时俱进,随礼仪环境的改变而变通。

二、实施秘书礼仪的要素

礼仪的内涵深广,其基本组成部分是礼节和礼貌,二者实际上无法分割,就像一张纸的正反面,礼仪从发起到实施具备四个要素,即礼仪主体、礼仪客体、礼仪媒介、礼仪环境。

(一)礼仪主体

礼仪主体指的是礼仪活动的操作者和实施者,它既可以是个人,也可以是组织。秘书人员很多时候承担着礼仪主体身份,组织与管理、沟通与协调、公关与谈判、调研与办会,秘书人员在领导指令下牵头实施、落实督办,这时应多律己,少去强求他人主动配合。

（二）礼仪客体

礼仪客体指的是礼仪活动的指向者和承受者，它既可以是人，也可以是物；既可以是具体的物质，也可以是抽象的观念；既可以是有形的，也可以是无形的。

（三）礼仪媒介

礼仪媒介指承载礼仪活动的媒介，包括口头语言（问候、演讲、交谈、电话等）、书面语言（信件、请柬等）、界域语言（座位、座次、人与人之间的体位距离等）、形体语言（表情、姿态、动作等）、物体媒介（礼品、赠品等）、事体媒介（宴请、聚会、赞助等）。

（四）礼仪环境

礼仪环境指礼仪行为和礼仪活动实施的特定时间与空间，它包括自然环境和社会环境。礼仪环境主要对礼仪行为起制约作用，如庆典仪式，看规模确定场地的大小，同时要考虑举行的时间，还要根据文化、习俗、社会整体喜乐悲愁等确定规格、礼仪程序以及实施礼仪的具体方法。

三、现代秘书礼仪的基本原则

从现代礼仪的基本特征及要素可以看出，现代秘书礼仪包括的内容非常广泛，涉及秘书人员的主观态度、专业内容、操作技能、掌控程度、外在表现等各方面。在日常工作、生活中，学习现代礼仪、学会运用现代礼仪，有必要掌握普遍性的相关原则。

从本质上说，礼仪都是以文明为基础、以真诚为原则、以对他人的尊重为核心的，在宏观上掌握一些具有普遍性、共同性和指导性的礼仪原则，能更好地发挥礼仪的作用，提升基本礼仪的规范化。

秘书活动中，现代礼仪以法律法规为基础，以公序良俗为根本，以自尊尊人为核心，以达成目标为方向，以平等真诚贯彻始终，大体有以下原则。

（一）平等待人原则

平等待人是现代秘书礼仪的首要原则，是现代秘书礼仪原则的核心。平等既是人的尊严的平等，也是礼仪与之对应的表现。可以从三方面加以理解。

1. 平等的态度

秘书工作面对各色各样的对象，无论工作对象身份贵贱、能力大小、外貌美丑、财富多寡，都应予以尊重。

2. 平等的人格

在涉外接待中，无论工作对象所属国家强弱、肤色如何、种族如何，都给予同等礼遇，不卑不亢，一视同仁。

3. 平等的回应

秘书工作注重礼尚往来，一方面讲究"己所不欲、勿施于人"，另一方面遵从"来而不往非礼也"的原则，所有工作都要注意一方对另一方回应的礼数对等。

案例分析

投桃报李

很多年前，有对老夫妻在风雨交加的夜晚走进一家旅馆要订房，但是不巧，房间都被参加会议的团体包下了。看着这对老夫妻一脸遗憾，服务生不忍心，于是让这对夫妻住到了自己的房间。

第二天一早，老夫妻两人来付房费，服务生却婉言谢绝了，只说希望老夫妻两人住得舒心。老先生非常感动，对服务生说："希望有天我能为你这样的好人盖一座旅馆，以表感谢。"服务生当时只当老先生说说客气话，没有放在心里。

过了几年，某天，服务生突然收到一封老先生的来信要求见面，还随信附上了去曼哈顿的来回机票。见面后，老先生指着路边一座气派的旅馆对服务生说："这就是我专门为你盖的旅馆。"于是，这个服务生成了这家旅馆的第一任总经理。

这位服务生怎么也不会想到，自己做的一件微不足道的好事，却换来了他人生巨大的转变。

思考题

1. 服务生的"不忍心"，仅仅是因为善良吗？
2. 服务生的行为印证了平等真诚原则中的什么内涵？

提示：礼数对等。

（二）自律宽容原则

礼仪是个互动过程，所谓来而不往非礼也，但首先强调自我约束、自我反省,良好的礼仪规范首先转换为个人素质的一部分,处处用礼仪规范自己的言行。这通常表现为行为不出格、举止不失态、言语不失礼、细节不苟且,是谓自律。

同时,要宽以待人,对方礼节不周或失礼,要宽容对方、理解对方、多做忍让、多多体谅,绝不斤斤计较,绝不咄咄逼人,要心胸宽广,容得下不同思维、不同习惯、不同行为、不同性格,是谓宽容。

案例分析

邓小平同志素有吸烟的习惯,而且习惯先点燃一支烟,再与其他人交谈。1985年9月20日上午,邓小平同志会见新加坡总理李光耀先生,在会客厅当工作人员把香烟递给他时,他断然拒绝,说:"烟,今天不吸了。"在座的人惊奇地问:"邓主任今天为什么不吸烟了?"邓小平回答说:"李光耀总理闻不得烟味。"原来这是邓小平1978年访问新加坡时知道的。在他拜会李光耀总理和李光耀总理回拜他时,他都没有抽烟,并且风趣地说客随主变(便)嘛。从这件小事中,我们看到了邓小平同志尊重宾客和自律的良好修养。

(改写自张晓明主编《商务沟通与礼仪》,中国水利水电出版社,2013年版)

(三)遵时守信原则

现代交往中,凡是懂得尊重他人也尊重自我的人,都会遵时守信,做到慎许诺、兑承诺、言必信、行必果。即不轻易承诺,一旦承诺,就要兑现。遵守自己的承诺,严格遵守与他人约定的时间,约见中不迟到早退,约定事务不随便变动或取消,不提前赴约打乱别人计划,确有变动,要提前通知对方,并致歉解释,不可失信于人,自毁形象。

秘书工作千头万绪,琐碎繁杂,工作规范要求按照工作日志,事无巨细、有条不紊地完成所有事项。秘书工作时间概念极强,一时拖沓就会影响全盘事务,因此,遵时极为重要,这体现出礼仪主体的信用程度。

(四)尊重隐私原则

个人隐私,是指一个人出于个人尊严或其他考虑,不愿或不便或不能公之于众的个人信息。尊重隐私,是保护个人自由选择生活方式的权利,是法律明文规定的戒条。秘书保管各类文档,掌握员工个人信息和单位事务信息,个人信息属于隐私,必须尊重。

现代礼仪中,涉及下列七个方面的问题,一般被认定为必须保护的个人隐私,不宜按传统习俗打探深究。秘书人员更要把别人的隐私视同机密,不传、不议、不公开。

（1）个人收支，如薪水、存款金额、住房面积、汽车价格、服饰品牌等反映个人经济状况的信息。

（2）年龄。

（3）婚姻状况。这个问题普遍被认为是个人信息中的机密问题。

（4）健康状况。健康是个人资本，类同于无形资产。

（5）学历、经历。

（6）家庭住址。家庭为私人生活空间，一般忌讳别人干扰，除非至交，否则不邀请外人去自家做客。

（7）宗教信仰。这是严肃而敏感的问题，交谈中容易出现意见分歧、产生误解，造成矛盾和麻烦，因此应尽量避免触及。

（五）不宜先为原则

秘书参与管理，所有工作都和人打交道，千人千面，面广量大，各方面的规范比较烦琐。有时候，尽管提前做了准备，也难免出现未曾预见的新问题。应对那些令人措手不及和难以应付的难题，可以采取不宜先为原则。

不宜先为原则也叫不为先原则，要求在协助领导、沟通协调、办事办会中，面对自己一时难以应付或者不知如何应付的情况时，不急于采取行动，特别是不要第一个采取行动，而应当先按兵不动，静观他人行动后，再依样仿效，与他人采取一样的举动，以防因无知又冒昧行事而出错，造成失礼。

当然，秘书是个职业，秘书人员犯错在所难免，因不知礼或冒失而做错，有时也难免。一旦触犯不宜先为原则而失礼甚至出丑，也不必耿耿于怀，不断修正与成长，可以变得更出色。

案例分析

名人犯错之后

（一）

1996年，著名画家吴冠中为中国国际学术会议作了一幅题为"简单与复杂"的画，上有题词云"流光，流光容易把人抛，红了樱桃，绿了芭蕉"。李政道在致吴冠中的信中称赞该画"不但有深刻的艺术造诣，而且具有尖锐的科学含义"。李政道以为题词是一首现代诗人写的现代诗。

后来朱镕基总理接见李政道时，李政道谈起此事，朱总理认为题词不是现代诗。事后，朱镕基告诉李政道，这诗的作者是宋代的蒋捷。

1998年2月9日，李政道给朱总理写了一封信，并送上《关于控制中国酸雨的紧急呼吁》，封面上又用了吴冠中的那幅画。信中说："原题经您指正后，才知道是宋代蒋捷的名词（《再过吴江》）……现或可略改几个字（《雨下祖国》），'硫雨，硫雨容易使人伤，酸了樱桃，黑了芭蕉。'"这封信收在《李政道文录》里。

李政道作为诺贝尔奖得主，误把古诗当成现代诗，但他及时改正，最终成就了一段佳话。

（二）

1995年，有"中国第一字痴"之称的李延良给余秋雨去信，指出《文化苦旅》中的多处错误。

1996年，余秋雨看到中央电视台《东方时空》播出有关李延良的事，猛然想起李延良的信，专门回信感谢李延良的指错，并将李延良的行为与古代"一字师"的典故相提并论。

1998年8月，余秋雨的另一部作品《山居笔记》出版时，因为余秋雨的推荐，文汇出版社专门请李延良当该书第五校的校对。这成就了当代"一字师"的佳话。

（三）

1998年冬季，季羡林在《新民晚报》发表《漫谈皇帝》一文说："生长于高墙宫院之内，养于宫女宦贤之手，对外面的社会和老百姓的情况，有的根本不知道，或者知之甚少，因此才能产生陈叔宝'何不食肉糜'的笑话。"

1998年11月17日，著名学者钟叔河在《新民晚报》发表《陈叔宝和司马衷》一文，指出季羡林文章的错误："老百姓断了粮，却怪他们为什么不吃清蒸狮子头，的确荒唐可笑……但笑语的主角却是司马衷而非陈叔宝。这两个皇帝年纪相差许多，中间还隔有东晋、宋、齐、梁、陈几个朝代。"

钟叔河还在文章中说："写随笔不必查书，误记一两人名是难免的。我自己在《记成都》文中即曾把刘长卿的一首诗误以为是刘禹锡作。写这则小文，只是对陈叔宝、司马衷的事感兴趣，借此谈上几句，凑凑热闹。"1998年12月28日，季羡林接受笔者采访时说："我错了。"

这件事中，钟叔河认真纠错而没有嘲讽，季羡林诚恳认错而没有辩解，由此演绎出一段文坛佳话。

（四）

90岁的季羡林做梦都没有想到，他会因为语言文字工作而被人推上法庭被告席。事情的缘起是，李延良写信告诉季羡林，《季羡林自传》有20多处错误，季羡林并没有认错，而在一篇文章中称李延良"食今不化"。于是李延良把季羡林推上法庭被告席。原告李延良尽管在这起诉讼中一审败诉，但并没有就此罢休，他要出版《点校季羡林两本书》，以讨个公道。

这一次，季、李之间演绎了一段尴尬。

（节选自《今晚报》，http://www.sina.com.cn，2004年6月25日9：57）

思考题

1. "不宜先为"的实质是什么？
2. 李延良把季羡林推上法庭被告席。原告李延良尽管在这起诉讼中一审败诉，但并没有就此罢休，他要出版《点校季羡林两本书》，以讨个公道。"如果由你来处理此事，怎样才能化解二人之间的尴尬？

（六）真诚适度原则

要注意与领导和同事的社交距离，特别要把握沟通的感情尺度，要适度。所谓适度，指感情、谈吐、举止都要适度，即适当保持距离，这个距离，包括空间距离和心理距离。要彬彬有礼，但不要不分彼此；要热情大方，但不要讨好对方。现代秘书要胸怀坦荡，不卑不亢，对上不献媚，对下不倨傲，一视同仁。

现代秘书礼仪，规定了"办公不干私活，下班不谈公事"，公私之间界限要分明。特别要注意与领导的距离适度，办公室不讲私情，私人时间不牵扯公事，做到公私分明。

距离产生美，君子之交淡如水。秘书与领导和同事之间，心理与空间的接近，要做到"六不"：不自作聪明影响对方思维，不积极过头妨碍对方步骤，不惹是生非给对方添麻烦，不自觉熟稔令对方不便，不窥探隐私干涉对方私生活，不拉帮结派搞个人小圈子。哪怕是出于对领导的关心，也不要介入其私事；哪怕是老朋友、老同学共事，也不要介入其情事。一句话，不越位。

（七）严格保密原则

现代秘书工作围绕领导展开，处于权力中心，工作中接触上层文件，熟知领导行踪，参与重大事件处理，了解许多内幕，必须严格保密，遵守保密规定，不泄露和出卖各种机密。

对别人提及的一些涉及机密的话题，秘书既要保守机密，又要顾及对方的自尊心和感情，尽量软化语言，委婉答复。

案例分析

要有保密意识

洪钧是著名软件公司维西尔公司的中国区总经理，在争取普发集团的项目上遭遇劲敌ICE。经过一番努力，维西尔最终得以以召开研讨会的名义，向普发集团的中高层介绍自家产品的特点和优势。会议由维西尔刚转型做销售的菲比主持，会上有个姓姚的工程师向菲比发难，但洪钧临事不乱，一两句就帮忙打发了过去。会议结束后，洪钧、菲比及随行的肖彬收拾好东西，走进了电梯。

菲比按了"1"层，等电梯门刚关上，就长出了一口气说："哎哟，快噎死我了。他怎么回事啊？我还从来没被谁这么噎过。"

洪钧微笑着看着菲比，没说什么。菲比接着说："老洪，这姚工你以前打过交道吗？他怎么是这么个人呐？"

这时，电梯到了六层，停了，进来两个人。洪钧便转过头，不看菲比，而是盯着电梯门上方变动着的楼层数字。菲比又问了句："哎，你说呀。"

洪钧仍然仰头看着别处，嘴上说了句："现在打车，路上肯定堵啊。"

菲比愣了，瞪着眼睛，直到电梯到了一层大家走出电梯，没再说话。

走下普发大楼那段宏伟的台阶，还没走到楼前的街上，菲比刚要扬手招呼排队等在街边的出租车，洪钧却把她的胳膊按住了，说："不要这些等候的，到对面截过路的车。"

菲比和肖彬都丈二和尚摸不着头脑，只好跟着洪钧穿过马路走到街对面。三个人站定了，洪钧才对菲比说："菲比，以后记住啊，在电梯里，尤其是有客户公司的人在的时候，不管你认不认识，别说项目的事，要说也只能说些无关的话。"

他顿了一下，想起了什么，又说："对了，还有，不要打普发门口排队的出租车。像普发这种大单位，独门独户，不少在门口等活儿的出租车都是长年在这儿趴着，长年拉这个单位的人，都快成普发内部的司机了。这帮的哥无孔不入，消息灵通，嘴也快得很，咱们上了他们的车，我是一句话都不敢说，谁知道他听了会和谁说去。"

菲比一边听一边点头，情绪好了很多，笑着说："老板，佩服啊！"

这时，远处开过来一辆红色的夏利出租车，肖彬刚要扬手，又被洪钧按住了，洪钧说："别打夏利了，至少拦个每公里一块六的啊。"

菲比笑着对肖彬说："就是，你不知道给老板打一辆高级点的？想替公司省钱啊？"

肖彬红着脸，不知道该说什么，正好又来了一辆捷达，他便看着洪钧，不知道该不该招手拦车。洪钧笑了，说："就是它了。在客户门口，坐个好点儿的车形象好些，咱们三个也可以舒服一点儿。"

捷达车停在面前，肖彬坐在了司机旁边的副驾驶位置，洪钧和菲比坐在后座，菲比一坐下就冲着司机说："喂，你认识普发集团的什么人吗？"

（摘自陈乾文《别说你懂职场礼仪》，略有改动）

思考题

1. "以后记住啊，在电梯里，尤其是有客户公司的人在的时候，不管你认不认识，别说项目的事，要说也只能说些无关的话。"洪均总经理是否太过谨慎了？

2. 对照菲比的言行，帮她改正错误。

第三节　现代秘书礼仪的作用

托·卡莱尔很明确地说："在人与人的交往中，礼仪越周到越保险。"而儒贝尔也指出："礼仪周全能息事宁人。"礼仪是秘书个人生活的重要工具，是秘书事业成功的助力器，还是塑造组织形象的无形广告。

现代秘书礼仪对于塑造良好形象、提升个人修养、扩大社会交往、促进沟通、增加组织凝聚力等，都发挥着积极作用。

一、秘书礼仪的具体作用

(一) 塑造良好形象，提升个人修养

礼仪可以塑造礼仪主体的形象，提升礼仪主体的品位，对礼仪主体形象塑造有四大作用。对秘书个人而言，作用主要表现在以下方面。

1. 塑形

达·芬奇认为精神应该通过姿势和四肢的运动来表现，举止要端庄美丽。礼仪是塑造形象的重要手段。秘书开展工作，与人交谈讲究礼仪，可以变得文明；举止讲究礼仪，可以变得高雅；秘书穿着讲究礼仪，可以变得大方；秘书行为讲究礼仪，可以变得美好。只有讲究礼仪，事情才会做得恰到好处。秘书讲究礼仪，就可以变得充满魅力，使对方愿意接近，在沟通协调中让人觉得理性、头脑清醒、有条不紊，利于诸般事务顺畅开展。

2. 塑行

要有优雅的行为和高雅的举止。礼仪最基本的功能就是规范各种行为。现代社会交往中，人们相互影响、相互作用、相互合作，如果不遵循一定的规范，双方就缺乏协作的基础。在众多的礼仪规范中，秘书礼仪规范可以使人明白应该怎样做，不应该怎样做，哪些可以做，哪些不可以做，举止得体、行为得当，有利于确立自我形象，尊重他人，赢得友谊。

3. 塑性

学习礼仪的过程就是塑造性格的过程。礼仪可以纠正错误行为、姿态和习惯，习惯成自然，自然培养性格，性格决定命运。

秘书礼仪可以通过对个人习惯的养成进一步改变个人的性格。不好的习惯、不良的行为、不雅的姿态，会对与他人交往产生不利的影响，礼仪的作用体现在知礼、懂礼、守礼、行礼本身，就是持之以恒的长期约束，是努力去纠正与改变不良的行为、姿态和习惯。俗话说，"江山易改，本性难移"，但多次反复的训练会锻炼人的意志，再难的东西，愿意付出一万个小时去学习，都会成为行家里手。

秘书工作不可量化，所有事务只要涉及人群中小部分人的不满与否定，就意味着失败。做得完美，是职责所在；做得平常，有人挑剔，是正常的；做得不好，被否定，是注定的。这就要求秘书人员内心强大，性格平稳，宠辱不惊，从容不迫，保持常性，而礼仪训练能修身养性。

4. 塑心

内心有对生命的敬意、人类的敬意和自然的敬重。借助礼节、礼貌塑造美好的心灵，这是遵从礼仪的最终目的，礼仪的实质是要求对人的敬意。

礼仪的建立与遵行有利于塑造完美的人格魅力，净化内心世界，培养一颗热爱生命、热爱社会、热爱大自然的心。礼仪能激发人对美的认识、对美的向往、对美的敏感，使人争取更高的标准，塑造更美的自我，在追求中陶冶情操、美化心灵。

（二）增进友谊，促进沟通

礼仪是一种信息，通过这种信息可以表达出尊敬、友善、真诚等感情，使别人感到温暖。无论事情好坏，恰当的礼仪可以获得对方的好感、信任，进而有助于秘书协调时化解矛盾，增进感情，解决问题。

秘书与人交往时刻注重礼仪，随着交往的深入，双方会互相吸引，增进感情，促进良好的人际关系的建立和发展。反之，如果不讲礼仪，粗俗不堪，那么就容易让人产生感情排斥，造成人际关系紧张，影响工作开展。

案例分析

"俗"，不可耐

查理·许在加拿大某移民律师行工作。1998年，他被委派回国寻找合作伙伴。经人介绍，他与中国某部下属的赵总首次会面。查理被引进赵总的办公室，看见一个中年男人坐在办公桌后打电话。中年男子穿着灰棕色人造纤维的格子西服，一条花亮的领带露在他V形口的毛衣外面，鼻子里的黑毛像茂盛的亚热带草丛，毫无顾忌地伸出鼻孔。他张口讲话时，一口黑黄的牙齿暴露无遗。电话中，他大声地训斥对方，然后，毫不客气地猛然摔下电话。

"噢！上帝啊，这就是公司的老总？"查理心中不免非常失望。赵总与查理象征性地握了握手。"冷酷的拒人于千里之外的死鱼式的握手。"查理心中的失望又增加了一分。赵总邀请查理共进午餐,在座的还有查理的那位身材略胖的同事以及赵总的两位副手。就餐时话题无意间进入饮食与肥胖的关系,赵总旁若无人地指责胖人没有节制的饮食。查理的胖同事低头不语,敏感的查理举杯转移话题:"好酒,中国的红酒比加拿大的冰酒还有味道。"赵总喝完了酒,再度拾起关于肥胖的话题,强烈地攻击胖人之所以胖是由于懒惰。

最终,他们之间没有结成商业同盟。查理谈到这段经历时说:"他留给我一个永不可磨灭的可怕的恶劣印象。从我一进门的瞬间,他那张冷酷不带微笑的脸和那双死鱼般的手,无不在告诉我这是一个冷酷的、没有修养的人。在餐桌上的表现,更进一步证明了我对他的第一印象。他不但没有修养,简直是没有教养,不懂得一点点为人的基本礼貌。我无法想象与这种人合作经营会有什么样的后果!我更无法理解他为什么可以坐在公司老总的位置上!他早就应该在大浪淘沙中被时代淘汰。"

(选自英格丽·张《你的形象价值百万》,中国青年出版社,2004年版。题目为编者自拟)

思考题

1. 查理看到赵总浑身毛病,请你试着一一指出赵总言行举止上的失礼之处。
2. 我们今天应该怎样待人接物?

(三)增加内聚力,提升美誉度

礼仪是社会文明进步的载体,需要继承弘扬祖国优秀的文化传统,加强社会主义精神文明建设。礼仪是人们在社会交往中所共同遵守的行为举止规范。它要求人们在交往中文雅、自尊并尊重他人,从而创造出令人愉快的交际环境,以良好的整体形象,扩大组织在社会上的影响力。这个影响力可以鼓舞士气,激发向心力和凝聚力,激励员工的责任心和进取心。同时,通过一系列专项礼仪活动,可以吸引社会关注,扩大组织的知名度,提高组织的美誉度。

秘书是单位面对外界的窗口,遵从礼仪带来的良好影响力可以提升单位的正面形象,反之,则损害单位形象。

案例分析

IBM公司的专项礼仪活动——"金环庆典"

IBM公司每年都要举行一次隆重的庆典,对那些在一年中做出过突出贡献的销售人员进行表彰。公司一般对3%的做出突出贡献的人进行表彰,选择在风光旖旎之地,如百慕大、马霍卡岛进行，被称作"金环庆典"。

在庆典中，IBM公司的最高层管理人员始终在场，并主持盛大、庄重的颁奖酒会，然后放映由公司自己制作的表现那些做出了突出贡献的销售人员的工作情况、家庭生活乃至业余爱好的影片。在被邀请参加庆典的人中，不仅有股东代表、员工代表、社会名流，还有那些做出了突出贡献的销售人员的家属和亲友。整个庆典活动会被录制成电视或电影片，然后拿到IBM公司的每一个单位去放映。

IBM公司每年一度的"金环庆典"活动，是公司礼待员工的专项礼仪活动。一方面是为了表彰有功人员，另一方面也是同企业职工联络感情、增进友情的一种手段。在这种庆典活动中，公司的主管同那些常年忙碌、难得一见的销售人员聚集在一起，彼此毫无拘束地谈天说地，自然增强了企业内部的凝聚力与向心力，让对企业有功的人员亲身感受到企业高层主管对他们工作、学习、家庭及个人发展的关心，感受到企业大家庭的温暖，使公司内部更多地联络感情，增进友情，协调企业内部的人际关系。

同时，"金环庆典"活动也促使员工家庭和睦、健康。为企业做出突出贡献的销售人员的家属、亲友也被企业邀请参加庆典活动，使受表彰者的家属更多地了解自己的亲人在工作中的表现，让家属在以后的工作中更多地支持亲人们的工作，多一分理解与关爱，从而保证这些家庭的和谐气氛。

因而，"金环庆典"活动使企业员工的积极性更高，使企业形象更好。在这样的庆典活动中，接受表扬者会产生一种继续奋发向上、为企业多做贡献的决心。同时庆典也会鼓励更多的员工努力工作。在这种企业氛围中，员工们会处处为企业着想，在工作中表现出良好的员工形象，进而展示出企业的风格。由此良性循环，公司凝聚力越来越强，员工越来越重视公司，公司的美誉度也越来越高。

思考题

1. IBM公司的"金环庆典"取得如此好的效果，体现了礼仪的什么作用？
2. 在"金环庆典"中，秘书人员在幕后承担了大量工作，请归纳出此庆典礼仪的相关规范。

二、礼仪与秘书工作的关系

（一）礼仪是秘书的形象

秘书的举手投足、衣食住行，甚至外出游、购、娱，无一不反映自身的职业层次、审美品位、专业程度；而协助领导的各种事务，也处处反映办事流程、程序和环节的得当与否，直接反映单位的工作作风、理念文化和办事效率。

（二）礼仪是秘书工作的专项技能

辅助领导是秘书的天职，辅助领导的手段多种多样，以礼仪辅助领导是其中之一。

领导是决策者，并享有一定的权威，这使领导既没必要也不可能事必躬亲。领导作为一种机构的代表、权力的象征，需要在行事时有相关礼仪的陪衬。秘书的岗位紧贴领导，是直接为领导服务的，由秘书安排各种礼仪事项，顺理成章。

礼仪是秘书的常务工作，在辅助领导进行决策的过程中，对礼仪程序做妥善安排，使领导在具体的活动中既体面又掌握主动，是秘书工作者办事能力的反映。恰当地运用礼仪来理顺关系，对秘书工作总体效益的提高大有帮助。

在与外部世界的交往中，礼仪是一个窗口，从中可以窥得一个单位的精神面貌和经营品质，这是许多社会组织重视礼仪工作的原因之一。即使在不成功的谈判与合作中，坚持有理、有利、有节的原则，从大局出发，从长远出发，也可以做到买卖不成友情在，或可以用原则和礼仪纠正交往中的不正常行为。

案例分析

机智聪明的服务生

某单位招待外来宾客在饭店用餐，有一桌的客人中有好几位外宾，其中一位外宾在用完餐后，顺手将自己用过的一双精美的景泰蓝食筷放入了随身带的皮包里。一旁的服务生将此情景看在眼里，他不动声色地转入后堂，不一会儿，捧着一只绣有精致图案的绸面小匣走到这位外宾身边说："先生，您好，我们发现你在用餐时对我国传统的工艺品景泰蓝食筷表现出极大的兴趣，简直爱不释手。为了表达我们对您如此欣赏中国工艺品的感谢，餐厅经理决定将您用过的这双景泰蓝食筷赠送给您，这是与之配套的锦盒，请笑纳。"

这位外宾见此状、听此言，自然明白自己刚才的举动已被服务生尽收眼底，颇为惭愧。他只好解释说，自己多喝了一点，无意间误将食筷放入了包中，感激之余，更执意表示希望能出钱购下这双景泰蓝食筷，作为此行的纪念。餐厅经理亦顺水推舟，按最优惠的价格记到了主人的账上。

聪明的服务生既没有让餐厅受损失，也没有令客人难堪，圆满地解决了事情，并收到了良好的交际效果。

思考题

服务生处理此事的方式体现了哪些礼仪要求？

三、秘书礼仪禁忌

（一）秘书的越位

秘书人员在定位和换位过程中如果出现错误，比如不能摆正自己的位置，不能准确认识自己的角色，就有可能发生越位的情况。

1. 秘书越位的表现

秘书工作中典型的越位表现有以下几种：决策越位、表态越位、工作越位、社交越位。

（1）领导尚未下命令、做指示便抢先表态或擅做决定。

（2）未经领导授权直接指挥部门或同事，以"二领导"身份自居，传达指令，发号施令。

（3）擅自代表领导布置任务，下达领导指示时随意解释或承诺。

（4）到基层调研时把自己当成领导，对基层工作指手画脚。

（5）不遵守保密原则，透露内部消息。

（6）自我膨胀，盛气凌人，表现出"一人之下，众人之上"的优越感。

（7）放大领导的信任，介入领导私生活，造成不良影响。

2. 秘书越位的原因

之所以出现上述越位现象，主要原因有以下几点。

（1）热衷于权力，有野心，把领导的授权当作自己拥有的权力随意发挥和利用。

（2）对领导缺乏尊重，对权力缺乏敬畏，认为有能力就应该展示出来，有个性就可以表现出来，为所欲为。

（3）自以为是，不会换位思考，不能准确领会领导意图，不了解领导的内心感受。

（4）凭热情鲁莽从事，无视职场规则和制度。

（5）不善于处理人际关系，凭本能行事。

（6）功利主义，片面追求短期利益和有形效益，忽视甚至无视长期利益和无形效益，急功近利。

（7）缺乏自信，为证明自己的价值或聪明才智不输于所服务的领导，不甘心处于从属地位，因而处处都要证明自己的聪明，以显示自己的价值；处处超越自身职能，代领导决策、表态，显得自己重要。

3. 秘书越位的后果

秘书越位，轻则与领导和同事出现沟通障碍，令人生厌；重则影响领导的权威，破坏领导的形象，危及企业或组织的声誉。因此，秘书应有意识地调适心态，提高职业素养和工作能力。

要正确认识自己的角色，既不能因处于配角地位而被动畏缩，也不能因强调主动服务而跨线越位。要掌握秘书工作规律，拿捏好分寸，明白什么情况下什么事应该先请示、后行动，什么情况下什么事可以先行动、后汇报，什么情况下什么事不用请示就可以自行解决，也就是明确什么条件下自己是配角，什么条件下自己可以是主角或代理主角。总之，秘书要有强烈的角色意识和自觉的服务观念，否则就不可能与领导保持正常的角色关系，也就谈不上做好领导的参谋和助手。

一个优秀的秘书应该经常自我反省，全面了解自己和自己的工作岗位；被领导批评或同事误解时不丧失理智，能及时有效地控制情绪，保持冷静的头脑和开朗的心态；按照领导指示脚踏实地工作，不狂妄任性，不拖延推诿；目光远大，能从组织或领导的角度考虑问题，注重长远，不沉溺于一时的利益；重视领导、同事的意见和建议，能建立起友好合作的人际网络和融洽的上下级关系；积极热情地从事秘书工作，并在工作实践中获得价值感和成就感。

案例分析

说不清的小陆

小陆是某单位办公室行政人员，她的直接领导是办公室杨主任。杨主任正在负责一个项目申报省优的工作。6月2日上午9：00，难得露面的董事长打电话给杨主任要两份申报材料，杨主任正在外面办事，就电话通知在办公室的小陆送过去，并详细告诉了她董事长所在的办公室——316室。

30分钟后，在外的杨主任没有收到小陆的回馈，不知材料有没有送给董事长，就打电话给小陆，小陆却没接电话。11：00，杨主任办好事情回单位，一路上，又不断打小陆手机和办公室电话，电话畅通，但小陆始终不接电话。12：00，杨主任回单位，随后赶到董事长处，却受到董事长的批评。

原来董事长及时拿到了小陆送去的材料，审核材料后很满意。因小陆自称是杨主任助理，所以当场让小陆把所有申报材料都带回办公室，按材料要求逐级签字盖章，再送回给董事长，并吩咐小陆快去。小陆借机三次来回进出董事长办公室，把董事长手机号码、QQ号、E-mail地址都要去了，随即与董事长开聊私人话题，而材料的要求却始终没做到。

事实上，小陆拿着材料找分管总经理签字，总经理一看材料上项目负责人没写意见，就要求小陆把材料给项目负责人杨主任，附上意见后，再拿去给他签字盖章。小陆没有联系杨主任，却打了一个电话给自己的男朋友，男朋友叫她抓住机会，于是小陆就找了个僻静地方，在项目负责人一栏写上了几句意见，签上自己和杨主任两人的名字，然后再去找分管总经理。但小陆根本就不是该项目成员，无权签字，总经理处没有给她签字盖章。小陆就直接到经理室，以"董事长要求"的名义，让不明就里的王经理签了字，同时要了王经理的手机号，去找总经理秘书盖章，结果总经理秘书因材料无总经理签字，不予盖章。

其时，小陆知道杨主任不断来电话，因为没想好怎么回答，所以一直不接电话。杨主任联系不上小陆，又不知道怎么回事，赶到董事长那里时，董事长急等材料，而材料一去不回，看到杨主任就批评他了。

结果，由于小陆冒充杨主任随便附意见签字，材料作废，加上被小陆拖延，单位错过了申报时间，未能参加评优申报。

思考题

1. 小陆明显错了，请剖析其一连串行为的动机，并预测事情的最终结果。
2. 小陆能否胜任办公室工作？为什么？
3. 如果你是办公室行政秘书，这件事从头至尾应该怎么做？

（二）秘书的弄权

在行政管理体系中，本来秘书从事的只是一种充当领导参谋、助手和事务工作者的角色，这种职位的特点意味着秘书本身并不具备权力，但接近领导、与权力核心联系密切的特殊工作位置和方式又决定了秘书们事实上会拥有相当的权力，尤其当权力在体制缺乏透明度、人治色彩依然浓厚的情况下运作时，秘书弄权的空间、能量有时会大得惊人。近年来，每当有腐败大案出来，落马高官背后，无一不有他们的秘书深深介入的身影，从"慕马案"到"丛福奎案"莫不如此。有"河北第一秘"之称的李真，无疑为我们提供了一个秘书权力恶性膨胀、危害巨大的标本。

案例分析

"河北第一秘"——李真

自称"河北第一秘"的原河北省国税局局长李真，是一个带有传奇色彩的人物，5年间由一般职工升到厅级干部，33 岁就走上了正厅级领导岗位，还曾被列为国家税务总局和河北省人民政府双料后备领导干部。

李真的人生充满传奇。他出生的家庭是传奇的，他的成长经历是传奇的，他的恋爱婚姻是传奇的，他的政治作为也颇具传奇特点，他的生活内幕、他奇迹般的高升更带有种种神秘的色彩。

然而，这位当代政坛上耀眼的"新星"依仗其特殊的背景，大肆收敛钱财，数额特别巨大；2000 年李真被"双规"，成为跨世纪的惊天大案；2002 年 8 月 30 日，唐山市中级人民法院一审以受贿罪、贪污罪判处李真死刑，剥夺政治权利终身。

2003 年 11 月 13 日上午，李真被执行死刑。据悉，这是改革开放以来河北省执行死刑的最高级别官员。

一、李真是怎样从春风得意走到穷途末路的？

1986 年，张家口地区怀安县盛情邀请历史上曾经在张家口战斗工作过的党政军各界名人回张家口重游故地，开始修市志、出党史志的活动。在张家口市计经委工作的一般干部李真终于从中找到了机会。

张家口解放战役时，一位老领导曾率部浴血奋战在这片深山热土上。李真的父亲作为老领导的部下曾和他同生死共患难，结下了深厚的友谊。由于李父与老领导曾经的战友之谊，在迎请的队伍中，李真的精明迅速地给这位老领导留下了深刻印象。

李真父亲在临终前将李真托付给老领导当养子。从后来的结果看，这一层关系对李真的晋升有相当大的帮助，但是，老领导的张家口行程过于短暂，无法长期保留李真所需要的权力背景空间。

李真看到父亲的老战友在市委市政府备受尊崇，便动起了背靠大树好乘凉的念头。依仗父亲的关系，有老领导这棵参天大树做后台，在市计经委工作的李真说话的口气和为人处事渐渐发生了高人一头的变化，他的做派引起了同事们的不满和领导的反感。人际关系紧张的势头使他再也无法在计经委工作下去了。人们认为，李真小人得志，架子很大。李真也认为，只有离开张家口才有希望。

25 岁，李真辞别张家口，在北京待了一段时间。李真给同事的解释是："到北京做生意。"他暂栖北京东城区丰收胡同副 14 号张家口地区某单位驻京办事处，每天上午到 301 医院高干病区去陪老领导伯伯住院，下午回到河北省驻京办学习，这样的日子过了一个多月。一天，李真终于向老领导说了自己的苦衷：想调换一个比较好的工作环境。

老领导安排他到一位老将军家里去当生活秘书，刚开始李真对这份工作充满了好奇，但日子一久他就感到这种生活枯燥无味。他敏感地意识到，在这位老将军的家里，他虽有优越的生活环境和生活条件，但在个人的仕途上不会有太大的发展，因此，他萌生了离开此地的想法。

这段经历虽然时间不长，但对于改变他的命运起着至关重要的作用。在这位老将军家里当秘书期间，颇有心计的李真结识了许多在职的党政军界高级领导干部以及他们的子女和秘书，虽然自己的职位低卑，但他谦虚有礼，给这些同龄人以及领导留下了良好的印象，这为他今后在北京和河北政界的发展打下了良好的基础。

李真又找到那位老领导说："我不适合在老将军家里工作，我想到河北省政府去工作。"

不久，李真获得了从张家口调往石家庄的资格，而最初确定的位置是省政府办公厅的秘书。

山重水复之后，迎来柳暗花明新天地。

李真来到了石家庄，开始了自己辉煌而短促的仕途生涯。1990年冬天，李真由河北省计委的建设投资公司正式调入河北省政府办公厅工作，他当上了一位主管经济的副省长的专职秘书。李真由基层一步登天进入省政府办公厅工作，他欢欣鼓舞，这年他刚27岁。不久，在省里开的大会上，李真遇见了张家口卷烟厂的李国庭厂长和财务处的季灵处长。

李真说："我的理想就是先做一个好秘书，将来再向上层发展。"但李国庭看出了李真羡慕有钱人这一点，送给他5 000元钱。

李真一看给他这么多钱，一下惊呆了：这是别人第一次送给他这么多的钱，5 000元钱相当于当时他两年半的工资呢！李真坚决不要，他再三推辞，最后也没有拦住。李厂长留下钱，找一个借口很快就走了。第二天，李真带着5 000元钱去请示他服务的领导，领导让他一定要把钱退给人家，并对他说："人家办企业挣钱也不容易呀，你不能随便收人家的钱。"事后，李真通过别人把钱给李厂长退了回去。这件事让李真想了许多许多……

一次在全省召开的经济工作会议上，与会的工作人员每人得到了一件近百元的羊绒衫作为纪念品，李真怀着忐忑不安的心情收下了纪念品，事后他问办公厅的人："我该不该收下羊绒衫？"该人说："人人有份，你为什么不拿回去呢？"李真就穿上了这件羊绒衫。过后不久，河北省沧州市的一个领导到省里向省领导汇报工作时，背着李真的上司，送给他一条中华烟和一套刮胡刀，李真悄悄地收下了。在他将东西送回宿舍时，他怎么也打不开宿舍门，后来仔细一看，原来他被吓得用错了钥匙，拿自行车钥匙去开宿舍的门，那当然打不开了……

就这样，李真慢慢成了一个不折不扣的背叛者。

有了这几次后，李真就再也收不住手了。后来，当有人主动向他送钱送物，求他帮忙办事的时候，李真不再犹豫，用权力交换金钱，他越来越驾轻就熟。在贪欲的陷阱中，李真越陷越深……

二、谁害死了李真？

关于这个话题，也许有人会感到惊讶：李真不是因贪污受贿触犯刑律，自取灭亡的吗？怎么能说是别人"害死"了他？且听李真怎么说。他说："对我的查处，如果发生在5年前，绝不会如此严重。"沿这个思路往下想，如果5年前就查处李真，5年前就教育李真，5年前就不提拔李真的话，那么他还会死吗？41岁，正是一个人的黄金年华，而李真就这么去了，这无论对他本人还是对我们的社会，都应该是一个悲剧。

狱中的李真曾说过这样一番话："在我遍体鳞伤，万分痛苦、悲伤之时，非但没有得到昔日曾海誓山盟的朋友的一丝同情和安慰，反而得到他们为和我表示距离的众多非议和落井下石。"李真之所以被判处极刑，固然是他咎由自取，但他的那些朋友，那些关系，那些领导,那些明知他玩火自焚却又默不作声、甚至还要火上浇油的人,难道就没有一点责任吗?可以说李真之死,是"自杀",也是"他杀"。起码以下几种人,都脱不了干系。

一种是帮他制造和隐瞒假学历、假资历的人。李真毕业于张家口柴沟堡师范学校,而他在填写履历表时却写河北师范大学物理系毕业。到石家庄后,还有一个教授帮他写论文,使他弄到了硕士学位证书。同时,他除移花接木把自己填写成高干的"养子"外,还在工作调动审批表上信笔一挥,把自己写成"正科级干部"。然而,那么多次调动,那么多次审查,怎么就没有一个人发现李真的假出身、假学历、假职务呢?是有意还是无意?是"官僚"还是麻木?

一种是和他做交易的人。比如吴庆五,当初要不是他推荐李真给程维高当秘书,李真的私欲和权欲就不至于如此膨胀。再如李国庭,要不是他在香烟紧俏时给李真批条子,使其毫不费力就赚了60万元,李真也不会刚入政坛就尝到这样的"甜头"。再如他身边那几个包工头,要不是他们为揽工程给李真送去305万元,也许李真罪不当死。但他们想的只是"李真这个人对我有用",没承想正是自己的行为把李真往死路上推。

一种是和李真一样腐败、甚至比李真还腐败的人。在回答记者提问时,李真曾这样披露自己的心迹:"对我的信念产生致命动摇的,除看到个别高级干部逐渐走向堕落外,还有他们的子女。我看到个别高干子女吃、抽、穿、用极为豪奢,时间一长,就知道了其中的秘密。我也握有一定的权力,他们能弄到钱,我就不能?"这也带有规律性,一个人腐败,会有10个人模仿;一个人自己腐败,家属子女也跟着腐败或享受腐败成果,就会有100个人模仿;一个人自己很腐败、全家也很腐败,却长期逍遥法外,就会有1000个甚至更多的人模仿。

一种是明知其有问题却仍然对其提拔重用的人。从1995年初,就不断有人反映李真的腐败问题,但原河北省委书记程维高却一直顶着不查,并在1995年3月给中央有关领导写信说:"向我举报李真一事,第二天我即亲自做了调查,结果这件事纯属诬告。"几个月后,李真的老婆已经到了新加坡,程维高仍给中央有关机关写信说:"告李真用100万元给其爱人买了一个移民,我做了了解,纯属造谣。李真的爱人现在仍在石家庄,我最近已多次见到她。"而且正在李真的腐败行径愈演愈烈时,1995年12月他仍被提拔为河北省国税局副局长,1997年5月又被任命为局长。试问程维高:你的包庇和纵容,到底是帮了李真,还是害了李真?

李真死了,再也不能复生。但今后会不会出现第二个"李真"?

(部分选自《中国青年报》2003年11月28日)

思考题

1. 谁害死了李真?
2. 秘书已然成为"二领导",这种现象突破了哪些秘书礼仪规范?
3. 今天,我们应该怎样当秘书?

本章思考题

1. 什么是礼仪？什么是礼貌？什么是礼节？三者有怎样的关系？
2. 礼仪的内涵是什么？它有哪些表现形态？
3. 简述秘书礼仪概念，说明其包含的实际内容。
4. 秘书礼仪的基本原则是什么？秘书礼仪的特征是什么？
5. 实施秘书礼仪牵涉哪些因素？
6. 秘书礼仪有什么作用？
7. 社会上有哪些秘书行为明显不合礼仪要求？去发现并自我警醒。

第二章
秘书形象礼仪——仪表举止

心理实证研究证实，人与人之间的影响力和信任度来自语言、语调和个人形象，三者之间的关系符合一个公式：100%的信任度＝7%的语言＋38%的语调＋55%的视觉形象。个人形象是决定一个人影响力和信任度的最重要因素。

传播学有同样的发现，人与人初次见面，一个人对对方印象的评价从进入视线的瞬间就启动，大致在7秒钟内就有了自我判断。也就是说，刹那间就形成了对对方的看法，并且这样的看法很坚定，此后都难以改变。这种现象在心理学上被称为"首因效应"。

一个组织对外联络或对内传达决策层的意图，安排并参与内外各方业务洽谈或协调工作，大都由秘书完成。秘书人员的工作水平、思想水平、工作态度、办事效率等，大体反映出他所在组织的管理水平与企业作风。人们在与秘书打交道的过程中，能窥一斑而见全豹，秘书的一言一行和精神风貌代表着组织的风貌，因此，秘书是组织的门面，是组织的形象代言。秘书良好的个体形象有利于塑造组织的整体形象，直接影响到组织与内外各方的后续交往。

秘书形象礼仪是个人行为的具体规范，一般包括仪表礼仪、举止礼仪、谈吐礼仪等几方面。

仪表指人的外表，主要包括仪容、仪态和服饰三个方面，是个人面貌的外观。

其中，仪容是人的容貌，指人体所没有被服饰遮掩的部分，从上到下有发型、颜面、裸露的脖颈、手、臂膀、脚踝等，相关规范称为仪容仪表礼仪。

仪态包括举止、动作、姿势、表情等，相关规范称为仪态举止礼仪。

服饰包括着装和配饰，相关规范称为服装配饰礼仪。

课程思政元素

审美的底层是文化、世界观、价值观、人生观，难有对错，所谓"性相近，习相远"。一个人若懂得审美，便能在生活中发现真正的自己，懂得自己。有了审美，才能悦己。是否懂礼、守礼，全看小事。所谓没礼貌，不是你不尊敬人，是你不知道尊敬的方式。

本章将"礼貌"的基本内容细化，从仪表端庄和整洁的原则阐述道德责任，教授学生如何从举手投足、着装配饰方面守礼。

本章从以学科为导向转向以需求为导向，从专业分割转向交叉融合，从适应服务转向支撑引领，体现礼仪课程新思维、新时代、新方法的教学改革，坚持育人为本，培养学生的主流审美能力。

案例分析

首因效应

美国前总统尼克松1961年参加总统竞选而败于肯尼迪，就是"第一印象"失利的最好例证。当时，尼克松被大多数美国人认为是仅次于总统艾森豪威尔的政治人物，他反应敏捷，善于表达，富有经验，又具有坚强的毅力。在竞选前夕的民意测验中，尼克松以50%（肯尼迪支持率为40%）的支持率遥遥领先，但竞选结果却出人意料。竞选过程中尼克松和肯尼迪要面对美国7 000万电视观众展开辩论，尼克松因车祸撞伤膝盖导致身体消瘦。这样，屏幕上的尼克松看上去眼窝下陷，疲惫憔悴，萎靡不振。而肯尼迪恰好相反，高大魁梧，健康结实，衣着得体大方，精神饱满，器宇轩昂。最终，肯尼迪以49.9%:49.6%的微弱优势赢得选举胜利。

不难看出，仪表是导致尼克松失败的原因之一，尽管尼克松在其他方面比肯尼迪略高一筹，但对于电视观众来说，与形象的差异相比，辩论观点的分歧已经显得不那么重要，美国人民更希望有个神采奕奕、具有领袖风度的总统。

（选自杨萍、詹荣菊《社交礼仪与形体训练》，中国科技出版社，2007年版）

案例分析

林肯为什么留胡子？

在人们的印象中林肯一直是留着络腮胡子的。其实不然，他的胡子只留了四年。林肯常常谈起那个让他留胡子的小姑娘——格雷斯。1860年10月15日小姑娘从韦斯特菲尔德给林肯写了一封信，下面就是这封信的部分内容：

先生您好，我是个 11 岁的小女孩，但我非常希望您能当选总统。我有四个哥哥，可能有两个哥哥要投您的选票，但是如果您能留起浓密的络腮胡子，我会让四个哥哥全部投您的票。您的脸庞瘦削，留胡子会更好看。另外，夫人们都喜欢大胡子，如果您留起胡子，她们会想法儿让自己的丈夫投您的票，那么您就会当选总统了。

1861 年 2 月 16 日，林肯在韦斯特菲尔德附近举行一次数百人的群众集会，他在讲话时问道："格雷斯·比德尔来了吗？"小姑娘答应着从人群中跑出来。林肯抱起格雷斯，亲了亲她的小脸儿说："瞧，格雷斯，我为你留起了大胡子。"

（选自《世界文化》，1997 年第 2 期）

思考题？

1. 一个人给人的第一印象，外表与内心哪个更重要？
2. 个人形象对现代秘书的政治生命有无影响？结合两个案例分析，谈谈你的看法。

第一节　仪容仪表礼仪

个人仪表、仪态不单反映其知识水准、道德修养，还传递其性格心理、身份层次等多种信息。现代秘书的仪表、仪态不仅展示个人风采，还体现组织形象。

现代秘书的外貌仪表是一个窗口，能透射出文化修养的高低、审美情趣的雅俗、喜怒哀乐的情感和对待生活的态度。注重形象，既是维护自己人格尊严的需要，也是尊重他人的表现，这对以人为工作对象的秘书人员来说尤其重要。

周恩来的母校南开中学有一个著名的"40 字镜铭"：面必净，发必理，衣必整，钮必结；头容正，肩容平，胸容宽，背容直。气象：勿傲、勿暴、勿怠。颜色：宜和、宜静、宜庄。这则镜铭从仪容、穿着、气象和神情方面规范了个人需要养成的从容优雅的形象，可以作为秘书人员形象的对照。

美好的仪容包括三方面。

一、仪容自然美

仪容自然美指长得好，仪容先天条件好，面容姣好，五官精致，身体比例协调，审美上大体符合黄金分割，皮肤光洁、健康，感觉赏心悦目。秘书人员端正秀丽的容貌确实容易给人留下好印象，为首因效应加分。

长得好是遗传基因决定的，每个人都有自己的特征，这是区别于他人的形象要素，不必趋同。事实上也是千人千面，你我他分明。因此，每个人都应该爱惜身体发肤，尽力维护，具体要注意以下部位的保养以维护自己的自然美。

（1）脸部保养。脸要洗干净，温水清洗后，再用冷水洗脸，切勿带妆过夜，否则伤皮肤。要多喝水，少喝饮料，保持心情愉悦。如果脸上偏油，鼻尖出黑头，两颊痘痘偏多，需要注意少吃甜的东西、烧烤油炸食物，可以多喝炖煮的汤。适当补充胶质，多吃猪蹄、鸡爪等。

（2）颈部保养。虽然在日常洗漱中颈部很容易被遗忘，但这却是非常关键的部位。不光洗澡时，还应该在洗脸时注意清洁。颈部可以泄露你的生活状态。注意：脖子不要多动，乱动易得颈椎病。睡觉时要配枕头，让脖子得到休息。

（3）手臂保养。和颈部清洁一样，不仅要在洗澡时注意，洗脸时也要清洗，臂膀应该清洗到肘关节。手是人的第二张名片，是别人注意的焦点之一。要常洗手，保持指甲圆整、清洁光滑。女秘书如果涂指甲油，在正规场合要选择无色透明的指甲油。秘书人员要对指甲美化，进行修剪护理，不能藏污纳垢。

（4）口腔牙齿清洁。因为与人交谈会露牙齿，所以口腔卫生也很重要。要注重平日护理，养成勤刷牙的习惯，一天至少刷牙两次，早起、晚睡各一次。保持口气清爽，尽量少吃蒜、葱、臭豆腐、霉豆腐、韭菜、虾酱等。

（5）头发护理。头发要干净，清爽，不黏腻。

（6）耳朵清洁。耳背后要洗干净，耳朵中杂物要清除。

仪容清洁时使用的毛巾最好是纯天然纤维制造的，不要让化纤织物直接接触皮肤。

知识补充

九个古老护肤秘方

1. 小黄瓜敷脸

作用：美白消炎

舒适及方便指数：80%

小黄瓜敷脸应该是最常见的古老保养法。小黄瓜含丰富的维生素C及镇静保湿物质，用来敷脸算是不错的保养方式，可用来镇静晒伤后的肌肤，也具有收敛毛孔、美白、保持肌肤水分的功效。然而传统切片式的敷法比较难让肌肤吸收，最好捣碎后涂在面膜纸或纱布上，再敷于脸部。

2. 蜂蜜柠檬面膜

作用：美白

舒适及方便指数：75%

由于蜂蜜含有许多矿物质及低聚醣，能保湿滋润肌肤，并有很高比例的钾元素，因此具有抗菌的功效；柠檬汁则含维生素C及柠檬酸，能促进肌肤新陈代谢，美白肌肤。而添加蜂蜜又可中和过酸的柠檬，因此非常适合用来美白滋润肌肤。使用时加上少许面粉或奶粉，以帮助面膜附着在肌肤上，敷完后冲洗时必须洗干净。

3. 蜂蜜蛋白奶粉面膜（蛋白面膜）

作用：收敛紧实、消炎镇静、滋润

舒适及方便指数：75%

蛋白具有收敛、紧实肌肤及消炎镇静的功效，奶粉的脂质及蛋白质均可滋润保湿肌肤（也可帮助面膜黏着），因此此面膜能滋润肌肤使肌肤光滑柔细。注意：偏油性肌肤可使用脱脂奶粉并舍弃蜂蜜，干性肌肤则适用全脂奶粉，蛋白改成全蛋或蛋黄。

4. 蛋黄护发

作用：滋润干燥受损的发质

舒适及方便指数：85%

蛋黄富含蛋黄油、卵磷脂及维生素A和维生素E，对干性、受损头发及肌肤均有极佳的滋润性，亦能供给发根再生所需的养分，是很好的护发用品。方法：涂抹于湿润的头发上至少3分钟，之后再用微凉的水洗净。

5. 豆粉面膜

作用：去油、去角质

舒适及方便指数：90%

绿豆粉敷脸在油腻腻的夏天尤其具有去油、去角质的功效，敷脸后肌肤显得柔滑而细致，使用未去皮（绿色）的绿豆粉效果会更佳。注意：皮肤较薄或敏感性肌肤不可过度使用，避免肌肤过于脆弱。

6. 凡士林保养

作用：滋润及保湿

舒适及方便指数：95%

凡士林是一种矿物蜡，能在肌肤表面形成一种不被吸收的油膜，因此十分适合极冷环境或干燥肌肤使用，也可用来当作护唇膏。不过需注意，一般肌肤使用可能过于油腻，且不易被吸收，只有表面的滋润效果。许多护唇膏就是凡士林加上色素香料或一些植物精油（如薄荷）制成的。

7. 豆腐泥面膜

作用：美白抗氧化

舒适及方便指数：80%

豆腐含有黄豆蛋白，被证实有抗氧化的功效，发酵的豆腐会含更多的曲酸成分（即现在当红的美白成分之一），具有美白的功效。

8. 蜂王浆敷脸

作用：活化肌肤，促进细胞再生

舒适及方便指数：80%

蜂王浆含有丰富的矿物质、氨基酸和生物激素，能促进细胞再生，因此，敷在脸上可活化肌肤，让肌肤更为细致，缺点是价格可能贵了点，而且敷的时候可能会有点痛。

9. 柠檬皮或橘子皮

作用：抑制油脂分泌，振奋精神

舒适及方便指数：80%

柠檬皮及橘子皮皆有植物精油，能发挥抑油净化及振奋精神的功效，可晒干或新鲜使用，然而需要注意的是，表面一定要洗干净，避免农药残留。也可以泡水或酒（比例约1:5）作为收敛水、头皮水、漱口水等使用，亦可直接加入现成的化妆水或其他清洁性产品中使用。

二、仪容修饰美

仪容修饰美是仪容礼仪关注的重点，适度化妆，改善形象视觉，可增强自信心。同时，化妆也是重视职场、在意工作对象的表现。

（一）修饰的基本原则

修饰的基本原则是美观得体，扬长避短。现代秘书美化自己要注意以下几点。

（1）以淡为主，自然清丽，素雅怡人。

（2）避免当众化妆、补妆。当众化妆有表演之嫌。

（3）女秘书不在异性面前化妆，不当众照镜子，不以残妆花面示人。秘书要以专业素养及工作技能取胜，不以皮相取胜。坚决不能以色示人，引人误会。

（4）不要非议他人的妆容。化妆是个人之事，属于个人隐私，不要加以评论。

（5）正确使用香水，勿妨碍他人。香气过浓，容易使人分心，影响工作效率，这就违背了秘书工作的要求。

（二）化妆前的准备工作

化妆前的准备工作如下。

1. 清除面部多余毛发

耳孔、鼻孔伸出外面的汗毛要及时清理，眉毛修整有型。男秘书必须剃须，以保持面部清爽整洁。

2. 化妆准备

化妆前要准备好洗面奶、护肤类（防晒霜、润肤霜及保护手脚的甘油）用品、粉底、唇线笔、口红、唇膏、眉笔、眼影和腮红。

（1）清洗脸部，可以用洗面奶或者温清水清洗。

（2）涂上滋润霜，打圈、拍打。

（3）外出可以涂上防晒霜，选择防晒指数稍高的产品。目前防晒系数60为最高。注意防晒霜不卸彻底会伤害皮肤；外出带伞、帽子、墨镜防晒，可涂上防晒指数稍低的产品，如BB霜集多种功能于一体，是简单化妆的首选，防晒系数一般不超过30。

（4）擦粉底和遮瑕霜。

知识补充

怎样洗脸才是正确的

选择清洁用品，要选择清洁性适中的产品，若过度洗去油脂，常常会使皮肤太过干燥和敏感。当发现脸部出现发红、脱皮，对于平常惯用的保养品也会过敏时，就要检查一下洗脸用品是否太过刺激，过度清洁不仅无益于肌肤健康，过于干燥的肌肤还容易生成小细纹。而一般人常有的错误观念认为，洗面皂比洗面乳洗得干净，其实发泡性并不等于清洁力。清洁产品的类型很多，包括洗面乳、固态的洗面皂、凝胶与慕斯等清洁用品，无法单就清洁产品类型的不同来区分清洁力的强弱，泡沫的多寡或泡沫触感的绵细与否也与清洁力或刺激性无直接相关，所以，依清洁产品的成分来区分清洁力的强弱才是正确的方式。有时泡沫过多可能是因为皂性或介面活性剂太强，这甚至会对肌肤产生伤害。

夏天天气热，容易出汗，汗水会带出较多油脂分布到脸上，而这正是青春痘生成的原因。预防青春痘生成可从基础的洗脸做起，所以油性肌肤可选择清洁力中等的洗脸产品，一天最多使用洗面剂洗脸三次。如果真的油脂太多，可以用温水洗脸，降低油腻，温水洗净后再用冷水泼一泼收敛毛孔。但还是要小心不要清洁过度，否则表皮的弱酸性保护膜被洗净，抵抗力变差使细菌容易侵入，痘痘可能因此更猖獗。

对于混合性肌肤，洗脸时可从较油的T字部位洗起，动作要轻柔，不要过度按摩，免得刺激肌肤。使用洗面乳清洁脸部肌肤时，可将洗面乳在干净的手掌中搓揉起泡后，均匀按摩至脸上，让洗面乳在脸部停留 1 至 2 分钟后冲洗干净，洗得太久反而会造成过度清洁的不良效果。

洗脸时的水温以微温或冷水较为适当，水温过高会刺激油脂的分泌，反而造成越洗越油的效果。

（三）化妆步骤

现代秘书化妆是在意工作的表现，是爱护自身形象和尊重他人的表现。化妆应该保有个性，并彰显优点，既有自我又有美化。按照审美标准，面部宽与长的比例达到黄金分割比例 0.618，是视觉上最完美的。化妆过程中，应尽量扬长避短，向黄金分割比例靠近。秘书化妆与常规化妆步骤一致。

（1）打粉底。取与皮肤颜色相近或稍亮色粉底，用粉扑按印，在额头、鼻梁、面颊、下颌依次涂抹均匀，用以遮瑕疵和提升气色。

（2）涂眼影，突出眼睛的立体感，使眼睛显示智慧之光。

（3）描眉毛。女性眉形要求柔和，细眉往上走；男性眉毛要有阳刚之气，宜有山形或剑形眉峰。

（4）画眼线，遵从三庭五眼原则，化淡妆眼线配合眼影。妆后两只眼睛的宽度相等，两眼内角间水平距离与一眼等宽，应为同一水平脸部宽度的 3/10；眼球中心到眉毛底部的距离应为脸长的 1/10；眼球应为脸长的 1/14；眼尾应位于发际至嘴角的中间，两眼间距应恰好等于眼睛的长度；如果眼睛过高，可以强调下眼线；如果眼睛过低，应强调上眼线及眼尾部分。

（5）勾鼻梁，使鼻梁挺拔，鼻子的表面积要小于脸部总面积的 1/20。

（6）上腮红。皮肤白净选浅红色，皮肤暗黑选浅棕色。苹果肌涂上腮红，有似有似无的立体感，腮帮可以涂蓝色或咖啡色，视觉上可以瘦脸。

（7）定妆。用粉扑蘸干粉，轻轻地均匀扑在妆面上，要轻薄，以起到定妆作用。

（8）抹口红。如果唇部干裂可先涂润唇膏。唇膏颜色不要太另类，可以选择淡粉、西瓜红、玫红、大红之类。理想的嘴巴宽度应为同一水平脸部宽度的 1/2。下巴长度应为脸长的 1/5。

（四）化妆应注意的事项

化妆要注意以下事项。

（1）职业秘书化妆要自然，妆成却似无，没有明显的痕迹，给人一种天然的感觉，有人认为化妆就是要给别人看的，这是不对的，局部化妆要与整体融合在一起。

（2）职业秘书妆容要稳定，不能过分和前卫。美化要符合大众审美标准，形象要保持一贯性，不要时刻追随潮流，"百变娇娃"不适合秘书职业。

（3）职业秘书化妆要避人，秘书行为规范要求不能当众化妆。

（4）睡前一定要卸妆，彻底地清洁脸部，以免影响皮肤的正常呼吸和堵塞毛孔。

（5）化妆用品及工具要保持清洁卫生，过期或变质的化妆品不可再用。

知识补充

不同脸形化妆法

脸部化妆一方面要突出面部五官最美的部分，使其更加美丽，另一方面要掩盖或矫正缺陷或不足的部分。

经过化妆品修饰的美有两种：一种是趋于自然的美，一种是艳丽的美。前者是通过恰当的淡妆来实现的，它给人以大方、悦目、清新的感觉，最适合在家或平时上班时使用。后者是通过浓妆来实现的，它给人以庄重高贵的印象，可出现在晚宴、演出等特殊的社交场合。无论淡妆还是浓妆，都要利用各种技术，恰当使用化妆品，通过一定的艺术处理，才能达到美化形象的目的。

1. 椭圆脸怎样化妆？

椭圆脸可谓公认的理想脸形，化妆时宜注意保持其自然形状，突出其可爱之处，不必通过化妆去改变脸形。胭脂应涂在颊部颧骨的最高处，再向上向外揉化开去。对于唇膏，除嘴唇唇形有缺陷外，尽量按自然唇形涂抹。画眉毛时，可顺着眼睛的轮廓修成弧形，眉头应与内眼角齐，眉尾可稍长于外眼角。正因为椭圆形脸是无须太多掩饰的，所以化妆时一定要找出脸部最动人、最美丽的部位，而后突出之，以免给人平平淡淡、毫无特点的印象。

2. 长脸怎样化妆？

长脸的人，在化妆时应力求增加面部的宽度。胭脂，应注意离鼻子稍远些，这样在视觉上可拉宽面部。抹时可沿颧骨的最高处与太阳穴下方所构成的曲线部位，向外、向上抹开去。粉底，若双颊下陷或者额部窄小，应在双颊和额部涂以浅色调的粉底，造成光影，使之变得丰满一些。眉毛，修正时应令其成弧形，切不可有棱有角。眉毛的位置不宜太高，眉毛尾部切忌高翘。

3. 圆脸怎样化妆？

圆脸给人可爱、玲珑之感，若要修正为椭圆形并不十分困难。胭脂，可从颧骨涂至下颌部，注意不能简单地在颧骨突出部位涂成圆形。唇膏，可在上嘴唇涂成浅浅的弓形，不能涂成圆形的小嘴状,以免有圆上加圆之感。粉底,可用来在两颊造阴影,使圆脸显瘦一点。选用暗色调粉底,沿额头靠近发际处起向下窄窄地涂抹,至颧骨下部可加宽涂抹的面积,造成脸部亮度自颧骨以下逐步集中于鼻子、嘴唇、下巴附近部位。眉毛,可修成自然的弧形,可作少许弯曲,不可太平直或有棱角,也不可过于弯曲。

(五)发型修饰

秘书人员的发型要适合办公室氛围,以端庄为主旋律。秘书是办事的人,要避免给人休闲懒散的印象。最基本的要求是整洁。可以根据脸形、发质、年龄、气质、爱好等选择适合自己的发型,考虑发型与职业、身份、出席场合相适应。一般初入职场的新秘书,以干练发型为好。男秘书短发板寸,女秘书盘发或扎丸子头。

待工作作风得到认可时,女秘书可以披长发,但始终要体现精神振奋、反应敏捷、干练沉稳。从健康角度考虑,不提倡戴假发套。

知识补充

如何选择一款与你脸形相配的发型

人类的脸形有很多种,每一种脸形都有特定的发型与之相配。无论你想选择什么样的发型,首先都要很好地考虑到头发的厚度与发质,然后好好利用这些条件选择一款最适合你的发型。

1. 适合大额头面相的发型

有一个大额头没什么不好,但是假如你想让它看起来不那么突出,两个方法能帮你很好地解决这一问题——用刘海遮挡一下或者使头发有一定的层次,前面的头发稍短,长度大概在下巴位置就行。前一种发型需要你的头发没那么厚,刘海的部位也不能有卷。而后一种发型是所有"大额头"的福音,打薄的头发能让你身体中脖子、肩膀这些部分更突出,从而转移人们对大额头的注意力。

2. 适合心形脸的发型

刘海在心形脸这种面部构形上依旧能发挥很好的作用。对于大多数人来说,留齐刘海都很好看,若你不适合齐刘海,可以考虑将头发修剪得比较有层次感,梳成偏分,自然地环绕在脸的四周,这会让你得到满意的效果。

3. 适合鹅蛋脸的发型

假如你是鹅蛋脸,那大多数的发型你都适合。但是切记,不要把头发梳得太高,鹅蛋脸的美女非常适合头发有质感向下垂的感觉,而不是朝上梳的造型。

4. 俏皮活泼的发型

总有一些人生得小巧可爱,精致俏皮,假如你具备了这些特点,那就留一款既时髦又活泼的短发吧。这种发型有很多值得肯定的地方。

5. 适合圆脸的发型

适合圆脸的发型需要一种创造性的对比感，以衬托出这种脸形真正的美。头发要剪出层次感，前长后短。圆脸没有棱角分明的立体感，所以千万不要留齐刘海，关键在于需要使用发型对脸庞进行一些修饰，使脸看起来长一些。

6. 适合方形脸的发型

方形脸一定要避免死板的直发或者看起来尖锐不柔和的发型。关键在于要将众人对你脸形的关注转移到头部这一整体。层次分明的偏分会让你看起来更柔和一些。

7. 适合大鼻子面相的发型

现实中，很多人的鼻子都挺大但却又对大鼻子无可奈何。对付又丑又明显的鼻子的关键就在于转移注意力，避免使用任何将别人的注意力集中在面部中线的发型。可行的方法是让发线四周的头发尽量蓬松；偏分的造型也可让面部其他的部分看起来更加突出，而忽略大鼻子。

三、仪容内在美

内在美是仪容美的最高境界，指内秀。

有人说，30岁之前的面貌是父母给的，30岁之后的面貌是自己养成的。人的外形美丑，不仅要看五官身形、着装配饰，还要看气质和风度。气质与风度是需要后天培养的，往往内里修养会展现在外表，所谓"腹有诗书气自华"。一个成功的秘书，往往能让人感受到优雅和书卷气。人虽然不分三六九等，但气质的高雅或者猥琐却自然把人分层。

个人通过努力，提高思想道德水准和修养，养成高雅气质和美好心灵，使自己秀外慧中，表里如一，这就是内在美。

一个人如果外表整洁，一定有良好的卫生习惯；如果服饰自然和谐，一定有正确的审美观；如果表达观点简洁明快，一定喜欢并已然读过适量的书；如果能直视对方、保持微笑、愿意倾听，一定用心于自身的行为修养。美不是一件容易的事，金钱堆砌不出美；奇装异服只会造成视觉冲击，但打扮不出美；浓妆艳抹但放浪形骸的人，会有人注视，但得不到欣赏，也不会让人觉得美。

美要内外兼修，除了美丽的容颜，还要拥有正确的人生观、是非观，正确的价值判断，以及高尚的审美情趣。对秘书人员而言，美要懂得进退，待人接物得体大方，遵守办事程序和相关规则，专业到位，时刻保持良好形象。一句话，内外兼修，才能在职场中得心应手，做出业绩。

人的仪容美，应该是自然美、修饰美和内在美三者的统一，忽略任何一个方面都可能使仪容美大打折扣，进而影响个人和组织的发展。

第二节　仪态举止礼仪

仪态是人的姿势和风度。姿势是身体呈现的样子，风度是气质的表露。

一个人举手投足、一颦一笑都具有传情达意的功能。秘书工作中，我们借助各种姿势和表情来表达情感、交流思想，传递个人的学识与修养。"站如松、坐如钟、行如风、卧如弓"，这是传统文化对人体姿势的要求，从仪态美的角度看，非常适合今天的职场。这就是我们要掌握的体态语。

秘书人员在职场中要重视体态语的正确运用，同时准确理解他人的体态语，即要掌握仪态举止礼仪。具体说，仪态举止礼仪主要是指体态展示的站、坐、行、蹲等举止及手势、表情。这些都要求符合相应的礼仪。

现代秘书的日常姿态主要包括站姿、坐姿、走姿和工作手势等。

站姿：男秘书注意"站如松"，女秘书注意双脚呈"V"字形，双膝和脚后跟要紧靠，给人以端庄之感。

坐姿：男秘书坐时可双膝稍微分开，双手自然放在膝上。女秘书双膝要尽量靠拢，双手自然相握，搁在两腿之间。

走姿：走路时要挺胸、收腹、目视前方，保持直线行走。

一、站姿礼仪

站姿礼仪要求站如松，其礼仪规范是挺直、舒展、优雅。

（一）站姿的主要要求

站姿的主要要求是头正、肩平、挺胸、收腹、立腰、双腿并拢直立。

（1）头正要求双目平视，下颌微收，嘴唇微闭，面部平和。

（2）肩平要求双肩舒缓，保持水平，拉伸脖颈。

（3）挺胸要求双臂放松，自然下垂，虎口向前，双肩打开，胸膛向前。

（4）收腹要求臀部肌肉收紧，有用力吸气的感觉。

（5）立腰要求身躯挺直，重心向上。

（6）双腿并拢要求膝盖与双脚靠紧，男士两脚可稍微分开，但宽度不宜超过肩宽。

（二）站姿规范

1. 男秘书站姿

双眼平视前方，下颌微微内收，颈部挺直。双肩自然放松端平且收腹挺胸，不僵硬。双臂自然下垂，处于身体两侧，右手轻握左手的腕部，左手握拳，放在小腹前，或者置于身侧。脚跟并拢，脚呈"V"字形分开，两脚尖约成45度角；或双脚平行分开，与肩同宽。

2. 女秘书站姿

头部抬起，面部朝向正前方，双眼平视，下颌微微内收，颈部挺直。双肩自然放松端平且收腹挺胸，但不显僵硬。站立时不要身斜体歪，双臂自然下垂，处于身体两侧，双手在身前自然交叉，右手叠放在左手上置于小腹前。两腿并拢，两脚呈"丁"字形或"V"字形站立。

（三）如何养成良好的站姿

（1）靠墙训练。可将脚后跟、小腿部、臀部、后脑勺、双肩自然下垂靠在墙上，每天坚持5分钟，养成习惯，习惯成自然。

（2）对镜训练。面对镜子站好，检查自己的头、肩、胸、腰、腿是否合乎要求，如不合要求，要立即调整。

（3）顶书训练。头上顶一本书，站好，保持身体平稳，保持书不掉落。

（4）背靠背训练。两人背靠背站立，脚跟、小腿肚、臀部、双肩、后脑勺贴紧，可以训练挺拔感。

（四）站姿注意事项

（1）女秘书在站立时双手不可以背在背后，而应自然垂直放在身体两侧，或互搭在腹部，或一手背在身后，一手垂于身侧，还可以一手垂于身侧，一手自然搭在腹部。女秘书站立时，要注意双脚呈"V"字形，双膝和脚后跟要紧靠，给人以端庄感。

（2）男秘书双手可以放在背后，也可以在两侧。

（3）站立时忌身体歪斜、耸肩驼背、左右摇晃、两手叉腰、两脚间距过大、抖腿，以免给人轻浮、懒散和缺乏教养的印象。

二、坐姿礼仪

坐姿礼仪要求坐如钟，其礼仪规范是庄重、沉稳、端正、文雅。

（一）坐姿的主要要求

坐姿的主要要求如下。

（1）落座轻稳。靠近座椅，右腿先后退一步，以小腿确认座椅位置，然后轻稳坐下。女秘书入座，先将裙脚向前收拢再坐。

（2）落座后，保持立腰、挺胸，上身稍微前倾，重心垂直向下，头要正，两眼平视，目光柔和。

（3）女秘书双膝并拢，男秘书两膝之间距离一拳为宜。

（4）双肩平。女秘书可将右手搭在左手上，轻放腿上。男秘书可双手掌心向下，自然放在腿上。

（5）离座时，右脚向后收半步，再站起，轻稳离座。

（二）坐姿规范

规范的坐姿应头部挺直，双目平视，下颌内收；身体端正，两肩放松，勿倚靠座椅的背部；挺胸收腹，上身微微前倾，但与桌边应保留一拳左右的距离；双手放在双膝上，自然交叠，腕至肘部的2/3处轻放在柜台上；男秘书双腿可并拢，也可略微分开，距离不得超过20厘米。女秘书双腿并拢垂直于地面。坐姿通常分为三种，深坐（坐时将椅面全部坐满）、中坐（坐时占椅面2/3）、浅坐（坐时占椅面1/3）。在与人交谈沟通时应选用浅坐，身体微微前倾，表现出积极的工作状态；在独自办公久坐时可调整为中坐。

（三）如何坐得文雅

面前有桌子时，手放在桌子上，无桌子时，手放在腹部或者腿部。面对领导和尊长时要正坐。女秘书膝盖并拢，男秘书膝盖一定分开，切记勿跷二郎腿。女秘书在凳子较低的情况下，可采用侧坐的方式，也叫交叠式，两脚在一条线上，目的是防止穿短裙时走光。如坐在沙发上，女秘书尽可能选择坐在有沙发扶手的一侧，手可以上下交叠放在扶手上。若无扶手，可以将手放在腿上。

（四）坐姿注意事项

坐姿的相关注意事项如下。

（1）不可猛起猛坐，使椅子发出声响。

（2）女秘书不可坐满椅子，一般只坐椅面的2/3。男秘书可坐满，但在尊长面前，最好不要坐满。

（3）忌四字腿，即跷二郎腿，二郎腿这种不严肃、不庄重的坐姿，女秘书尤其不可采用。

（4）坐下后忌脚尖相对，或双腿拉开成八字形，或将腿伸得很远。

（5）交谈时，忌双腿抖动，或晃动鞋跟。

案例分析

清华教授批某主持人傲慢、不懂礼

清华教授批某主持人傲慢，有理有据，令人信服。清华大学一教授谈文明礼仪时批评某主持人在节目中跷二郎腿"最没文化"，身为主持人，和嘉宾握手时全程坐着："据我所知，这位主持人的腿没什么毛病，怎么能这么傲慢"，指责其太没礼貌。

（来源：新文阁 2016 - 12 - 01　编辑：NEOS）

思考题

教授说得对不对？你怎么看？

三、走姿礼仪

走姿礼仪要求行如风，其礼仪规范是优雅、稳健、敏捷。

（一）走姿的主要要求

走姿的主要要求是头正、肩平、躯挺、步位正、步幅适当、步速平稳。

（1）头正要求双目平视，收颔，表情自然平和。

（2）肩平要求两肩平稳，不可上下左右摇摆。

（3）躯挺要求上身挺直，收腹立腰，重心稍前倾。

（4）步位正要求两脚尖略开，走出的轨迹在一条直线上。

（5）步幅适当要求两脚落地距离大约为 1 个脚长或 1.5 个脚长。

（6）步速平稳要求行走速度保持均匀，不要忽快忽慢，应舒缓从容，成熟自信，不仓促，不拖沓。

走路姿势是否好看，影响到别人对你的印象。若你抬头挺胸，别人就会认为你是一个乐观向上、自信友好的人；若你走路低头，别人可能认为你是一个自卑的人。

起身的姿势要有一个预备，先双脚并拢，然后站起。走的时候，双臂自然下垂，眼睛平视，增加手臂的摆动。双臂以肩为轴心，一般往前抬 35 度，往后抬 15 度。手掌微微握拳，手掌心朝里，自然摆动，千万不可甩肩膀。走在一条线上，但不是走猫步。切记走路时不要内八字和外八字，及时发现，及时纠正。以习惯的步长走，一般是自己 1.5 倍脚长。

（二）走姿注意事项

走姿的注意事项如下。

（1）走路用腰力，才有韵律感。如走路时腰部松懈，会有迟重感，不美观；如拖脚走路，会显得没有朝气，十分难看。

（2）忌双臂大甩手，忌与他人勾肩搭背。

（3）头不要动，脖子不要歪，不要晃动肩膀，这会显得轻浮、不稳重。

（4）忌八字步，忌脚擦地面，忌膝盖僵直，忌低头驼背。这会显得迟钝，缺少活力。

（5）忌扭腰摆臀，左顾右盼。大幅度扭胯显得轻浮。

（6）身体勿僵硬，步幅不要沉重。身体僵硬暗示着心情不好，思想僵化。

（7）手勿插在口袋里，插在口袋里会让别人觉得你小气偏狭，或者自傲自大。

（8）双手勿背在背后，这会给人一种自以为是、高人一等的感觉。比如演员演伟人通常将双手放在背后来显示他的伟大，这在秘书行业是不恰当的。秘书要平等待人，切勿双手背后。

四、蹲姿礼仪

下蹲拿取低处物品或捡拾落地物品时，也有相应的蹲姿礼仪规范。

（一）蹲姿基本要求

蹲姿的基本要求如下。

(1) 两脚分前后，两腿靠紧下蹲。若左脚前蹲，左脚脚底全部踩在地上，小腿基本垂直地面，右脚后跟抬起，脚掌着地。右膝低于左膝，右膝内侧靠于左小腿内侧，形成左膝高、右膝低的姿态，臀部向下，基本上以右腿支撑身体。

(2) 若右脚前蹲，则与上述动作相反。

(3) 若下蹲要捡东西，需走到与物件平行的一侧，再下蹲捡起。

(二) 蹲姿注意事项

蹲姿注意事项如下。

(1) 切忌弯腰翘臀。这是失礼且粗俗的表现。

(2) 女秘书如穿着低领上衣，下蹲时，要以手护胸。

(3) 应避免一边交谈，一边随意放松身体，弯腰曲背地下蹲，这样会影响人体外形的美观。

(4) 蹲下捡物时只看物品，切勿东张西望引人猜疑和误会。

五、手势礼仪

不同手势代表着不同意思，手势是一种体态语的动态展示。优雅的手势会体现出好的素养。

(一) 手势礼仪规范

手势礼仪规范要求准确、规范、适度。一定礼仪环境下，每个手势都有其约定俗成的含义，应规范使用，以免产生误解。

(二) 秘书常用手势

秘书常用的手势如下。

(1) 横摆式：主要作为迎接来宾入厅、屋时所用的手势。来宾在前，注意伸出右手，手指并拢。具体做法为五指并拢，手掌自然伸直，手心向上，手肘弯曲，腕低于肘，以肘关节为轴，从小腹前抬手，向右摆动，至身体右前方。双脚站成右丁字步，上身向出手一侧倾斜，另一只手下垂或背于身后。目视对方，面带微笑。

(2) 前摆式：引导的手势。秘书在来宾的左前方或者右前方，手里拿着东西，或扶门时适用。具体做法为在自己面前摆。通常是一只手夹着文件夹，另一只手做手势。五指并拢，手掌伸直，身体的一侧向上抬起，手臂稍微弯曲，以肩关节为轴。一般到腰的高度再由前向右摆去，摆到距离身体15厘米处，在不超过躯干位置时停住。若右手拿东西，左手表示"请"。

（3）斜摆式：意为"请坐"。接待来宾入座时，将右手从上向下摆动至距身体45°处，使手臂向下形成一斜线，指向座位，表示"请"的意愿时使用。具体做法为手臂由前抬起，以肘关节为轴，前臂由上向下摆动，使手臂向下成一斜线。

（4）直臂式：秘书为来宾指引方向，表示"请往前走"时可采用此手势。具体做法为手指并拢，手心斜向上，曲肘由腹部抬起，右手伸直与肩平，手掌指向来宾要找之处，手摆到肩的高度停止，注意肘关节要伸直。

（5）"曲臂式"：秘书手拿东西或扶门，示意来宾入室时，可采用此手势。双脚呈左丁字步，右手在右侧前方呈45°，并注意前臂弯曲。

（6）双臂横摆式：用于接待较多来宾，可以表示"诸位请"。在隆重场合，为示意某一程序开始的手势。具体做法为两臂从两侧向前上方抬起，然后向内侧弯曲，向两侧摆出，说"各位请"。向前的时候抬得越高表示越尊重。可以在做完这个姿势后带头领着对方走。

（三）手势礼仪注意事项

手势礼仪有如下注意事项。

（1）工作中，不可过多地使用手势，太多会显得装腔作势。要在恰当的时候使用手势。

（2）动作幅度不宜过大，过大会有表演的嫌疑，显得没有涵养。

六、表情礼仪

表情礼仪，即人的面部表情，是眼、眉、嘴、鼻的动作以及整个脸色的变化。面部表情是由先天与后天两方面组合而成的，人力无法改变先天的因素，我们需要后天的修养。

现代秘书的基本表情应当是自然诚恳、和蔼可亲的。面部的不同表情会给人以不同的感受，如果将一个人的总体印象假定为100%的话，那么其中55%的印象来自人的表情，包括眼神、态度，特别是微笑。健康的表情留给人们的印象是深刻的，它是优雅风度的重要组成部分。

表情礼仪主要探讨的是目光以及微笑两方面内容，其总体要求是理解、把握表情，在社交场合中努力管理好自己的表情，使之符合当下场合的需要。

下面具体学习眼神礼仪及微笑礼仪。

（一）眼神礼仪规范

眼神礼仪规范的要求为热情、礼貌、友善、诚恳。

无论在中国还是西方，眼睛都被喻为心灵（灵魂）的窗户，那么目光自然就是心理情感的自然表现。秘书沟通中，一定要注意眼神的礼仪：目光要坦然、温和、大方、亲切；不要长时间地直视对方的眼睛，注意调节眼神的对接时间。

1. 眼神礼仪要求

（1）秘书人员与人交谈注视对方时，应"散点柔视"。应将眼光柔和地落在对方整张脸上，而不是盯视某个部位；盯视带有"瞪"的意味，是不友善的，对人是不尊敬的。

（2）注意注视时间，不宜长时间注视对方。一般情况下，眼光接触对方脸部时间占全部交流时间的1/3～2/3为宜。超过了2/3，表示对交流对象本人比交流内容更感兴趣；少于1/3，表示对交流对象和交流内容都不感兴趣。而长时间注视或上下打量，会让对方紧张、尴尬。

（3）与多人交谈，目光应与不同角度的听众接触，不要只与一两人对视，否则会使其他人产生受冷落感。

（4）注意注视区域，即目光所视范围。根据商务活动内容不同，注视区域应该有变化。公务场合以两眼为底线，额头为上限，注视范围较窄；社交场合注视范围以两眼为上限，以嘴唇为底线，构成一个倒三角，这种视线比较亲切友好。

2. 眼神礼仪注意事项

（1）任何时候都不要回避对方的目光，否则会使人觉得你说谎或心里有鬼。

（2）如无意与对方目光对视，应自然对视1～2秒，点头致意，然后慢慢移开目光。

（3）与异性目光对视不可超过2秒，否则会引起无端猜测。

（4）与陌生人见面可迅速地看一眼，不宜长时间盯住对方的眼睛。

（5）与人交谈应注视对方，表示专注和尊重。

（6）在面对多人谈话时，应时不时扫视人群，使每个人都觉得讲话者正看着他，他并没有被遗忘。

3. 眼神运用注意事项

（1）走路时不要双目直视，目中无人，这样会让人觉得你高傲、难以亲近。

(2) 对来访者不要只打招呼、不看对方，这样会让人觉得冷淡、冷漠。

(3) 与人交谈时，目光不要游移不定，也不要眯眼、斜眼、瞪眼、闭眼、翻白眼，这样会让人觉得你心神不宁、傲慢无礼、蔑视他人、懦弱胆小、反感愤怒。

(4) 公共场合，不要注视唇心到胸部之间的区域，以免引起对方误解。

(5) 沟通对象因情绪低落或难过而缄默失语时，不应再盯视对方。

(二) 微笑礼仪规范

微笑礼仪规范的要求为真诚、适度、适宜。

秘书习惯于微笑，见到来客应该微笑问好。微笑是现代秘书的职业表情，它比语言表达的情感更丰富、更细腻。它是一种润滑剂，能缩短双方的心理距离，融洽双方关系，增进双方友谊。

微笑属情绪语言。人际交往时，表情应以喜、乐为主调。微笑是自信的象征、礼貌的表示、心理健康的标志。恰当地运用微笑，可以起到传递情感、沟通心灵、感染对方的积极心理效应。真诚的微笑是能够表达出本人的理解、宽容、关爱、礼貌的。

微笑的要领：不闻其笑声、不见其牙齿；发自内心，笑中有情，笑以传情；肌肉放松，嘴角上扬；大致露八颗牙。

1. 微笑礼仪要求做到四个结合

(1) 口眼结合。要求口到、眼到、神色到，笑眼传神，扣人心弦。

(2) 笑与情结合。要求笑得亲切、甜美，笑出感情，发自内心。

(3) 仪态与举止相结合。要求以笑助姿、以笑促姿，牙齿微露，笑得大方得体，笑出良好气质。

(4) 笑与语言结合。微笑时与美好语言结合，声情并茂，相得益彰，将微笑的功能发挥到极致。

2. 微笑礼仪注意事项

(1) 不可强颜欢笑，假意奉承。

(2) 不可为笑而笑、皮笑肉不笑。

(3) 不可拉起嘴角一端微笑，使人感到虚伪。

(4) 不可吸着鼻子冷笑，使人感到阴沉。

(5) 不可捂着嘴笑，使人感到不大方。

(6) 不可不分场合，走到哪儿都笑，见谁都笑。一些严肃或悲伤场合不宜笑。

另外，眉毛、嘴巴也可以表达人们丰富多变的情感。例如舒展眉毛表愉快；紧皱眉毛表烦恼；紧闭双唇、嘴角微微后缩表严肃或专心致志；嘴巴张开呈"O"形表惊讶等。

案例分析

希尔顿的微笑服务

1929年，美国历史上规模较大的一次经济危机爆发了。很快，美国全国的旅馆酒店有80%倒闭，希尔顿旅馆集团也深陷困境。

如何战胜危机、渡过难关？

希尔顿依靠他那"你今天对客人微笑了吗"的座右铭，坚持以"一流微笑"来服务旅客、赢得旅客。他不厌其烦地向他的员工们郑重呼吁：万万不可将心中愁云摆在脸上。无论面对何种困难，"希尔顿"服务员脸上的微笑永远属于旅客！

希尔顿的座右铭也是每一个希尔顿人的座右铭。希尔顿饭店服务人员始终以其永恒美好的一流微笑感动着四面八方的宾客。希尔顿顺利地渡过了危机。很快，他又买下了埃尔帕索的"北山旅馆"和朗浮城的葛莱格旅馆，并添置了许多一流设施。

希尔顿在一次巡视旅馆时询问员工："你认为还需要添置什么？"员工们回答不出来，显然觉得条件已经很好了。他笑了，说："还要有一流的微笑！如果是我，单有一流设施，没有一流微笑，我宁愿弃之而去，住那种虽然地毯陈旧些却处处可享受到微笑的旅馆。"

"一流设施，一流微笑"支持着希尔顿的事业蒸蒸日上。

纽约有"旅馆皇后"之称的华尔道夫－阿斯托利亚大饭店是当时世界上规模最大、最高档豪华、最宏伟壮丽的饭店，从各国的国王元首到富豪明星，无不将其当成心目中的"麦加圣地"，向往不已。希尔顿要得到这家大饭店——这一愿望终于在1949年10月12日变成现实。

20世纪50年代，希尔顿已不满足于仅仅在美国本土创业，他开始在全世界打造自己的"旅馆帝国"。马德里、墨西哥城、蒙特利尔、柏林、罗马、伦敦、开罗、巴格达、哈瓦那、曼谷、雅典、香港、马尼拉、东京、新加坡……希尔顿酒店相继开业。截至20世纪70年代末，希尔顿在世界大都市所拥有的饭店已近百家。

已经成为世界"旅馆帝王"、拥有数十亿美元资产的老希尔顿，仍然坚持坐着飞机，在他的"希尔顿帝国"里一处一处地巡视，偶有所感立即记录下来，著书立说。他写的《宾至如归》一书，多年来被希尔顿员工视为"圣经"，而书中的核心内容便是"一流设施，一流微笑"。

1979年，92岁的康拉德·希尔顿离开了人世，留下了遍布世界的"一流设施，一流微笑"的希尔顿酒店。

思考题

希尔顿为什么把微笑作为旅馆经营的座右铭？

提示： 微笑就是效益；把微笑拿来经营就是效益，所以希尔顿经营的实质是经营微笑。微笑是礼仪修养的充分体现，希尔顿酒店用微笑服务客人，提高了公司的声誉，使公司获得了经济效益和社会效益，体现了礼仪在人际交往和企业发展中的重要性。

案例分析

被日本人誉为"销售之神"的原一平，原来只是一个其貌不扬、普普通通的年轻人。后来，他悟出一条重要的道理："容貌"和"长相"不是一回事。一个人会不会笑，笑得美不美，这属于"容貌"问题，而不是"长相"问题。想通了这个道理，他就下决心要通过学习来"掌握"一种最纯真、最甜美、最动人的微笑，使别人一见到自己，就有一种好感，就愿意听自己说话，愿意和自己交谈。原一平先对着镜子做了一番"调查研究"。他发现，虽然自己能做出30多种不同的笑，但这30多种笑都达不到"最纯真、最甜美、最动人"的标准。于是，无论走在马路上还是坐在电车里，他时时都在寻找可以效仿的对象。最后，他终于找到了一种最纯真、最甜美、最动人的笑，那就是婴儿的笑。又经过一段时间的揣摩和练习，他自己也能笑得像婴儿那样纯真、甜美、动人了。这为他取得事业上的成功创造了极为有利的条件。

（摘自中国高等教育学会秘书专业委员会组编《秘书礼仪》，人民出版社，2007年版）

思考题

原一平为什么一定要找到最纯真、最甜美、最动人的笑？

本章思考题

1. 什么是首因效应？为什么说秘书人员的仪表举止直接影响到组织与内外各方的后续交往？
2. 既然内在美是仪容美的最高境界，为什么还要维护自然美、重视修饰美？
3. 怎样区分仪表、仪容与仪态概念的不同？三者关系如何？
4. 如何养成良好的站、坐、行、蹲姿？
5. 秘书人员常用的手势有哪些？请分别说明不同手势要领和适用场景。
6. 表情礼仪包括哪些规范？请一一归纳。
7. 生活中，你观察到最失礼的行为是什么？

第三章
秘书形象礼仪——服装配饰礼仪

法国时装设计师夏奈尔曾经说过:"当你穿得邋邋遢遢时,人们注意的是你的衣服,当你穿得无懈可击时,人们注意的是你。"莎士比亚也说过:"外表显示人的内涵。"在办公室里,别人在判断你时,不光看你的才华,还看你的衣着。

如果你的衣着整洁、有魅力,那么会激发别人靠近你、探究你的欲望。恰当的着装往往能够决定我们在职场中的说服力是否足够强。不管与人沟通谈工作还是参与谈判,穿着得体意味着你能很好地融入社会,而穿着不当,别人与你深入交流的愿望就大大减少,这说明了着装的重要性。

在办公室,着装打扮不仅是协调同事关系的润滑剂,也是秘书升职提薪的秘密武器。着装代表着个人的品位,不单暗示着个人的能力,还是领导或老板脸面上的一道光彩。着装是人们职业生涯的一种道具。备好一套行头,秘书成功也就多了一份希望。

从礼仪的角度来看,服装配饰是个人仪容仪表的一项重要内容。现代社会,服饰被称为"第二肌肤"。秘书工作中,服饰无声地体现着人的性别、职业、身份、地位,并透露出人的道德修养、文化素养和审美情趣。

课程思政元素

一个懂得审美的社会,才能够孕育出经典的文化、艺术的果实。在毫无美感的环境中,很难成长出举止、气度、谈吐不凡之人。

学礼、懂礼能帮助学生找到能使自己进步的"推动力",培养学生的兴趣,满足学生个性化、差异化的成长需要,引导他们自由选择、自我推动、自信成长,形成自由选择、严格管理、悉心引导的学生成长机制,使得学生从"他律"走向"自律"。

把礼仪融入哲学思辨、行知审美、语言艺术等课程,为学生提供综合性的跨学科学习,突破传统文科的思维模式,以继承与创新、交叉与融合、协同与共享为主要途径，能够促进多学科交叉与深度融合，推动传统礼仪学的更新升级。

第一节　服装穿着礼仪

一、服装的功能

根据马斯洛需求层级理论，服装满足人的心理需求，有六大功能。

（1）保证安全。服装隔离人体与外界接触，可减少皮肤污染和身体伤害。

（2）保暖御寒。随季节的变化，服装会更改，以适应气温变化。

（3）体现身份。服装可以体现一个人的生活状况、社会地位。

（4）彰显个性。服装直接体现一个人的生活品位、性格喜好。

（5）美化形象。合体的服装可以扬长避短，美化人的外形，使人外表光鲜。

（6）自我实现。服装的选择已然是一个人实力与审美的体现，心理接受才会穿着，穿出来会感到愉悦、满足，能够自我实现满足感。

二、着装的一般礼仪原则

（一）TPO 原则

TPO 原则指时间（Time）、地点（Place）和场合（Occasion）三者兼顾。其基本法则就是穿衣打扮要考虑时间、地点和场合的不同，使自己的形象吻合工作目的，与周围的环境、气氛相协调，达到整体协调美的效果。

1. 时间原则

具体时间指：①每天的早上、中午、晚上三段时间的变化；②四季分明；③与时代相适应。

（1）一天的着装变化。日间着装——日间基本是工作时间，应根据企业文化着装，总体上以端庄、大方为宜。如日间参加专题公关或社交活动，则以典雅端庄为宜。晚间着装——可根据出席的不同活动来选择着装。如听音乐、看演出、参加宴请等，应比较讲究地对待自己的着装，在礼仪表现上也应该更加出色。晚间着装以晚礼服为主。

（2）一年的季节变化。着装应充分考虑到季节的变化。如夏季服饰应选择光面、丝滑、超薄的服饰面料，应穿着凉爽、轻软的服装；冬天应穿着保暖的服装，冬季穿厚重多毛料的服饰，办公场合不宜出现冬夏服装混搭穿着。

如果参加夏天的宴会，男女着装的款式不必过于拘谨，只要区别于日常着装就可以。男士可以随自己的爱好选配上衣适合的花式领带。白色的无尾礼服在夏日的聚会中会显得神采飘逸。女士则典雅华丽，这是显示女士个性风采的绝妙时刻。

（3）不同时代的变化。着装要充分考虑时代发展的主流，要适应社会节奏，不可过于超前，也不可过于滞后，穿着要符合大众共同的审美眼光。

另外，要考虑自我着装与他人的认知差异。职场中，各种年龄、各种阅历、各种审美的人都有，秘书工作中要兼顾人群，特别是不同年龄的人的时代认知差异，选对服装，减少交流障碍。

总体来说，不同时段的着装规则对女秘书尤其重要。男秘书有一套质地上乘的深色西装或中山装足以打天下，而女秘书的着装则要随时间而变换。白天工作时，女秘书应穿着正式套装，以体现专业性；晚上出席鸡尾酒会就需多加一些修饰，如换一双高跟鞋，戴上有光泽的配饰，围一条漂亮的丝巾，这样可为形象大大加分；服装的选择还要适合季节气候特点，保持与潮流大势同步。

案例分析

胡适着装中西合璧

1921年，30岁的北大文学院院长胡适收到上海商务印书馆抛来的"橄榄枝"。当时的商务印书馆国内第一，规模庞大，藏龙卧虎，人才济济。有意换一个环境的胡适想通过实地考察决定是否"跳槽"。

7月，胡适来到上海，一身奇装异服，绸长衫、西式裤、黑丝袜、黄皮鞋，显得中不中、洋不洋。第一次和胡适见面的商务印书馆旗下杂志《小说月报》编辑茅盾回忆说："真的很奇怪，堂堂大教授竟然穿得这样不搭配，我从来没有见过这样的打扮。也许，这倒像了胡适的为人。"是呀，绸长衫应该配布鞋，西裤应该搭西装，黄皮鞋和衣服、裤子不协调，留学多年的胡博士为什么要这么穿呢？过了一阵子，茅盾才想明白了：胡适要通过自己的服装向世人宣告自己的人生态度，让别人知道自己是一个中西合璧的文化人，既吸取传统文化精华，又极具西方开放眼光。

2. 地点原则

着装的地点原则是指环境原则。着装打扮要考虑你将要出现的空间和环境，不同的环境需要与之相适应的服装打扮。因此，秘书人员对即将参与的工作场景要有了解与估计，正式的办公室内和休闲场所，或者宾馆会议中心和露天活动舞台，着装一定有不一样的选择。考虑地点后，再选择穿什么、搭配什么，尽量考虑质地、颜色、款式与地点协调。如去外地或外单位，途中要选择轻便的鞋子，女秘书不要穿高跟鞋、紧身衣和裙装。不同国家和地区、不同自然条件，着装选择不同。如寒冷气候地区，服装选择以深色为主，热带地区，服装选择以淡色为主。

总体来说，在自己家里接待客人，可以穿着舒适但整洁的休闲服；如果出外拜访，穿套装会显得正式；出差时要顾及当地的传统和风俗习惯，如去教堂或寺庙等场所，不能穿过于暴露或过短的服装。

3. 场合原则

不同的场合与气氛有不同的服饰礼仪规则。美国科学家富兰克林曾说过："饮食也许可以随心所欲，穿衣却得考虑给他人的印象。"每个人，无论男人还是女人，在不同的职业场合，都要扮演不同的角色，而着装正是演好这一角色的道具。每个人可以按照自己的兴趣、爱好、体形、个性去选择适合自己的服装，但必须满足场合所规定的社会规范。

在职业场所的着装打扮，很难做到"穿衣戴帽，各自所好"。经常热衷于流行款式的员工，在工作上不能获得信任的情形是很多的。因此，在办公室要暂时忘记流行。男子办公的服装以西装为中心。它潇洒大方、国际通用，有利于处理好各种复杂的社会关系。在欧美国家办公室里的服装是现代企业经营管理的一个组成部分，即塑造企业形象的重要内容。办公服装可以显示出对工作的严肃认真、勤恳和忙而不乱的态度。所以有人说"西装是男士的脸面"。办公室穿西装，能够规范人的举止、语言和态度，突显人们的自尊自爱、进取心和责任感。

越来越多的职业女性跻身于现代企业，各大公司的主管里都能见到她们的身影。对她们来说，得体的穿着打扮不仅表现个人的精神面貌，同时也是她们赢得信任、与男子一样高效率做工作的象征。职业女性的上班服款式要以简洁大方为基调，需要时仅在细部做些精妙的点缀。在办公室工作的女士，穿着应大方得体、温和柔顺，西装套裙最为基本。面料最好品质较高，淡雅的色彩常常能显示出干练的精神风貌。

职业女性是有区别的。"白领阶层"如教师、医生、干部等，穿着的服装应线条流畅、裁剪得体，使她们既庄重大方又不失女性温馨恬淡的气质。"粉领阶层"主要指女性公关人员，她们的穿着需要有更多的女人味，但同时也要给人职业感和信任感。"蓝领阶层"的穿着应符合职业身份，并适合生产环境的需求。

着装的场合原则是指着装应当与当时、当地的气氛融洽协调。具体到工作来说，秘书出席庆典和参加茶话会，气氛不同，着装也应不同，要考虑活动现场的规格和气氛。

具体来说，不同场合着装的要求是不同的。

（1）严肃、庄重的典礼，着装要正规，要符合身份，表现出专业性。如谈判现场及其他严肃场合，必须穿着成套西服、白衬衣、打领带，穿深色鞋袜；而参加丧礼，应表示悲痛哀悼之意，所以参加丧礼的人要选用深色或素色的传统款式服装，任何光亮夺目、鲜艳新潮的服装都会与这种场合格格不入。

案例分析

一场不了了之的谈判

中国企业与德国一家公司洽谈割草机出口事宜。按照礼节，中方提前五分钟到达了公司的会议室，客人到后中方人员全体起立鼓掌欢迎，不料德方人员脸上不但没有出现期待的笑容，反而均显示出一丝不快的表情。更令人不解的是，计划一上午的谈判日程，德方半小时后便匆匆离去了。事后我方了解到德方之所以提前离开，是因为中方谈判人员的穿着。德方谈判人员中，男士个个西装革履，女士个个都穿着职业套装，而中方人员除经理和翻译穿西装之外，其他人有的穿着夹克衫，有的穿牛仔裤，有一位工程师甚至穿着工作服。德国是一个注重礼仪的国家，德国人素以办事认真而闻名于世。在德国人眼里，商务谈判是一件极其正式和重大的活动，中国人穿着太随意，说明了两个问题，一是不尊重他人，二是不重视此活动，既然你既不尊重人，又不重视事，那就没有必要谈了。

思考题

1. 谈判现场中方人士穿着太随意，触犯了着装礼仪的什么原则？
2. 按照礼节，中方提前到场，那为什么德方要匆匆结束谈判、提前退场？

（选自张晓明《商务沟通与礼仪》，中国水利水电出版社）

（2）轻松、休闲的聚会，着装也要休闲。休闲场合最好穿着休闲服装，衬衣、外衣、皮带等都应该是适合休闲场合的款式。如参加野外拓展、公关旅游，轻便的运动装是最佳选择。

休闲服——上班穿的服装以符合规范为主，满足个性为辅，而休闲服装正好相反，以抒发个性为主，兼顾规范性。因为即使在下班时间也有可能遇到同事或突然的来访者，所以良好的休闲品位不仅有利于自己的身心健康，也是社会角色的延伸。

工作一天回到家中，需要换上宽松美丽的居家休闲服，柔和的色彩能使你的精神彻底放松，更会使家人在一起有一种融洽、放松的氛围。睡衣、睡裤与睡裙是居家服中的必备。面料不在名贵，需要有个人风格，或恬淡或华丽，一扫上班时的拘束。居家服也需要精工细做，加上镶边小点缀会使服装富有情趣。

旅游服——旅游服装是休闲装的重要组成部分。生活在工业污染的环境中，越来越多的人钟情于回归大自然。假日与友人旅游是调节心情的有效方法。休闲服最好是棉制品或针织品，运动装束更有利于跋山涉水。轻便透气和鲜艳的色彩有利于减轻旅途的劳累。款式要便于穿脱，以适应体温的变化，巧妙的折叠式、拆肩式加上各种大小口袋，能够增加旅游休闲服的功能性。

娱乐休闲装是从事各种娱乐活动时所穿着的服装。娱乐已成为生活在都市的人在工作之余不可缺少的活动之一。现代生活社会节奏加快，娱乐是消除紧张的最好办法。娱乐场所又分很多种类，比如体育运动中的马球服、网球服、羽毛球服、游泳服装、钓鱼服装。卡拉OK厅、家庭聚会、听音乐会、访友、散步等都有相应的最佳服装款式与之对应。

休闲服装不是随便着装，所有服装都应该平整、干净，即使是牛仔裤，也应熨烫平整，而不是皱巴巴的。

访问服——拜访亲友或长者是社交活动中的常事，我们把这种场合穿着的服装叫作访问服。选择访问的服装首先要考虑访问的对象。若对象是学者和老者，服装不妨正规保守一些。色彩以淡雅为主，面料不要过于低档，以免显得对人不敬。要绝对避免袒胸露背，因为拜访的环境多是家庭室内的普通照明生活场景，过分艳丽会显得与环境格格不入，而过分袒露会让异性主人感到难堪。

走访亲朋好友时，穿着虽然可以随意一些，但也要给人以精心准备过的感觉，这样才不会失去拜访的意义。

到医院探视病人，不要穿得太过花哨，颜色太过刺眼。医院的环境要求安静，有利于病人休养，需要的是明朗、朴实、纯真、温馨的色彩。衣服的色彩应当与此协调，这样才能促进病人康复，达到探望病人的目的。过于华丽、强烈的色彩容易使病人心烦意乱，会使病人感到来者缺乏诚意。最好穿着色调柔和而带几分暖意的衣料，这很适合医院的环境。

（3）社交场合穿着社交服。社交服装包括晚会、夜总会、宴会及各种聚会等场合所穿着的服装。参加社交活动时，东西方女性有着不同的穿着习惯。

西方女性在参加社交活动时是最亮丽的时刻，她可以最大限度地表达身体的性别优势，衣服的款式特点是袒胸露背。

而东方女性的传统习惯则相反，场合越正规，把身体包得越严。当然，现代秘书更多的是根据自己的身体条件有限度地借鉴西方的服饰风格。

晚礼服的设计风格强调华美艳丽、光彩照人和与众不同，以展示穿着者的天生丽质和仪态万方，这是晚礼服设计的基本要求。如果去夜总会，男士可穿着衬衣并系领带，女性可以穿质地高档一些的袒胸露背装，控制袒露的面积是必要的，可以配合一些透明的蕾丝花边，增添一些东方人的含蓄与朦胧美的风格。

（4）年会、联谊会、茶话会，穿着可彰显个性。参加联谊会的服装要引人注目。引人注目并不需要大红大紫、满身珠光宝气，只需在随意的装束上巧动脑筋，就能取得意想不到的效果。假如你是联谊会的主持人，你的衣着打扮要吸引众人的目光，成为活动的中心。可根据联谊会的层次确定你的着装档次，高雅脱俗的打扮加上聪明睿智的表现，相信你主持的联谊会定能取得成功。

服饰的 TPO 原则中，三要素是相互贯通、相辅相成的。秘书在职场活动与工作中，总会处于一个特定的时间、场合和地点，因此在着装时应考虑穿什么、怎么穿。这是秘书人员踏入社会并取得成功的一个开端。

总体来说，衣着要与场合协调。与外来宾客会谈、参加正式会议等，衣着应庄重考究；听音乐会或看芭蕾舞，则应按惯例着正装；出席正式宴会时，则应穿中国的传统旗袍或西方的长裙晚礼服；而在外出参观、郊游等场合，着装应轻便舒适。试想一下，如果大家都穿便装，你却穿礼服就有欠轻松；如果以便装出席正式宴会，不但是对宴会主人的不尊重，也会令自己颇觉尴尬。

（二）和谐适体原则

所谓和谐适体原则，是指选择服装时不仅要与自身体形相协调，还要与着装者的年龄、性别、容貌、肤色相配。服饰本是一种艺术，能掩盖体形的某些不足。我们要借助服饰，创造出一种身材美妙的视觉。不论高矮胖瘦，年轻还是年长，只要根据自己的特点，用心地去选择适合自己的服饰，总能穿出自己的神韵。

1. 着装与性别、年龄相协调

男秘书的穿着要体现阳刚有力，女秘书的穿着要体现温柔优美，总之都要穿出自身的气韵,要性别分明,不可性别模糊、不男不女、不伦不类。

2. 着装与年龄相协调

联合国有关机构对年龄的划分如下:44 岁以下为青年;45~60 岁为中年;60~74 岁为老年年轻段;75~89 岁为老年人;90 岁及以上为长寿老年人。

对年轻人而言,着装应款式新颖,符合现实审美,注重细节变化,体现个性,重视颜色与面料的选择。如过去流行西装比实际尺寸小,单排扣显示单薄感,西裤是九分裤,显瘦。现在流行宽腿裤,西服相对宽松。对中年人而言,着装应端庄优雅,衣服质量好,讲究色彩点缀。对老年人而言,着装应质量款式精良,舒适得体。

处在事业的不同阶段,同一个人的着装风格也有较大差异,不同年龄阶段有不同的着装要求。总体上,年轻秘书应穿着活泼、随意,体现朝气和生机;年长秘书应穿着精致、优雅,体现成熟和端庄。

3. 着装与容貌、肤色相协调

每个人的容貌、肤色都不一样,肤色有深浅,五官各异,着装要求根据自己的外形特点扬长避短,选择适合自己的款式、色泽、面料。总体上,肤色深者,衣服色泽不宜过深,也不宜过浅;脸色苍白者,不宜穿着绿色服装;中和色(主要是指黑、白、灰三色)比较平和,较常用于工作服。

4. 着装与体形相协调

每个人高矮胖瘦各不相同,着装要与体形相协调,可以通过得体的修饰扬长避短。要了解自己的体形,选择最适合自己的色彩、图案、款式、质料,这样才能实现人体美的和谐统一。

人们在着装时注意服装色彩款式与体形相协调,力求达成高度的视觉审美效果。女性体现阴柔之美,男性体现阳刚之气。服装的搭配能从视觉上影响人的体形,达到美的效果。①胖瘦上:胖者应着深色系衣服,忌穿大红、大黄、大白等颜色。②高矮上:身材较高的应穿上衣较长、裙子较短的衣服;身材较矮的忌穿上衣较长、下衣较长的衣服。③款式上:胖者不宜采用关门领,以 V 形领为最佳。④身材要求上:腿长且细的女性可穿紧身修长的九分裤,腿短的女性忌穿紧身修长九分裤。⑤搭配上:肥胖者忌穿宽横条带格的衣服,偏瘦者忌穿细长竖条的衣服。

总的来说,身材高的,上衣可适当加长,衣袖、裙子可蓬松,造成"矮"的视觉感;身材矮小的,上衣可稍短,使腿比上身突出,造成"高"的视觉感。较胖的人可选择直条纹、冷色调衣服,款式力求简洁,以达到"瘦"的视觉感；比较瘦的人，可选择色彩鲜明、花型较大、横条图案的衣服，制造宽阔、健壮的视觉感。

5. 着装与身份相协调

一般不同服装与不同职业相协调，如文艺秘书，穿着应体现出个性独特、浪漫时尚。科技秘书，要有庄重严谨的感觉。体育秘书，强调力量简洁健美。医务秘书，要求首先是干净，其次是整洁，最后是清新。教学秘书，要端庄、大方、淡雅，体现出素养。学生会秘书，穿着应自然，体现出单纯、热情、积极乐观，切勿邋遢、蓬头垢面；背带裤、背带裙是一种很好的选择。商务秘书，要体现出精明干练，有职业特点。

知识补充

着装小窍门

基层秘书服饰风格不要太过另类，一般看准上司着装，下属根据领导的服饰选择同类着装；服装质地要低调而奢华：如化纤容易吸灰尘，棉布容易变形，都不可取；最贴合身份的选择方法是商界看政界，政界看上级，这样大体不会错。

（三）着装与整体相协调原则

着装以人体为基础，应注意整体协调，具体要注意本体协调和配饰协调。

（1）首先服装本体在色彩、图案、款式、质料和风格上要和谐。

（2）其次服装要与配饰协调，除衣服外，鞋袜手套、围巾拎包都要和谐。

（3）从整洁角度考量，服饰要求无污渍、无异味、无折痕、无破损、无沾染。整洁原则是指整齐干净的原则，这是服饰打扮的一个最基本的原则。一个穿着整洁的人总能给人以积极向上的感觉，并且也表示出对对方的尊重和对社交活动的重视。整洁原则并不意味着时髦和高档，保持服饰的干净合体、全身整齐有致即可。

（四）着装的配色原则

服饰的美是款式美、质料美和色彩美三者完美统一的体现，形、质、色三者相互衬托、相互依存，构成了服饰美统一的整体。而在生活中，色彩美是最先引人注目的，因为色彩对人的视觉刺激最敏感、最快速，会给他人留下很深的印象。

服饰色彩的相配应遵循一般的美学常识。服装与服装、服装与饰物、饰物与饰物之间的色彩应色调和谐，层次分明。饰物只能起到"画龙点睛"的作用，而不应喧宾夺主。

服饰选择的色彩有一定的象征意义。

黄色代表外向型，说话不顾虑，做事潇洒，不在意别人的批评指责，精力充沛，生活轻松，工作与生活中值得信赖与依靠，但同时容易成为别人攻击的对象。绿色不适合亚洲人肤色，代表着内心沉稳、不乱阵脚，选择绿色的人往往处于两个状态中，工作特别顺畅或者内心渴望事事美好。灰色意味着喜怒不形于色，自控力极好，公共关系上，与人关系不近不远，若即若离，内心有自己的骄傲。灰色是一种高贵色，不容易淹没在人群中，给人特立独行的距离感。黑色意味着严肃沉稳、感情忧伤。穿着黑色，视觉上形体收缩变小，带来神秘感。缺点是容易沾灰。切勿穿黑色丝袜与黑皮裙，这样显得轻浮。红色意味精力充沛，感情丰富，性格活泼、热情。心理上表现出时刻准备着向人进攻、与人竞争。在中国，红色还代表着喜庆。白色代表透明、纯洁，工作中穿一身白给人干净利落的感觉。黑白配可以成为经典，奥黛丽·赫本就经常这样打扮。

服饰色彩可以在统一的基础上寻求变化，肤色与服色、服色与饰物的颜色、饰物与饰物的颜色之间在变化的基础上应寻求平衡。

一般认为，衣服里料的颜色与面料的颜色，衣服中某一色与饰物的颜色均可进行呼应式搭配。

（五）着装体现个性化原则

个性化原则是树立个人形象的要求。不同的人由于年龄、性格、职业、文化素养等各方面的不同，自然就会形成各自不同的气质，我们在选择服装时，不仅要符合个人的气质，还要凸显出自己美好气质的一面，为此，必须深入了解自我，正确认识自我，选择合适自己的服饰，这样，可以让服饰尽显自己的风采。

要使打扮富有个性，还要注意以下三点。

（1）不要盲目追赶时髦，因为最时髦的东西往往是最没有生命力的。

（2）要穿出自己的个性，不要盲目模仿别人。比如看人家穿水桶裤好看，就马上跟风，而不考虑自己的身材特点。

（3）个性化应该在整体和谐的基础上显现自己的特点，而不是在办公室过于张扬个性，标新立异，着奇装异服。

三、休闲便装穿着原则

秘书的休闲便装不是随便着装，秘书便装可以不穿西装、不打领带，但不能把居家服等同于休闲便装，休闲便装仍然能够反映出秘书的工作性质与特点。

（一）男秘书休闲便装原则

男秘书休闲便装原则是：细节取胜，突出个性。

（1）将整套西装换成休闲上装。

（2）不打正规领带，敞开领口第一粒扣。

（3）选择带条纹或格子的衬衣，而不是一味地选白衬衣或蓝衬衣。

（4）如果只选择白色和蓝色的衬衣，可以通过改变下装来搭配。

（5）穿衬衣打领带时，选择修身、质地精良的外套。

（6）单穿立领衬衣，或在立领衬衣外搭配单件西装外套，以打破彻底的休闲感。

（7）西裤选择挺直的面料，不选棉布面料，以防止起皱。

（8）过于宽松的西裤，必须剔除。

（二）女秘书休闲便装着装原则

女秘书休闲便装着装原则是：让美丽恰到好处。

（1）不选择整套的套裙，下身可搭配直筒裤。

（2）连衣裙外搭夹克或开衫是时尚便装。

（3）不穿凸显大腿的长裤。

（4）不穿露臂露肩上装。

（5）不穿低胸和露腰上装。

（6）不穿过于松垮的衣装。

（7）不穿吊带衫或西装短裤。

四、西装穿着原则

工作场合中，如果衣装得体整洁、有魅力，会吸引别人注意，引起别人了解的兴趣。当一个人穿得足够正式、足够职业化时，相当于告诉他人，他希望被人尊重，希望被认真对待。人的外表远比自己想象的重要，有时候，外表比语言更具说服力。

办公场合，穿着西装舒适、简练、富有风度，已然成为通用的"国际服"。西装穿着有独特的着装原则，具体分男、女西装着装原则。

（一）男士西装着装原则

1. 西装类型

（1）男西装版型分为欧洲型、美国型和英国型。欧洲型注重外形，垫肩偏高，面料厚，突出优雅风格。美国型注重功能个性，垫肩不高或没有，面料平薄，突出自由风格，够宽大。英国型垫肩比欧式略柔软，有衬肩，视觉弱，突出严谨的绅士风度，比较瘦长。

（2）通用男礼服也叫西装，包括欧式、日韩式和英式。欧式西服比较传统，后开叉、宽肩的设计显得穿着者身材比较魁梧。韩式西服是改良过的欧式西服，专为亚洲人所设计，因为亚洲人相比欧洲人，体形较小。韩版礼服在胸、腰、袖、裤上做了一点修饰。韩版礼服的正式穿法为外套、衬衣、长裤、背心、领带。日式西服以宽短为特点，因为日本人的身材普遍较为矮小、偏胖。英式西服以修长为特点，审美视觉上较好。

2. 西装着装六大原则

（1）三色原则。男秘书在正式场合穿着西装，全身衣服色彩只在三种之内，多于三种就会有失庄重。

（2）三一原则。皮鞋、皮带、公文包的颜色要一致，以黑色为最佳。

（3）有领原则。正装必须有领，这个领通常指有领衬衫。

（4）纽扣原则。正装应当是用纽扣的衣服，拉链服、夹克不是正装。

（5）皮带原则。男秘书长裤必须系皮带，牛仔裤、运动裤不是正装，而无须系皮带的西裤，说明尺寸不合适。

（6）皮鞋原则。俗话说西装革履，正装必须穿皮鞋。最经典的着装皮鞋是系带皮鞋，随着社会节奏加快，商务着装皮鞋开始接纳无带皮鞋，并逐渐得到普及。

3. 穿西装注意事项

（1）穿西装前必须剪掉商标标签。

（2）衣扣：按规则双排扣全扣；单排扣西装，如单粒扣，可扣可不扣；双粒扣西装，只扣上面那颗纽扣；三粒扣西装，全扣上或者只扣中间一颗。三件套外面打开，马甲纽扣必须全部扣上。

（3）西装外套口袋一般不放任何东西，裤子口袋一般也不放任何东西。

（4）袜子：鞋袜与西装搭配，黑色系带皮鞋配深色系列棉袜。

（5）扎领带：长短得当，站立时领带下端垂尖应过皮带上边沿，但不过皮带下边沿。

（6）领带夹：与衬衣相对，夹在衬衣第四个和第五个扣子中间。

（7）外出低温时在西装外加大衣，不在西装内加棉衣。

（8）衬衣必须有领，衬衣领口边沿露出西装领口 0.5 厘米。

（9）若不打领带，要解开衬衣领口第一粒纽扣。

（10）内衣不可露出超过衬衣。

（11）西装上衣不要过长，手平伸时衣袖不要超过手腕。

（12）裤腰尺寸应该是扣好腰扣后一只手掌刚好能够嵌入、再系上皮带的长度。

（13）穿好西装裤后，裤长盖过鞋面但裤缝直挺，不弯曲。

（二）女式西装套裙着装原则

（1）合身可体原则。套裙上衣最短可以齐腰，下裙最长可至小腿中部。套裙不可过大，否则会显得邋遢散漫；也不可过紧，否则会显得轻浮庸俗。

（2）系好纽扣原则。工作场合，套裙上衣必须系好纽扣，并且女士不可当众脱去上衣。

（3）不可透视原则。西装套裙面料比较薄或颜色很浅时必须穿衬裙，以免走光。

（4）内衣不外现原则。套裙里应穿适宜衬衫，衬衫不宜透明，不宜透出内衣颜色和样貌，更不能让内衣露出领口，否则有失身份。

（5）整套穿着原则。西装套裙是西装上衣与西装裙的固定搭配，不可随意搭配其他服装。

（6）鞋袜配搭原则。着西装套裙，一般配高跟或半高跟皮鞋，不可穿布鞋、拖鞋、凉鞋、旅游鞋；鞋的颜色与衣服下摆颜色一致或略深；套裙应配穿长筒丝袜或连裤袜，不可穿短袜或半截袜，以免造成"三截腿"；套裙搭配丝袜，不可穿棉袜、布袜、毛袜；丝袜颜色以肉色或接近肉色为宜，不穿色彩艳丽、图案复杂的丝袜。

知识补充

女士裙装礼仪

女士穿着裙装的注意事项

1. 不穿黑色皮裙

黑色皮裙在国际社会,尤其是西方国家,被视为一种特殊行业服装,通常是失足妇女用来表示身份的。所以,一般女士在穿着裙装方面要首先注意这个问题。越是正式场合,越不能穿黑色皮裙。

2. 正式场合不宜不穿丝袜

夏天穿裙子主要是为了凉爽,在普通的休闲场合,女士穿裙装可以不穿丝袜。但在正式场合却不适合这样做,否则会影响职业形象,也容易引起异性的过分关注。

3. 不露"三截腿"

所谓"三截腿",是指女性穿裙装时没有搭好袜子,使得丝袜的长度比裙子下边沿还要低,袜口外露。

4. 不穿太暴露、过于前卫的服装。在非休闲场合,职业女性应该避免穿过于暴露身体部位或者设计过于大胆前卫的服饰。

5. 注重服装与鞋袜以及配饰的相关搭配。整体搭配适宜选择相近色系,避免撞色、多色块堆砌,饰品宜精不宜多,以体现职场干练与优雅为主。

五、礼服穿着原则

秘书需要出席很多礼仪场所,这实质上也是一种公关活动。人们越来越需要有更多的朋友,并通过礼仪场合沟通感情,寻求合作。

礼仪场合所穿着的服装统称为礼服,也包括社交服,是表达公共场所关系中礼尚往来所穿着的服装。这种场合大多数比较隆重,有一定的仪式安排,如剪彩、致辞、名人出席等。

秘书人员要设法在人际交往中塑造完美形象,并尽心维护个人的形象,在适当的场合穿适合的衣服。礼服是参加中高档宴会的必需物。女性礼服和男性礼服的区别较大。

(一)女士礼服

1. 中式礼服

旗袍是最能体现东方女性之美的中式长礼服,侧开叉,一般膝关节上不过两寸,可配高跟半高跟皮质皮面黑色皮鞋,也可穿黑色细高跟鞋。旗袍的面料要讲究，多用丝绸、云锦、缎等。旗袍务必量身定做。

2. 西式礼服种类

（1）大礼服。大礼服也称晚礼服，是最正式的礼服，适用于晚间举行的最正式活动。其特点是无袖露背，单色连衣裙，下摆长及地面或拖地。穿着晚礼服可搭配同色帽子，配薄纱长手套，戴耳环、项链。

晚礼服一般是晚上 8 点后出席正式晚宴、观看戏剧时所穿的礼服，也是女士礼服档次中最高、最具特色、最能展示女性魅力的礼服。大礼服以夜晚的交际为目的，迎合豪华而热烈的气氛，配饰一般为金银珠宝。

（2）小礼服。小礼服地位仅次于大礼服，用于出席晚上 6 点后举行的宴会、音乐会。一般是质地高档、色彩单一的连衣裙，裙长至脚面而不拖地，可选择露背或不露背，可以不佩戴首饰。与小礼服搭配的首饰适宜选择简洁、流畅的款式。

（3）晨礼服。晨礼服也叫常礼服，是质料和颜色相同的上衣和裙子，也可以是单件连衣裙。一般为长袖，搭配帽子、手套和小巧的拎包。晨礼服多数用于参加白天的活动穿着，适用于白天举行的庆典和茶话会。

（二）男士礼服

男士的礼服分为三种：中式、西式和通用礼服。

中式传统礼服一般指的是中山装和改良过的中山装。中山装的上衣下裤同色同料；领口有风纪扣，扣子必须扣上；在穿中山装的时候需注意五粒纽扣全扣，口袋内不放任何东西，袋盖必须盖上，需穿黑色皮鞋。

西式礼服包括晚间礼服和日间礼服，晚间礼服包括大礼服和小礼服，日间礼服就是晨礼服。

（1）大礼服。男士大礼服也称燕尾服，是晚礼服的一种，是最正式的礼服，适用于在晚间隆重庄严的场合穿着。穿燕尾服时佩戴领结，表达最高敬意时佩戴白色领结。配黑色皮鞋，戴白色手套。燕尾服在晚间 6 点以后穿着，燕尾款式的礼服除了要配上背心以外，也可以搭配领巾，以增加华丽感。

（2）小礼服。小礼服也称无尾礼服，是晚间集会最常用的礼服，其上衣与普通西装相同，通常为全黑或全白，系黑领结，穿黑皮鞋，一般不戴帽子和手套。这种礼服适用于晚上举行的宴会、晚会、音乐会、观看歌舞剧等。

（3）晨礼服。晨礼服以黑色、灰色为主，戴黑色礼帽、灰色领结，适用于各种庆典和婚礼。

六、女秘书着装注意点

女秘书不同于一般的时髦女郎，由于办公室里特有的文化，着装具有一定的特殊性。办公室里的着装不仅代表着个人的形象，也是企业形象的一个组成部分。如果穿着不当很可能让你的上司在客户面前丢脸。所以，不妨参考以下建议。

（1）着装效果应追求简洁明快，给人以端庄大方、诚实可信的感觉。

（2）服装的布料最好是免烫的，以免仓促上班来不及整理。

（3）可以在职业套装里面配一件漂亮的衣服，以便突然决定出席酒会或晚宴时，不必回家换装。

（4）选择服装要适当考虑流行，但过于标新立异会适得其反，破坏了职业女性特有的气质。

（5）在色彩搭配方面，白领阶层通常以中灰色调为主，可以利用鲜艳的饰物、衬衣、丝巾等配饰起到画龙点睛的作用。

（6）西装外套必不可少，与西装配套的衬衣可配些花边，以增加女性的特质；否则，过硬的线条会给接待工作带来不便。也可以通过丝巾来柔化西装的硬挺之感。

（7）女秘书穿着裙子的长度以膝盖上下为宜。高个子的女秘书裙长可以加长一些，矮个女秘书的裙长可以适当短一些，但上下长度偏差不要超过15厘米。

（8）女秘书穿着套装时，一般全身不超过三种颜色，最好以一种颜色为主色，一种颜色为辅色起辅助效果，再选一种颜色为点缀色，有画龙点睛之妙。

（9）服装配色要有韵律感，比如淡蓝色的项链看起来暗淡，如果在服装的其他部位再重复这种颜色，这样的色彩搭配就协调了。

（10）上下装颜色搭配时，上浅下深能产生稳重感，而上深下浅则会有轻快感，但矮个子的女秘书慎用。

（11）不可穿着露肩装。如果一定要脱掉外衣，里面穿的衣服也要能够盖住肩部。

第二节　佩戴饰品礼仪

服饰是个整体概念，服装与饰品的成功搭配是整体服饰美化成功的基础。服饰与配饰透露一个人对细节的关注，恰当的配饰可以为形象加分，不恰当的配饰会显得俗气。

一、饰品选择原则

（一）场合原则

佩戴饰品是为美化个人形象，根据不同场合的气氛，选择与服装协调的饰品。如赴宴或参加舞会，可以选择比较华丽、大一些的饰品。

（二）协调原则

服装款式与饰品要协调，比如立领上衣可以不戴项链，而露肩礼服必须佩戴项链；服装颜色与饰品颜色要协调，不协调会让人觉得别扭，不能产生美感。

（三）庄重原则

办公场合应选择精致的饰品，以显示端庄、高雅的气质。不可使用外形夸张而实际上没有太大价值的工艺品

（四）色彩搭配原则

饰品以成套为佳，颜色不可驳杂，件数也不过三，身上佩戴过多饰品，会显得俗气。

（五）远离廉价原则

饰品求精不求多，要彰显身份，过于廉价的饰品会让人误以为你正陷于财务窘境，这会有损个人信誉，影响商务活动的顺利开展。

二、饰品佩戴方法

现代秘书参加社交活动、接待宾客时，女秘书可以佩戴适当的首饰，不但典雅、美观，而且也能向对方表示尊重，有利于赢得宾客的好感。佩戴的

配饰包括眼镜、围巾、戒指、项链等，但在佩戴配饰时应遵从三三原则，即配饰数量不过三，颜色不超过三种。

（一）头饰

秘书人员头上最好不要戴任何发饰，如果真的要戴，不要戴有颜色或闪光的发饰，发带、发饰选用与发色相同的颜色。

（二）耳饰

除穿着礼服，一般秘书不戴耳饰，特别是不戴耳环。

（三）项链

男秘书可戴项链，但佩戴时不宜将项链露出来，还不能佩戴有色线（皮线、红线）；女秘书可以将项链露出来，但整体配饰同样要遵从三一原则。

（四）胸饰

男秘书西服的左肩翻领上有个不张扬的纽扣，供男士佩戴胸饰，并且男秘书胸饰只能佩戴在领口，以小型饰品为宜。

女秘书胸针只可别在厚重的衣服上，丝绸等轻薄的衣料上一般不别胸饰。女秘书也可以选择在衣领上别胸针。

（五）戒指

一般只戴一枚，至多两枚。可以戴在左手两个相连的手指上，也可戴在两只手对应的手指上。戴多枚戒指表示炫富，为现代职场人士的禁忌。

知识补充

戒指的佩戴礼仪和不同意义

1. 戒指的佩戴是有讲究的

按西方的传统习惯，左手显示的是上帝赐给你的运气，因此，在西方国家，戒指通常戴在左手上。不佩戴戒指表示单身。西方早期医学认为，左手无名指在双手十指中与心脏的距离最近，所以将代表婚姻的戒指戴在左手无名指上，进而体现爱情的神圣地位，并流传至今。国际上现在比较流行的戴法是：戴食指上表示未婚，想结婚；戴中指上表示已经在恋爱中；戴无名指上表示已经订婚或结婚；戴小指上表示独身。

戴设计感比较强的戒指时，如果想更有个人风格，可以考虑搭配另一个材质相同、线条较简单的指环在另一指上。如果戒指的材质属性可以和手表搭配，那是最好不过的了。例如你戴的是枚可爱的花戒指，就可以配一只皮质金框的表。如果你并没有太多可以变换的表或戒指，不妨考虑把戒指和手表分开戴，不要让不协调的两件配饰在同一只手上出现。在同一只手上戴两枚戒指时，色泽要一致，而且一枚戒指复杂时，另一枚一定要简单。此外，最好选择相邻的两只手指，如中指和食指、中指和无名指或无名指和小指，千万不要让中间隔着一座"山"。

2. 戒指与性格

戒指不仅仅是装饰品，你喜欢戴哪一类戒指，喜欢戴在哪根手指上，都会泄露你的心底故事。

对男士来说，戴纯银戒指表示性情温和，易迁就他人；戴金戒指者较重视利益，往往会有精明的生意头脑；戴翡翠玉石者注重品位素质，处事严谨。

对女士来说，喜爱粉红钻或粉红色珊瑚者，感情丰富而浪漫；喜爱红宝石或红碧玺者，热情似火；喜爱蓝宝石或海蓝宝石者，较内向冷淡；喜爱祖母绿或土耳其石者，情感纤弱。

3. 戒指与心理含义

戒指戴在不同的手指上，能体现与性格有关的心理含义。喜戴在食指者，性格较偏激倔强；喜戴在右中指者，崇尚中庸的人生观念；喜戴在左中指者，有责任感，重视家庭；喜戴在小手指者，有自卑感并且有着强烈的个人独身主义倾向；喜戴在无名指者，无野心，随和，不计较得失。

案例分析

人体圣诞树

有一次我去参加一个宴会，对面一个女孩子把我看晕了，因为她戴了四枚戒指，一枚是翡翠的，绿色；一枚玳瑁的，黑色；一枚玛瑙的，咖啡色；一枚玫瑰金的，彩色。由于穿着高领衫，项链没看见。耳环则有两组：一紫一蓝。人家很大方地问我："好看吗?"

我说："你想听真话还是假话？"

她说："什么意思？"

我说："那就跟你简单说吧，反正你这东西都是好东西。"她说："那你是什么意思？"

我说："放一块儿不好看！"她说："为什么呀？"

我说："远看像棵圣诞树，近看像个杂货铺。你戴的饰物质杂色乱，串了味儿了！"

思考题

帮女孩做饰品使用的减法，让她在宴会上得体而出众。

本章思考题

1. 如何理解"着装是人们职业生涯的一种道具"？

2. 对照着装的一般礼仪原则，检查自己日常着装有无不合礼仪之处。

3. "三"是服装配饰礼仪规范中最常见的限制数字，请说明诸如"三一""三三""不过三"等原则规范的实际内涵。

4. 男、女秘书着西装分别要注意哪些事项？

5. 秘书人员佩戴饰品有哪些禁忌？

6. 时尚流行与秘书人员职场着装要求常常背离，遵从服饰礼仪，容易落入千人一面的窠臼，秘书人员应如何处理个性原则与职业规范原则的矛盾？

第四章
秘书形象礼仪——语言谈吐礼仪

语言是人类的交际工具和思维工具,是人们沟通信息、交流思想、联络感情、建立友谊的桥梁。语言用来沟通,促进各项工作。语言是思维的物质外壳。

秘书人员语言谈吐的目的是以言表意、增进了解、加强信任、沟通协调。秘书工作离不开语言交流,而语言交流以口头交谈为主。同样的一个意思,不同的人使用的语言却有美丑之分。谈吐礼仪旨在通过口头交谈,传递尊重、友善、平等的信息,给人以美感。秘书人员应在语态、语气、语音、语速和具体交谈形式等方面,规范自己的语言谈吐。

课程思政元素

真诚和尊重是礼仪的首要原则。真诚和尊重首先表现为不说谎、不虚伪、不侮辱人,所谓"骗人一次,终身无友";其次表现为对于他人的正确认识,相信他人、尊重他人。只有真诚待人,尊重他人,才能使友谊地久天长。

坚持育人为本,促进全面发展。落实到具体的教学目标,本章重在培养学生的逻辑思辨能力,体会职场中"一句话让人笑,一句话让人跳",体会中国语言文化的博大精深与沟通魅力。从秘书专业角度看,要求重点培养言语表达能力。

第一节 常用的语言形式

常用的语言形式不外乎三种:有声语言,即口语,以说和听为形式的语言;无声语言,即没有声音、借助其他媒介来传递信息的语言,以体态语为主,眼睛传情,体态表意;类语言,也称副语言,指说话时通过重读、语调变化、语速快慢的变化来表达不同信息，发出声音但语义不固定。

一、常用体态语

无声语言中的体态语基本上借助人体的各种器官和姿态表情达意，无声语言的表现形式大致有眼神、微笑，以及其他表情、手势。

（一）表情语

一个人的喜怒哀乐都写在脸上。详见第二章第二节"表情礼仪"部分。

（二）界域语

从心理学上讲，在每个人的人体周围都存在着一个看不见的个人空间，每个人对这个个人空间都非常敏感。一旦被冲破，我们会不自在或有不安全的感觉。这就是界域语。

这里的空间也就是距离，距离的不适度很容易引起对方做出逃离或进攻的应激反应。正式场合中，距离分为四种情况。

（1）亲密距离：指交际双方身体保持0.5米左右的距离，一般限于夫妻、情侣、家人。使用这一距离通常表达两者之间的爱恋或安慰。

（2）私人距离：指交际双方保持0.5～1.5米的距离，一般是朋友、熟人相处的得体距离。使用这一距离讨论个人问题非常合适。

（3）社交距离：指交际双方保持1.5～5.5米的距离，一般是泛泛之交或工作关系。使用这一距离处理一般公务或非个人事务比较合适。商务场合中，这一距离往往需要三人或三人以上的圈子才使用。

（4）公共距离：指交际双方保持5.5米开外的距离，一般是大人物出现时的距离，使用这一距离适合在公共场合听演讲，适合比较生硬的交谈。

二、首语

首语包括点头语和摇头语。在中国和其他大部分国家都是点头表示同意、赞赏，摇头表示否定和遗憾。而在印度、巴基斯坦等国，点头是否定，摇头是肯定。

在交谈中，头保持中立，表明对对方的讲话无大兴趣；头下意识从一侧斜到另一侧，表示对对方所说的话有一定兴趣；头垂下，表示缺乏兴趣。

三、手势语

人们交往时，手势是语言的最好辅助，即打手势。适当地运用手势，可以增强感情的表达。但与人谈话时，动作不宜过大，要给人一种优雅、含蓄而彬彬有礼的感觉。

世界通行的常见手势语如下。

（1）竖大拇指：夸赞、感激，有时还表示"我准备好了"。

（2）食指刮下巴：法国特有的一种手势语，表示女性对追求者的拒绝。

（3）竖食指：在西方为叫服务生或在会议中有意见要发表。

（4）飞吻：喜爱、敬慕。

（5）手触前额：向你致敬。

（6）拍桌：愤慨。

（7）捶胸：悲痛。

（8）搓手：为难、期待。

（9）快速捂嘴：吃惊。

（10）乱动：紧张。

（11）挠后脑勺：羞涩、不知所措。

（12）不自觉地摸嘴、揉眼：没说实话。

（13）八字形托下颌：沉思、深算。

（14）伸出食指、中指，掌心向前：西方意为"胜利"，中国意为数字2。

（15）拇指和食指相交，其余三指伸开：在美国代表"OK、赞扬、允诺"，在法国代表"毫无价值"，在日本代表"懂了、明白"，在泰国代表"没问题"，在印度代表"正确、不错"，在突尼斯代表"傻瓜"，在巴西代表"侮辱男人、引诱女人"。

（16）跷起拇指或鼓掌表示钦佩、赞扬。

（17）连连摆手表示反对。

（18）握紧拳头表示愤怒、焦急。

（19）招手叫人过来，挥手表示再见或叫人走开。

（20）摇头表示困惑，用力挥手或拍额头表示恍然大悟。

第二节　现代秘书的言谈礼仪

一、重视语种的选择

对语种的选择遵守以下三规则。
（1）正式的官方活动中使用母语。如，周总理会见外使只使用母语汉语。
（2）在一般性活动中可以使用外语，如观光、旅游、购物等活动中。
（3）在多方涉外交往的场合使用预先约定好的规定语言。如多边贸易多数使用已经约定好的语言，有时也会使用一种或多种语言，例如，联合国可以使用6种语言。

二、重视语态

语态指人们交谈时的具体神态。
从说者来看，说话者要亲切友善，不卑不亢，谦和友爱，平等待人，做到不咄咄逼人。
从听者来看，听话者要做到专心致志，切勿三心二意。

三、重视语气

要以平和的语气进行交谈。不可趾高气扬，眼高于顶；也不可奴颜婢膝，一味附和，唯唯诺诺。俗话说：一句话说得人笑，一句话说得人跳。这就是提醒人注意说话的态度和语气。

四、重视语音

语音是双方交谈要注意的敏感问题之一。
（1）讲话者语言运用的发音应纯正，不带乡音。不纯正的话不要说。发音是否纯正，通常与其受教育程度有关，会直接影响业务能力。现代秘书无论使用母语还是外语，都应该力求发音纯正、不带乡音土语，以免妨碍表达，令人误会。

（2）运用语言时要注意柔声细语，压低音量。两人谈话时的谈话声音要做到使对方不用费力听，但也不入第三人耳。

案例分析

令人不悦的见面

小李今年大学刚毕业，在四海药业公司总经理办公室做秘书工作。一天，公司孙总经理派他到机场去接广州五湖集团公司销售部的吴立晶经理。小李准时来到机场，在出口处吴经理见到小李手中的字牌，走到小李面前说："你好！你是小李吧？我是吴立晶！"小李连忙用不太标准的普通话说："是的，是的，我是小李！您好！您就是广州过来的'狐狸精'吧？我是孙总派来接您的。我是东北亚大学行政管理专业的研究生，现在是孙总的秘书。"一边说一边准备与吴经理握手，吴经理却神情不悦地转身往前走去。

（改写自《现代商务礼仪》，北京交通大学出版社，2009年版）

思考题

1. 吴经理的"不悦"仅仅是因为小李普通话发音不准吗？
2. 小李见到吴经理时说的话有什么问题？应该怎么说？

五、重视语速，语速要适中

（1）在需要翻译时，语速要缓慢，可给翻译人员方便。但也不可以过慢，如果你语速过慢，会给人造成一种你的思维不够清晰的印象，容易被对方所轻视。

（2）双方交谈时应匀速谈话。保持语速平缓，一个节奏，不忽快忽慢。双方交谈不是演讲，如果忽快忽慢，抑扬顿挫，会有夸张做作的嫌疑。

六、重视形式

（1）要注意双向交流，要让谈话的双方都有话说。在谈论一个话题时，当你感觉对方对这个话题不感兴趣时要及时调整，不能照原计划一直谈论这个话题，否则会引起对方反感。

（2）要委婉地表示出自己和缓的态度，不使用反问句、祈使句。

（3）要礼让对方，不能独霸谈话时间。谈话的最好方式是三分三，1/3

的时间你说，1/3 的时间听对方说，1/3 的时间你问他答。

案例分析

用什么方式说话

局里就要开年度总结会了，要对今年的工作进行总结。还有不到一周的时间，为了保证会议顺利召开，秘书处的全部人马都集中到会议室，研究讨论会议的有关文件。首先讨论的是秘书处李处长给局长写的年度总结报告。李处长不愧是局里的第一支笔，报告写得洋洋洒洒，声情并茂，令人振奋。但在征求意见过程中，秘书小周直截了当地提出了自己的看法，他认为李处长的报告中有多处统计数据不准确，原因在于李处长采用的统计方法不正确，应该加权处理的数据没有进行加权处理。而李处长认为他采用的这些数据都是下属各个单位报上来的数据，进行简单的加减就可以，无须再进行其他处理。可是，周秘书自恃自己是学统计学专业的，是科班出身，坚持认为李处长的数据处理不当。这使得李处长很不高兴，脸越拉越长，说了一声"大家先休息一下"，就端着茶杯出去了。休息期间，秘书处的老秘书张大姐过来和蔼地提醒周秘书说："小周，要注意一下提意见的方式，当着这么多人的面，用这么肯定的语气说李处长错了，他会是什么感受？如果我是李处长，我会觉得你就跟直接骂我'无知'一样。所以，即使你的意见是对的，也应该注意说话的方式。"周秘书马上辩白说："我没有别的意思，只是实话实说，我这个人生来就是这样的性格，有什么说什么，不会假装，不会拐弯抹角。我认为做人要正直坦白。"话音未落，张大姐严肃地说："为人正直和注意说话方式是两个不同的问题。为人正直，是指不撒谎，不欺骗，是个人道德品质问题；而说话方式是个技巧问题，是个工作方式方法问题，两者不能混为一谈。请你记住，对于我们这些职业秘书来说，用什么方式说话，永远比说些什么更重要！"

思考题

1. 分析与评述周秘书应当怎样给李处长提意见。
2. 职业秘书要用规范的职业语言标准要求自己，"有什么说什么"的性格有问题吗？
3. 秘书说话到底是为了论是非还是求结果？语态和语气对结果有什么影响？

提示： 职业秘书应该懂得有效沟通的知识和技巧，不能像一般人那样说话随便，想说什么就说什么，想怎么说就怎么说，想在什么时候说就在什么时候说。

秘书说话，不单纯是为了表达自己的思想或情感，更主要的是为了实现自己的工作目标，达到预期的沟通效果。为了达到预期的沟通效果，就必须注意说话的方式和选择恰当的沟通时机，特别是提意见的方法和时机。如果你提意见的方法和时机不正确，那么，即使你意见的内容再正确，也是正确的错误。对于职业秘书来说，用什么方式说话，永远比说些什么更重要。

第三节　言谈的礼节

一、恰当地称呼他人

记住别人身份，以对方最大的职务身份来称呼。

（1）对有头衔的人要称呼头衔。若与有头衔的人关系非同一般，直呼其名来得更亲切，但若在公众和社交场合，还是称呼头衔更得体。

（2）在我国文化中，一般默认称呼对方最高职位。

（3）对于知识界有高级职称的人士，可以直接称呼其职称。

（4）对于学位，除了博士外，其他学位一般不作为称谓。

二、选择恰当的话题

一般来说，交谈的话题多少可以不定，但在某一特定时刻宜少不宜多，最好只有一个。话题过多、过散，会使交谈者无所适从。

（一）适宜的话题

在交谈中，以下七类话题是适宜选择的。

（1）既定的话题。这是指交谈双方业已约定或者其中一方先期准备好的话题，如求人帮助、征求意见、讨论问题、研究工作这类的正式交谈。

（2）高雅的话题。这是指内容文明、优雅，格调高尚、脱俗的话题，如文学、艺术、哲学、历史、地理、建筑等方面的话题。这类话题适用于各类交谈，但切忌不懂装懂，班门弄斧。

（3）轻松的话题。这是指谈论起来令人轻松愉快、身心放松，不觉劳累厌烦的话题，如演出、流行、时装、美容、美发、休闲娱乐、旅游观光、烹饪小吃等话题。这类话题适用于非正式交谈，允许各抒己见，任意发挥。

（4）时尚的话题。这是指以此时、此刻、此地正在流行的事物作为谈论中心的话题。此类话题适合于各种交谈。

（5）擅长的主题。这是指交谈双方有研究、有兴趣、有可谈之处的话题。这类话题能够增进彼此的信任，更有利于工作的开展，如：与医生交谈养生健康祛病之法；与学者交谈治学之道；与作家交谈文学创作。这类话题适用于各种交谈，但忌讳以己之长对人之短，话不投机半句多。

（6）增进了解的话题。这是指有助于交谈对方进一步了解我方实际情况的话题。

（7）表达敬意的话题。这是指对交谈对象所属的国家、民族、单位及其本人表达敬意的话题。

（二）不宜的话题

不宜的话题指言谈不宜、应避忌的话题。

（1）言谈不宜泄露国家机密与行业秘密。

（2）言谈不宜涉及对自己的国家、政体横加非议的内容，如思想反动、政治错误、违法乱纪之类的话题，应避免交谈。

（3）言谈不宜触及对交谈对象的内部事务随意干涉的内容。

（4）言谈不宜对自己单位内部的领导、同事或同行说三道四。不宜在交谈中传播闲言碎语，制造是非，无中生有，造谣生事，非议其他人士。

（5）言谈不宜涉及格调不高的话题，忌谈倾向错误的话题；不可违背社会伦理道德，如宣扬生活堕落、三观不正的话题。

（6）忌谈令人反感的话题，如凶杀、惨案、灾祸、疾病、死亡、挫折等话题。

（7）言谈不宜讨论交谈对象本人的短处、弱点或其他不足之处。在交谈中切不可对交谈对象尖酸刻薄，挖苦对方。

（8）忌谈捉弄对方的话题。在交谈中，不可油腔滑调、乱开玩笑、口无遮拦。避免调侃取笑对方、成心让对方出丑或让对方下不了台。这定将损害双方关系。

（9）言谈不宜触及有关交谈对象个人隐私的任何话题。初次交谈，不谈论有关对方年龄、收入、婚恋、家庭、健康、经历一类涉及个人隐私的话题。即使因特殊工作需要，可问对方隐私，但也要注意委婉、礼貌。具体要做到言语不伤害对方自尊心，用语委婉含蓄。有些不宜回答的问题，如涉及机密或不好答复的问题，运用含蓄的方式，使用软化语言，这会给人留下较好的印象，而且能够创造轻松的谈话气氛。

三、谈吐要优雅，遵守交谈原则

（一）充分聆听原则

充分聆听既是对讲话者的尊重，是起码的礼貌要求，也是互动交流的基础。当然，充分聆听不是傻听、盲听，而是积极地听。一般来说，一个交谈过程，听、谈与发问各占1/3的时间，期间要坐有坐相、站有站相、落落大方、沉稳专心，这样才能做到充分聆听。

（二）言语有度原则

讲话时机要合乎时宜，不打断别人讲话，不无休止追问，不过多占用上级谈话时间，不在他人谈话时交头接耳。讲话内容要长短适量。突出重点，删繁就简。讲话主题要适当。

（三）保持礼仪距离原则

每个人潜意识中都有自己的私人空间，这个空间的半径大约为0.5米，与人交谈要保持这个礼仪距离。

案例分析

套话可以说几遍

某天中午，一位下榻某酒店的外宾到餐厅去用午餐。当他走出电梯时，站在电梯口的一位女服务员很有礼貌地向客人点头，并且用英语说："您好，先生！"

客人微笑地回答道："中午好，小姐。"

当客人走进餐厅后，迎宾员讲了同样的一句话："您好，先生！"那位客人微笑地点了一下头，没有开口。

客人吃好午饭，顺便到饭店内的庭园里走走。当走出内大门时，一位男服务员又是同样的一句话："您好，先生！"

这时这位客人只是敷衍地略微点了一下头，已经不耐烦了。

客人重新走进内大门时，不料迎面而来的仍然是那个男服务员，又是"您好，先生"的声音传入耳中，此时客人已生反感，默然地径直乘电梯回客房休息，谁知在电梯口又碰见原先的那位服务员小姐，又是一声"您好，先生！"客人到此时忍耐不住了，开口说："难道你不能说一些其他的话同客人打招呼吗？"

思考题

饭店服务员都使用了尊称并问好，为什么还会招致客人的反感呢？

知识补充

交谈"十要""十不要"

"十要":　　要用语文明，不说脏话；

　　　　　　要控制情绪，不说气话；

　　　　　　要注重修养，不说大话；

　　　　　　要具体真实，不说空话；

　　　　　　要坦诚相见，不说假话；

　　　　　　要新鲜活泼，不说套话；

　　　　　　要谦让随和，不说官话；

　　　　　　要要言不烦，不说废话；

　　　　　　要力求简洁，不宜多话；

　　　　　　要明白晓畅，不说胡话。

"十不要":　　不要颠三倒四，语无伦次；

　　　　　　不要带口头禅，毫无意义；

　　　　　　不要高门大嗓，大声嚷嚷；

　　　　　　不要牢骚满腹，见人就讲；

　　　　　　不要争强好胜，强词夺理；

　　　　　　不要冒充内行，表现自己；

　　　　　　不要抢夺话头，不让人讲；

　　　　　　不要节外生枝，离题万里；

　　　　　　不要挖苦讽刺，让人生气；

　　　　　　不要议论他人，揭人隐私。

四、说话要礼貌

说话要礼貌，做到和气、文雅、谦逊，礼让对方。语言既是一门艺术，又是每个人形象的组成部分。现代秘书的语言基本要求是温文尔雅、不伤感情。

（一）多用礼貌语

礼貌语表示对人的尊重，能使对方感到亲切、愉快。常见的礼貌用语有"您好""欢迎您""请问""谢谢""对不起""再见"等。传统文化中，已经固定的礼貌语可以适当使用，如：初次见面说久仰；好久不见说久违；等候客人用恭候；客人到来称光临；看望别人用拜访；起身离开讲告辞；中途先走叫失陪；请人别送说留步；陪伴朋友是奉陪；上门见面用拜访；请人批评叫指教；请人谅解叫包涵；请人指点叫赐教；请人指正叫雅正；赠送作品写斧正；对方来信称惠书；向人祝贺说恭喜；赞人见解喊高见；请人帮助说劳驾；托人办事要拜托；麻烦别人说打扰；求人方便称借光。

（二）多用赞美语

赞美语指夸奖、称赞、肯定对方的言辞。在与人交谈时对对方予以肯定、称赞的态度，能让对方的自尊心得到满足，从而营造良好的气氛。

（三）多讲鼓励语

现代秘书常传达一些上司的指令，这时运用鼓励语，能使执行者鼓起勇气，怀着受到上司信任的良好态度去完成任务。与人交谈不宜直接否定别人的言词。

说话时要注意以下几点。

(1) 不要独白。不要一人侃侃而谈，不给他人说话的机会。
(2) 不要冷场。不要从头到尾不置一词，冷场会破坏现场气氛。
(3) 不要插嘴。不要抢话说。
(4) 不要抬杠。不要针锋相对，得理不让人。
(5) 不要否定。要耐心倾听、善于聆听他人的意见。

五、语言要幽默

幽默是语言的调味剂，也是一个人具有良好心理素质和语言艺术的反映。它能活跃气氛，化解尴尬局面，融洽相互关系，给人留下深刻的印象。

案例分析

恰如其分的恭维

一位推销人员向一位律师推销保险，律师非常年轻，对保险并无多大兴趣，但是推销员在离开时的一句话却引起了他的兴趣。

推销员说："基务先生，如果可以的话，我希望可以与您继续保持联系，因为我深信您将前程远大。"

"前程远大？何以见得？"基务淡淡地问道。他刚刚由小助理正式升到拥有一间独立办公室的经理，但是，不管怎么听起来，推销员都好像在故意讨好自己。

推销员连忙摇头:"不,不要误解,我是真的相信。几个星期以前,我曾经听过您在电视上针对某个时事问题的演讲,那真是我听过的最好的演讲,不止我一个人这么说,很多人都这么以为。"

基努想起来了:那次是老板好不容易为自己争取来的机会,这让他有些喜形于色。

接下来,推销员向他请教,应该如何当众演讲,他的防线一下子被打开了。交谈了一个多小时以后,他告诉推销员:"欢迎您随时来访。"

没过几年,基努真的成了一位非常成功的律师,而那位推销员则一直与他保持着联系,两人也成了无话不谈的好友,而推销员的生意也越来越好。

(选自刘丽娜《哈佛商务礼仪课》,中国法制出版社,2014年版)

思考题

1. 推销员的谈吐是否合乎礼仪?
2. 推销员的哪句话打动了律师?

案例分析

打开话匣子的方法

有一次,山东青岛的刘庆代表公司到南京参加一个机械零部件产品展销会。傍晚,他来到主办方在宾馆安排好的208号房间时,已经有一位客人正躺在床上悠闲地看着电视。刘庆放下旅行包,看了看那位客人,发现他身旁的旅行箱上还挂着航空托运条,就礼貌地问道:"你好!乘飞机来的啊?""对呀!你呢?""我是坐火车来的,现在机票不紧张吧?""不紧张,但由于时间仓促,没买上打折票。坐火车几个小时啊?累坏了吧?""转了一趟车,12个小时。不是很累,经常出差,习惯了。"

与陌生人初次见面,免不了要寒暄一番。寒暄的话,一定要有沟通技巧,例如要热情礼貌,还要通过观察找准切入点,以免唐突。刘庆是个有心人,他留心观察对方旅行箱上还挂着的航空托运条,借机与对方聊开了。可见,与陌生人交谈并不难,只要选准了切入点,打开了话匣子,运用精彩的口才技巧,那么接下来的话就好说多了——

刘庆收拾完行李,笑着说:"聊了这么久,还不知道该怎么称呼你呢!""张忠。""我叫刘庆。张姓可是一个大姓啊,听说在百家姓里现在都排到第三位了。""是吗?看来俺们张家的人丁越来越兴旺啦!"张忠的自豪感油然而生。

刘庆听得张忠说着一口纯正的东北话,就问道:"你是东北人?""你这耳朵够狠,一听一个准儿,我是辽宁沈阳人。""噢,'小沈阳'是你们那儿的吧!我特别喜欢看他的'二人转'。这几年,你们东北的二人转和小品红遍了大江南北,哪次春晚少得了啊!"

听了这话,张忠立马来了兴致:"那可不咋的!这还得感谢赵本山,他又是小品又是二人转又是电视剧啥的——哎,前不久热播的《闯关东》《乡村爱情》,你看了吗?""看了

《闯关东》，十分感人，那就是讲咱山东人的故事啊！""你是山东人？""对呀！山东青岛的。""是吗？这么说咱俩还是老乡呢！我爷爷当年就是从山东枣庄闯到东北这旮旯扎的根儿……"

与陌生人交谈，有时会常在一个话题上绕弯儿，彼此之间难免会出现尴尬而让谈话草率了结，如果我们学会"听话"，善于从对方的话里引申出他感兴趣的话题，那就容易与对方产生共鸣了。刘庆从对方的姓氏、口音、籍贯入手，有的放矢，投其所好，自然流畅地转换话题，很快就让双方一见如故，"这么说咱俩还是老乡呢"，拉近了彼此心理上的距离，接下来就更加水到渠成了——

接着，他们互换了名片。原来，刘庆是青岛一家机械零配件公司的推销员，张忠是沈阳一家大型汽修公司的采购员。了解了对方的身份，刘庆惊喜地说："早就听说过贵公司的大名，你们公司可是这个行业的领头羊啊！"

"不敢当，不敢当……"张忠见刘庆是同行，话就更多了，从公司的生产、经营到发展状况，说得越来越起劲。

刘庆则全神贯注地听着，不时轻轻点头，用"嗯""是吗""真不错"等简短的词句回应，并且从张忠的话中了解到，对方急需一种 X 型号的螺母，就试探着问："这种螺母我们公司也能生产，目前有些存货，质量上乘，你要不要考虑一下？"

"好啊！"

刘庆马上向总部汇报了情况，张忠也请示了公司的领导。很快，两人就商定了初步的购货协议，只等看完样品后回去让双方领导签字。刘庆高兴地说："张先生办事如此爽快，一看就有东北人的气概！有时间的话，欢迎你去青岛做客。""好啊！青岛是个漂亮的城市，有机会一定去开开眼界。交了你这样的朋友，我觉得非常荣幸！"

两人的手紧紧地握在了一起。

与陌生人交谈，贵在选择适当的场合，运用准确得体的语言，打开话匣子。有了前面两次深谈后，此时的刘庆和张忠已经相互欣赏、相互信任了，"交了你这样的朋友，我觉得非常荣幸"，两人顿生"相见恨晚"之感。了解了对方的身份后，刘庆没有忘记自己的本职工作，把话题巧妙地转到业务上来，不仅谈成了一笔生意，还收获了一份友谊，由此可见，学会和掌握口才方法和口才技巧，让自己在任何场合、针对任何话题，都能清晰、流利地表达，获得长久的自信心，终身受益。

案例分析

练好场面话

马克是一家图书出版公司的项目经理，他的主要任务有两个：领会老板的意思，进行各种热门题材的搜罗，同时带领手下人执行老板的指令，进行作者群的开拓。因为好的作者往往会对作品要求更高，所以他们经常面临约不到稿、到交稿时作者却交不上稿的情况。

有一次，马克正在办公室里进行新书稿的策划。一位新作者突然打电话给他，说没有办法按时交稿了，因为思路堵塞，他需要一个星期的时间。这让马克非常着急：眼看着公司已经开始不断地为这本新书造势了，老板也正在等着看图书的成稿，这怎么能行？

正当马克着急时，老板刚好从他的桌子旁边经过，看到他如此忙乱，便问了句："怎么了？"

很明显，这只是老板的一句场面话：他只是刚好路过，如果马克郑重其事地告诉他，事情到底怎么了，他反而会心生反感。但就是老板的这句场面话，突然让马克清醒了过来，他笑着回应了一句："没什么，我正在找自己的移动硬盘。"

随后，马克在老板离开后与作者再次商议了新的交稿时间，并在团队内部进行了计划调整。

（选自刘丽娜《哈佛商务礼仪课》，中国法制出版社，2014年版）

本章思考题

1. 手势、表情有哪些礼仪规范？
2. "细节决定成败"，从个人礼仪的角度分析这句话的含义。
3. 毕业求职需要面试，请根据实际情况，按仪表礼仪的具体规范，为自己做一次形象设计，在课堂上交流。
4. 客观地审视自己，个人礼仪有无欠缺？如有，如何着手修正？逐条写下来，每天照着做，三个月自查一次，看看有无变化。

第五章 秘书人员入职礼仪

职场用人供过于求，连年"最难就业季"，使得高校毕业生跻身职场前必须过五关斩六将，才能力挫群雄，获得一份称心如意的工作。

随着社会发展，人才市场和就业市场机制越来越完善，双向选择、自主就业已成为必然。那么，怎样才能求得秘书工作，怎样才能抓住机遇？求职成功是一门高深的学问，求职途中每个环节都要讲究礼仪与艺术。

课程思政元素

真诚和尊重始终是礼仪的首要原则，日常表现为不说谎、不虚伪、不侮辱人；还表现为对于他人的正确认识，相信他人、尊重他人。中国传统文化中，"质胜文则野，文胜质则史。文质彬彬，然后君子""君子坦荡荡，小人长戚戚""君子欲讷于言而敏于行"都体现了真诚和尊重的理念。

本章充分体现中国传统文化中的处世观，体现思政践行社会主义核心价值观，从知识应用能力、管理沟通能力、逻辑思辨能力、主流审美能力、言语表达能力等多方面全方位育人，体现基础知识与专业能力的综合运用，是传统优秀文化孕育的礼仪集大成实践。

第一节　求职前期礼仪

一、应聘的前期准备

（1）学校会给应届毕业生下发一张就业推荐表，这是教育厅与人力资源和社会保障局共同签发的，有且只有一张，上面有编号，可查询。

（2）打出学籍登记卡，可以多复印几张，要求院校全部盖行政章，以备不时之需。

二、应聘环节

(一) 获取信息

想了解哪些单位需要招人,首先要获取招聘职位信息。

目前职位信息的来源主要有如下渠道。

1. 网络发布信息

网络招聘会其实就是现场招聘会的网上展示版本,网络招聘会在表现形式上可以说是多元化的,一般网络招聘会举办时间都在20~30天,其中包括10天左右的宣传时间,每届招聘会举办方都会策划不同的主题和基调,设计不同风格的专题网页页面。除了特定的网络招聘会以外,大量招聘网站也成了网络招聘的一种方式。但是因为相关的网络法规不齐全,网络招聘也有虚假信息风险。警惕网络招聘中可能存在的陷阱,尤其是警惕需要提供个人身份信息与提前交押金的网络招聘。

2. 媒体招聘信息

媒体招聘信息包括报纸媒介、电视媒介以及网络媒介。一般媒体会验证招聘方的信息可靠性,随后发布招聘信息。

3. 各大招聘市场招聘信息

专场招聘会展示的用人信息相对比较靠谱。毕业求职阶段,可以有意识地对此多多关注。人才市场招聘会一般由政府人才机构举办,分为行业专场和综合招聘会两种。前者针对特定行业进行招聘,而后者因为行业广泛,能够吸引大量待就业人才参加。

4. 熟人了解信息并推荐

通过招聘平台和招聘会招聘员工造成较大的经济支出,因此很多公司会通过人脉搜罗人才。通过熟人介绍相关人才是一个渠道。需要注意的是,如果推荐人与你身处同一公司,且资历与你差不多,尽量避免与其工作接触过多从而导致利益冲突,如果介绍人资历较深,应当与介绍人保持一致。一般熟人了解到的信息比较综合全面,可以自己对照取舍。随着招聘透明度的提高,招聘渠道越来越正规,必须由用人单位出招聘公告,符合录用条件的才可应聘。

(二) 注意信息陷阱

(1) 对地域的要求。有些用人单位会限定用人来源地或指定户口所在地。

应对方法是：根据自我意愿，想到哪里工作就找那个地方发出的招聘信息。

（2）性别。很多用人单位不愿意招女性，但网络信息不会明写，因为按照规定不能有性别歧视。

（3）政治面貌。很多涉外企业要求无政治信仰，要求非党派人士，但不明示。

（4）待遇。很多地方会写"一经录用视同本单位同类人员"，而回避真实情况。

三、求职的基本方式

（一）自荐

获取招聘信息后，有针对性地应聘。最简单的方式是投寄个人简历，真实全面地介绍自己，向用人单位展示自己与众不同的个性与专长，以求得面试的机会。

自荐可以采取的方式有：①多写几份求职信、自荐信发出去；②有针对性地直接拿材料寄过去；③上门考察用人单位的同时把推荐材料送过去。

（二）投简历

相比于自荐信、求职信，最实用的是简历，其写法如下。

1. 简历的文面礼仪

（1）简历贵"简"，求职简历内容应压缩在一张纸上，不必分页。一般使用 A4 纸打印。

（2）用纸端庄。求职简历白底黑字，一般不用彩色纸。

（3）字体端正。求职简历使用楷体或宋体字，不用艺术字体。

（4）字号统一。求职简历除标题外，正文部分一般使用四号字，可适当插入黑体字。

（5）格式规范。

2. 简历的格式

（1）标题。简历标题一般在 A4 纸的上方，留足"天头"后，在第一排居中。

（2）正文。简历正文由两部分组成，一是总说，也称总帽，是基本信息综述。在标题下一行，空两格开始，一段结束。二是分列，对基本信息按时间分段介绍。在总帽下一一列出。

（3）附录。正文提到的学历、等级、资格等，在附录里一一列出，以条码式分类列出。如示例：

附录一、毕业文凭、学位证复印件各 1 份。

附录二、英语四级、计算机二级证书复印件各 1 份。

附录三、获奖证书复印件×份。

（4）随文。A4 纸下方写清联系方式，包括手机号码、有人值守的固定电话号码、电子邮箱等。

3. 简历的写法

（1）标题的写法。简历标题一般有三种写法：①直接用"简历"两字做标题；②以"个人简历"四字做标题；③"姓名+简历"做标题。

（2）总帽的写法。总帽主要包括如下内容：姓名，性别，民族，籍贯，出生年月，文化程度（写哪一年毕业，大学本科毕业/肄业，本科毕业要写×学士学位），政治面貌。初入职场可加一两个词对自己做判断（性格+擅长），大学阶段建构起×专业系统知识，具有承担××（职位）的工作能力，系统学习过×学科，特别具有×能力，曾担任××社团/学生干部（自己有的能力都要往好的方面写，但不能无中生有），对×方面有特别研究（毕业论文研究方向），著有×××（毕业论文）。

（3）分列的写法。经历从大学写起，不写高中。例如：

2013.9—2017.6（所有大学会在上半年发文凭，写 7 月，入职年限会晚一年，时间一定要连续）

×大学×专业毕业×学士，学习优秀/优良（如肄业，就写完成学业，学习不要放在重要位置），突出自己优秀的方面（如获奖学金要写清是校级还是院级，一次就写曾获，两次就写连年获得，三次就写连续多次获得；优秀学生干部、优秀工作者等以此类推），在核心期刊或正规期刊发表过作品也要列出种类和数量，获得的资格证都列上去。

（4）附。要将如下项目附上：①文凭、学位证复印件各一份；②各类资格证复印件×份；③获奖证书复印件×份/发表作品期刊复印件×份；电话号码和电子邮箱（要醒目）。

4. 简历写作注意事项

简历写作时应该有一个范围，不可与自荐信相混淆。

注意以下问题。

（1）基本的语言要规范、到位。

（2）写出一个长处的时候要凸显出自己想要表现的优势。

（3）只能写自己具备某种知识和素养，不可写自己具有某种能力（能力是由别人来评判的）。

（4）要按制式书写，例如"年月日——相关经历"这样的格式。尤其要注意一些有形符号的书写表达。

（5）所有的简历里的内容都应该从大学时期的经历写起，不要把高中时期的事情写上去。

（6）写简历时要注意逻辑顺序，要有序地介绍。

（7）简历中不能写虚假信息，一切都应有凭有据。

（8）若要细分时间段，则要注意时间的连续性，且大学时间段不可以分割得太详细。

（9）附件要与正文空一行，各类证书要分类，所有资格证放一起，所有获奖证书放一起。此外，写证书时一定要标明等级，正确书写证书名称。

（三）自荐、写自荐信

自荐信内容要坦诚真实、语言得体、文字通顺，格式要符合要求。自荐信一般分为四部分。

（1）标题。可以只写"自荐信"，也可以写"姓名+自荐信"。

（2）抬头+问候，如"某某，您好"。自荐信是写给个人的，一般不写给单位。例：贵单位的领导/尊敬的某单位领导。

（3）正文。第一段写招聘信息的来源，自己合适应聘的职位，表明态度：自己要应聘这个职位。第二段详细介绍自己的基本情况和长处。第三段再一次表态，写非常向往这个岗位，希望能被录用，如"一定会好好工作。如不能被录用，我一定会找出不足之处，以后努力完善自己"。可以简短地表达对招聘单位的赞美之词，不过要实事求是。结尾要表达希望能尽快得到回复，加上祈颂语，如"祝贵单位蒸蒸日上！"。

（4）落款。落款处写上姓名和日期。作为应聘使用的信件，可在页下标注个人信息，如电话、地址和邮箱。

（四）考试

政府或机关事业单位招录工作人员，一般要求录用综合素质比较高的专业人员，考核时往往使用考试方式，对报名者进行筛选。一般考试涉及知识面、智力情况和所需技能等方面的内容。

第二节　求职应聘礼仪

一、面试的准备

目前，用人单位对秘书的要求越来越高，求职者除了需具备学历、文笔、办公设备使用和英语水平等最基本的条件外，还要具备秘书的相关技能，如活动组织、语言驾驭、沟通协调、团队协作等能力，还要有专业工作经历。要谋得秘书职位，就要先过面试关。

（一）要了解的情况

（1）面试前要了解招聘单位的性质、行业、规模、文化特色，以及招聘职位的具体要求。

（2）整理自己的思路，确定自我介绍的要点，以及对对方可能设问的回答。

（3）了解招聘单位基本情况，做到知己知彼。

（4）了解自己的特点、客观条件，尤其是自己在人群中的位置，横向看自己与同样学历和履历者相比所处的位置，纵向看自己与相同专业人群中前辈与后生相比的优劣势。

（二）需要准备的应聘材料

面试时带好相关材料的原件，准备好复印件。具体包括以下证件。

（1）学历证明，如毕业证、学位证。

（2）个人简历。

（3）履历表。

（4）求职申请表。

（5）身份证。

（6）相关证明，如英语等级证书、计算机等级证书、技术等级证书等。

二、面试时的着装

求职者恰到好处的服装能够体现出良好的个人修养，也是对主考官和企业的一种礼貌，所以良好的服装形象也是谋职的一种技巧。在求职应聘时，个人的仪表在求职中发挥着不可忽视的作用。根据所求职业的不同，着装也各不相同。有的职业需要文静、沉稳，有的则需要高雅大气，有的需要神圣庄重，有的又需要潇洒倜傥。

总之，得体的服装能给主考官留下良好的第一印象，为面试创造一个有利的条件，反之，将会遇到挫折。

（1）求职者的自我定位。求职者要首先了解一下所要应聘公司的背景、所应聘职务的特点、工作环境及主考官的个人爱好，这些都是应聘前着装设计的依据。

（2）面试时的着装必须整洁。任何一位主考官都不会将一个不修边幅、邋遢的应聘者招进单位。特别是女性应聘者，不整洁的打扮会让招聘单位对你产生不好的印象。

（3）面试时的着装应简朴大方，尽量少佩戴装饰物。如果所应聘工作的专业性强或职务较高，对装饰品的色彩选择更要慎重。鲜艳的色彩和夸张的样式会给人不稳重的感觉。要尽可能避免前卫大胆的装束。夏天也不要穿得太暴露。最好不要选择闪光面料，不要戴叮当作响的大耳环和手链等。不要穿运动鞋和露脚趾的凉鞋。

（4）根据应聘单位的不同选择不同的着装。如果去应聘时尚行业秘书或行政人员，最好穿得艺术一些。时髦的装束能直接表达应聘者的品位、爱好和对社会的态度。如果应聘法律机关的秘书，那你就要像个律师而不是公关小姐。如果应聘一般机关的行政秘书，最合适的是一套西装套裙。如果事先得知面试考官是男士，不妨穿浅灰色西装套装，再配浅蓝色花边衬衣。如果事先得知面试考官是位女士，可以穿米色西装，配白色的衬衣。如果应聘高层次的管理级工作，最好配一只手提箱，装上必要的个人业绩档案。海军蓝套服配淡蓝色衬衣是最为理想的。千万不要穿花格衬衣。

一般情况下，需要经过多次面试的，最好改变一下行头。

如果去参加一次决定性的会面，得体的服装一定会帮助应聘者赢得成功。

（5）面试时的着装要与季节协调。

一般夏季服装款式简洁、大方，多用白、蓝、绿等冷色调，给人一种清新、凉爽的感觉。

冬季服装款式大方，美观实用，多以红、橙、黄、黑等暖色调为主，给人一种温暖的感觉。

在过渡性季节里参加面试，当以现实天气为参考，不妨事先听听天气预报。

在面试时，应聘者的服装要得体大方、色彩适宜，服装风格须与自己的气质修养、体形肤色、装扮效果、步态姿势、年龄身份相协调，体现自己稳重成熟、干练而又富于魄力的特质。

总之，在面试前处理好自己的服装，会在面试中助你一臂之力。

(6) 对于面试中服装色彩的搭配，根据所应聘行业的不同而不同。如果你去应聘政府机关单位，你的服装色彩搭配应该沉着、稳重、大方，不过分引人注目。如果你去应聘的是服务型的行业，你的服装搭配要活泼一些，颜色搭配要柔和、淡雅，给人一种高雅、舒服的感觉。如果你要去应聘办公室工作，在服装装扮上可适当地显露自己的特色。服装色彩可用对比色搭配，以显得你精明、强干。

在面试时，若能做到以上所讲的各方面，你会给面试主考官留下一个勤劳、会生活、做事有条理的好印象。如果你衣衫不整、随心所欲、邋遢不洁，主考官则会认为你不善自理、办事拖拉，那么你被录用的可能性就不太大了。试想，在面试这么重要的事情面前，求职者尚不能以得体的服装和面貌出现，那么被录用之后，又怎能指望这个人为公司增光添彩呢？这是面试者不该忽视的问题。

案例分析

"我还不是比尔·盖茨"

五年前，海峰毕业于中国一所名校的经济系。那时，他是一个追求独特个性、充满抱负和野心的年轻人。他崇拜比尔·盖茨和斯蒂文·乔布斯这两个电脑奇才，追随他们不拘一格的休闲穿衣风格，相信"人真正的才能不在外表，而在大脑"。对那些为了寻求工作而努力装扮自己的人，他嗤之以鼻。他认为真正珍惜人才的现代化公司不会以外表衡量人的潜力。如果一个公司在面试时以外表来论人，那么这也不是他想为之效力的企业。他不仅穿着牛仔裤、T恤，还穿上一双早已落伍的鸭舌口黑布鞋。他认为自己独特的抗拒潮流又充满叛逆性格的装束，正反映了自己有独特的创造性的思想和才能。

然而，他一次次去外企面试，却一次次地以失败告终。直到最后一次，他与同班同学被某外企公司先后召去面试。他的同学全副"武装"，发型整洁、面容干净、西装革履，手中提了个只放了几页纸的皮公文包，看起来俨然是成功者的姿态，而自己依然是那套"潇洒"的"盖茨"服，外加上"性格宣言"的黑布鞋。他进入面试的会议室时，看到五六个人，全部穿着西服正装。他们看起来不但精明强干，而且气势压人。他那不修边幅的休闲装显得如此与众不同、格格不入，巨大的压力和相形见绌的感觉使他"恨不能找个地缝钻进去"。他没有勇气再待下去,放弃了面试的机会。他说:"我的自信和狂妄一时间全都消失了。我明白了一个道理,我还不是比尔·盖茨。"

(摘自英格丽·张《你的形象价值百万》,中国青年出版社,2004年版)

思考题

1. 以海峰求职的过程谈谈你对"服饰是人的第二肌肤"的认识。
2. 为自己设计最能体现自我优势的应聘形象。

三、面试的技巧

除了事先做好精心准备,还要恰当地表现自己。注意以下方面。

(1) 突出良好形象。必须表现出自己具有责任心、独立工作的能力以及上进心。

(2) 把握倾听技巧。注意倾听,以表现对面试官的尊重。只有注意倾听,才能抓住面试提问的实质,否则会答非所问、不得要领。倾听时要目光专注,不要东张西望;尽量微笑,不可放肆大笑;适当点头,肯定对方;身体前倾,不做过多手势;适时对主试官问话进行简短回答。

(3) 恰当掌握分寸。回答问题要态度谦逊,内容简要,不可冗长重复;注意虚实结合、远近结合、优劣结合,既要展示自己的视野和理想,又要深入实际谈具体实事,将自己的目标和要求按时间的远近列举出来,不刻意伪装自己;可以适当表现一下缺点,以达到瑕不掩瑜的效果。

(4) 表现不卑不亢。招聘应聘是双向选择,求职者需要工作机会,用人单位也需要员工干活,两者是共赢的关系,因此,应聘面试不必有心理负担。面试中,要表现亲和力,说话音量不必太大,语速不必过快或过慢,过快显得紧张,过慢显得散漫和思维不畅。

四、面试的礼仪规范

(1) 适时到达,不可迟到。可提前一段时间到达,熟悉周围环境,整理思路,放松心情,切不可迟到。

(2) 仪容整洁,表现稳重。仪表体现职业化,不可邋里邋遢、不修边幅;举手投足应大方、沉稳、自信,走路应从容不迫,说话应口齿清晰、有条不紊。

（3）进退得体，守礼有度。不要因为紧张而忽略最基本的礼节，如进场不敲门、随手扔纸屑、用力拖桌椅；也不要把礼节烦琐化，过分拘泥礼节，应因时而动，看现场情况。

五、面试应避忌的行为

面试时有些做法会引起对方反感或不信任，应努力避免。

（1）不合个人礼仪的行为举止和表情，如左右环顾、来回踱步、频繁进出、呼吸急促、双臂环抱胸前、双手垫在脑后、抖腿、跷二郎腿、手上小动作不断、目光呆滞等。

（2）不合个人礼仪的谈吐，如自我介绍叙述单调，说话尖酸刻薄，随口批评政治、社会、文化等问题，用语不规范等。

（3）缺乏自信，如自以为诚实而说出自己的茫然、不知所措，面对岗位要求缺乏自信而退缩等。

（4）反应迟钝。由于紧张或真的缺失见识，应聘者容易表现迟钝，张口结舌，完全丧失临场应变力。

六、面试结束后的公关

（1）主动询问面试结果。一般面试后一两天就可打电话给相关负责人，以加深其印象，有助于求职成功。

（2）如面试比较自信但最后落选，可以向他人请教自己的欠缺之处，以便改正。

（3）如确认入选，应致电或发邮件对招聘单位表示感谢。

七、面试者的求职礼仪总结

（一）仪表端庄：塑心、塑性、塑形、塑行

要着职业正装，男士穿西装，女士穿西装套裙。冬天，女士可以在西服套裙外裹一件大衣，在进入面试现场前将外套脱下。口红要若有若无，指甲油要求是透明的，最好不要喷香水。发型：男士板寸，女士丸子头、花苞头，这样显得很精干。配饰按照"不过三"原则。正装一定要有领子，不能太时

尚。鞋子不要沾灰，要干净无比。一个人的整洁度可以体现一个人的教养和做事的细心程度。衣服也不要有污渍和褶皱。

（二）面试入场礼仪

说话一定要带表情、动作，不能像木偶一样；进入面试室之前一定要敲门，即使门开着；进去后到空间的四分之一处立足站定，跟大家打招呼，微微鞠躬后再坐下；没有椅子时，如果面试官坐成一圈，走到中间再行一圈注目礼，如果坐成一排，面对中间站定等人家提问。要在举手投足之间透露出你的成熟：懂社会规则，懂自己的身份地位。

（三）开谈：要没有废话

（1）当被问到为什么要到这里工作时，可以这样回答：我觉得这边的文化更好，我愿意来这里。

（2）当被问到"难道你家乡不好吗"，可以这样回答：我觉得年轻人要多出去闯闯，而且觉得这边的××更先进，××更前卫，我希望我成功后能衣锦还乡。

（3）当被问到你是否有男/女朋友时，可以这样回答：我心有所属但还未捅破这层纸，或者说我已经有男朋友或女朋友了，感情稳定。

（4）当被问到你想要哪个职位时，不要具体说哪个职位，要说关于某某方向的职位。

（5）当被问到你对公司待遇有什么要求时，可以这样回答：我希望通过自己的努力，取得公司规定的相同职级待遇。

注意：①不要主动问待遇或职位。②不要明确回答待遇问题，而要似是而非地、大体地说。③对于自己的能力不要说得太虚空，回答要真诚，找准一切机会说出自己的长处。要客观而自信，不要卖弄。④如果你在回答之后意识到有差错，那就需要补救：领导，我可能认识有偏差，将来我会修正，目前我只有这种认识程度。

（四）等待面试

等待面试过程中，有因紧张做小动作、烦躁的人，面试官通过摄像头看见这些人，都会选择淘汰掉；而耐心等待、认真温习的人则会被考虑。常见的几种面试形式有解题式、闲谈式、游戏式、压力式、综合式。另外还有团团坐面试方式、请人吃饭面试方式等。

（五）面试交谈

（1）面试时用语要有礼貌，对任何人都要使用尊称，哪怕面试官曾经是你的同僚、同学，和你关系很好。

（2）说话不要把"我"放在前面，要谦虚低调。

（3）语速不要过快，这会造成吞字，表意不全；也不要过慢，这会显得缺失活力。

（4）声音不要过高或过低，过高显得失礼，过低显得自己没信心。

（5）要用标准的普通话，说话语音要纯正。

（6）重视首因效应：面试前五分钟很关键，求职者要高度重视第一印象。

（7）要把握面试官的心理，给他们留下好印象。抓住机会适度赞美对方：对女性，不要赞美她的美貌，对漂亮的人要赞赏她的智慧；对男性，不要赞美他的能力，可以赞美态度；对外貌不好的人，要赞赏他独特的审美眼光。

（六）面试结束

面试结束后，如果你心属这个单位，一定要主动联系对方，一般七天内，无论有没有录取都可以在事后写感谢信。

案例分析

修养是第一课

耶鲁大学有一批应届毕业生，共22人，实习时被带到华盛顿的白官军事实验室里参观。

全体学生坐在会议室里等待该实验室主任的到来。这时有秘书给大家倒水，同学们表情木然地看着她忙活，其中一个还问了问："有黑咖啡吗？天太热了！"秘书回答说："抱歉，咖啡用完了。"一个叫比尔的学生看着有点别扭，心里嘀咕："人家给你倒水，还挑三拣四的。"轮到他时，他轻声说："谢谢，大热天的，辛苦了。"秘书抬头看了他一眼，满含着惊奇，虽然这是很普通的客气话，却是她今天听到的唯一一句让人舒服的话。

门开了，实验室主任走进来和大家打招呼，不知怎么回事，静悄悄地没有一个人回应。

比尔左右看了看，犹豫地鼓了几下掌，同学们这才稀稀落落地跟着拍手。实验室主任说："欢迎同学们到这里来参观。平时这事一般都由办公室负责接待，因为我和你们的导师是老同学，非常要好，所以这次我亲自给大家讲一些有关情况。"实验室主任看同学们好像都没有带笔记本，就让秘书去拿一些实验室的纪念手册，送给他们作纪念。

接下来，更尴尬的事发生了，大家都坐在那里，很随意地用一只手接过实验室主任双手递过来的手册。实验室主任脸色越来越难看，走到比尔面前时，已经快要没有耐心了。就在这时候，比尔礼貌地站起来，双手握住手册恭敬地说了一声："谢谢您。"实验室主任闻听此言，不觉眼前一亮，伸手拍了拍他的肩膀："你叫什么名字？""我叫比尔。"实验室主任微笑着回到自己座位上。这时，早已汗颜的导师看到此情景，微微松了一口气。

两个月后，毕业去向表上，比尔的去向栏里赫然写着军事实验室。有几位颇感不满的同学找到导师："比尔的成绩只算中等，凭什么选他而没选我们？"

导师看了看这几张尚显幼稚的脸，笑道："是人家点名来要的。其实你们的机会是完全一样的，你们的成绩甚至比比尔还要好，但是除了学习之外，你们需要学的东西太多了，修养是第一课。"

(选自托马斯·沃特曼《让心灵透透气》，民主与建设出版社，2014年版)

思考题

1. 22名实习生的哪些表现不合礼仪？
2. 如果场景依旧，整个参观过程应该怎么做？

第三节　入职秘书的见习礼仪

按《中华人民共和国劳动法》规定，实习期最长只有6个月，6个月后用人单位如不辞退，就应该跟毕业生签三方协议，等拿到毕业证和学士学位证就可签订正式合同，毕业生成为正式员工。刚刚进入试用期的秘书人员要有新人意识，一切从头开始。试用表现被认可，那么应届毕业生就职成功，或跳槽人员顺利进入新单位，一切取决于被通知录用的见习期。因为关系到未来的职业生涯，所以相关见习礼仪要严格遵守，不可僭越。

一、见习表现

勤劳、肯学，具备团队意识和融入企业的能力，是见习期新人最重要的表现。初入职毕业生最容易只说不做，他们可能具有比较新颖的理念和观念，但因为缺乏实践、实战经验，往往处于纸上谈兵的阶段，容易眼高手低。任何企业招聘新人都是为了干活，不是请人说教，脚踏实地才是正确表现。

二、见习心理

理想很丰满，现实很骨感。初入职的新人总会遇到各种与预期不符的问题，一旦不如意，很容易产生跳槽的想法。要克服浮躁心理，沉下心来，顺利度过见习期。初入职场的秘书人员容易产生三种心理误区：第一种是热情高涨，超常表现，但却由于心理预期没有实现而半途而废；第二种是玩世不恭，消极懈怠，在工作安排上斤斤计较，没有长远眼光；第三种是坐享其成，攀附依赖，不能体现出个体对集体的效用和价值。

从心理学的角度分析，初入职场者应该努力避免陷入以下三种心理误区。

（一）"阿伦森效应"误区

阿伦森效应是指人们最喜欢那些表现越来越好，获得周围人的好感、奖励、赞扬不断增加的人或物，最不喜欢那些优点不断减少的人或物。

根据阿伦森效应，领导和同事们期待的是新人变得越来越好，而不是越来越差。因此，初入职场者在积极工作的同时，也要保持平和心态，保持本真性情，一定要杜绝"假装"式的表演。因为，"假装"式的表演不但不会骗得大家的认可，而且还会付出"人格品性"遭到质疑的代价。你可以在所有时间欺骗一个人，也可以在一个时间欺骗所有人，但绝不可能在所有时间欺骗所有人。

（二）"不值得效应"误区

"不值得效应"也叫不值得定律，最直观的表述是：不值得做的事情，就不做好。不值得效应反映出人们的一种心理：一个人如果从事的是一份自认为不值得做的事情，往往会保持冷嘲热讽、敷衍了事的态度，不仅成功率低，而且即使成功，也不会觉得有多大的成就感。

初入职场的秘书，大多要从底层做起。不管做什么工作，多积累一些基层工作经验，对将来的发展都大有裨益。我们说求职要"选择你所爱的"，但很多时候，"理想丰满，现实骨感"，初入职场者最忌讳挑肥拣瘦，如果一味地挑"肥"，最终可能连"瘦"的也保不住。而且，一个为单位发展负责的领导，是不会胡乱安排人事的，初入职场者要用发展的眼光看待领导的工作安排，要懂得"不积跬步，无以至千里"的道理。

（三）"搭便车效应"误区

搭便车效应，是指利益群体内某个成员为了本集团的利益所做的努力，集团内所有的人都有可能得益，于是，一些个体便产生攀附依赖、坐享其成的心理。

应该说，搭便车效应在职场中广泛存在，见怪不怪。但对于初入职场者来说，还是应该在具体工作中努力体现自己的工作能力，实现自己的工作效用。须知，"为公就是最大的为私"，为团队出力，本质上就是在为自己出力。团队获益，个体自然获益。同时，在为团队奉献的同时，个体能力自然也会得到历练和提升。

总之，初入职场者既不能在细枝末节上"超常表现""过分表演"，也不能在工作安排上"轻狂任性""挑肥拣瘦"，更不能在工作实践中"出工不出力""碌碌不作为"。初入职场者一定要调整好自己的心态，这样才能够在职场上扎实地站稳脚跟，迅速地打开局面，不断开创出属于自己的一片天地。

案例分析

爱"假装的"李明

李明大学毕业后，成功应聘到一家单位。刚进入单位时，李明嘴甜眼尖，见到领导就立正问好，见到同事则左一个"王姐"，右一声"张哥"。在办公室里，李明主动打水扫地，承担所有琐碎事务。还有，即便没有实际工作，为了做样子，李明每天都坚持早到晚走，节假日也主动要求加班。可是，过了一段时间，李明觉得身心俱疲，他觉得自己都快得"强迫症"了。于是，李明的行为表现发生了一百八十度的大转弯：整天哭丧着脸，水也不打了，地也不拖了，还经常迟到早退，俨然一副看破红尘的架势。结果，领导和同事们对他的印象由好转坏，甚至比那些刚开始来的时候表现不佳的青年给人的印象还要差。领导和同事们谈论起李明，使用频率最高的一句话就是："李明怎么那么假啊？"

应该说，李明作为初入职场者，为了尽快给领导和同事们留下好的印象，积极表现一下自我是无可厚非的，但是，与自己真正的思想觉悟和一贯的为人处世态度相去甚远的"超常表现""过分表演"则是不可取的。

案例分析

"挑肥拣瘦"的马晓华

马晓华是一名中文系的毕业生，文笔很好，在上大学的时候就发表了不少文学作品。毕业后，马晓华应聘到一家企业做办公室文员。第一天上班的时候，马晓华自信满满地对主任说:"头儿,把专项文案交给我吧,咱保证马到功成!"令马晓华意外的是,主任微微地笑了笑说:"你还是先负责文件收发,上传下达吧!"马晓华本以为自己的才华马上就可以得到施展,没想到领导竟要他跑腿打杂。马晓华很不情愿,但刚到单位上班,他也不好直接发作,于是就不情愿地答应下来。由于心理上的不情愿,马晓华在工作上便没有热情,在上传下达的过程中,言语表情冷漠,颇让领导和同事们不满。马晓华心里更加郁闷,只好"借酒消愁"。后来,某次上级主管部门下发了一个电话通知,马晓华竟然忘记了向领导汇报,导致本单位缺席了一次重要会务。结果,马晓华被单位辞退。在辞退马晓华的时候,办公室主任惋惜地对马晓华说:"本来打算考察你一段时期后,就让你负责专项文案,可惜,你没能通过我们的考察啊!"

应该说,对马晓华工作的分配,单位领导是有统筹计划的,让马晓华先从最底层做起,既是为了帮助马晓华积累工作经验,也是在帮助马晓华打磨掉轻狂的棱角。

案例分析

"坐享其成"被出局

张蕊和刘娜同时应聘到某公司,加入该公司的一个营销团队。张蕊长相俊俏,营销主管本来打算充分利用张蕊的形象价值,可是没想到张蕊的性情却十分文弱,在参与营销的过程中始终不愿出头,她还经常发牢骚:"干吗要利用我为大家谋福利呀!"营销主管气恼地说:"我们可不是要你牺牲色相,只不过是想请你作为我们团队的'形象名片'!"相较张蕊,刘娜则显得圆滑老成,深谙人际关系,善于溜须拍马,一味地讨好营销主管,可是在具体策划及实际操作中,却始终"未出一计""未成一事"。后来刘娜这样解释:"我一个新人,搞好人际关系就行了,重要工作有'老将出马'嘛!"结果,在年终考评时,张蕊和刘娜都被记了"黄牌",被团队主管踢出团队,解职待聘。

张蕊和刘娜两个新人,性情不一,但本质上都是攀附依赖、坐享其成思想过重,结果,在团队工作中,都没能发挥出应有的效用。

(资料来源:http://www.xzbu.com/6/view-4903764.htm,有改动。)

思考题

1. 三个案例中的四个初入职场者,分别落入了怎样的心理误区?
2. 案例中的四个新人正确的做法是什么?请分别加以说明。

三、见习举止

好的言谈举止表现出亲切、热情、讲礼貌、有理智、讲道德、守信用。

日常待人接物，切忌狂妄自大，也忌妄自菲薄，既不能傲气，也不能娇气，遇事不必太较真，要学会妥协，不要固执己见，去碰硬钉子。

案例分析

小雯刚从学校毕业，做了一名公司的办公室秘书。小雯从上班第一天起，就认为自己所干的文秘工作是"平时打打字，接接电话，复印几份材料，收发几份文件"这么简单，其他的事就不是她分内的事了。

小雯原是学计算机的，没有经过秘书专业技能培训，也没有意识到秘书工作如此琐碎，因此，她做事能少则少，对于其他的"分外事"，宁愿"多一事不如少一事"，从不跟着"瞎掺和"。

一日，一名中年男子急匆匆地走进来，问"经理在不在"，小雯正在打一份文稿，非常恼火中年男子将她的工作打断，抬了抬眼皮，看到那人站在那里，土里土气，于是不耐烦地说："你找哪个经理啊？这里的经理多着呢！"中年男子忙说："负责销售业务的。"小雯不耐烦地呵斥了一声："大厅那边。"

5分钟的工夫，客人气急败坏地回来："这叫什么公司？"估计在大厅里再次遭受了冷落。

这下小雯可不高兴了，心想：我招你惹你了吗？你冲我发脾气。她漠然地白了一眼那中年男子。在中年男子看来，小雯一直阴沉着脸，总是冷嘲热讽他，好像是谁欠了她什么似的。于是客人找到了总经理，其貌不扬的他竟是公司的一位重要客户。后来无论怎么解释赔罪，他坚决终止与公司的销售代理合作，理由是公司客服服务意识太差。

几十万的单子就这样泡汤了。公司总经理找来办公室何主任，狠狠地批评了他一顿，要求他解聘小雯。

（选自徐飙主编《文秘实习实训教程》，高等教育出版社，2005年版）

思考题

小雯做错了什么？试一一指出。

四、见习态度

要低调，放低姿态好好学习，把自己定位在学习者的角色上，正确对待他人的评价，善于在同他人的比较中发现自己的不足，能反省，能调整，能改善他人的评价。

五、见习作风

要了解企业文化,知晓企业发展目标,把自己的追求与企业的方向结合起来,在团队中发挥专长,不靠单枪匹马孤军奋战,依靠团队共同发展。

六、建立和谐人际关系

要增进与上司、同事的协作,取得上司的支持和同事的帮助,要建立互相理解、互相支持的良好人际关系,这样才有利于成功。

第四节 入职秘书从头学起

见习阶段的秘书,要抛开书生气,从头学起。

一、学会见面礼仪

见面是交往的开始,是建立融洽关系的第一步。见面有相关礼节。

(一)重视首因效果

首次见面,之前彼此没有交集,给对方的第一印象完全是视觉外观,如发型、服饰、体态、仪表,心理学研究认为,初次见面彼此都会自觉或不自觉地审视对方,往往在7秒钟内会做出对对方的总体评估。因此,要充分重视外在仪表的适当修饰。

(二)互致见面礼

常见而通行的见面礼是握手礼。握手是在相见、离别、恭喜或致谢时相互表示情谊的一种礼节,双方往往先打招呼,后握手致意。握手的力量、姿势与时间的长短往往能够表达出不同礼遇与态度,显露自己的个性,给人留下不同的印象,也可通过握手了解对方的个性,从而赢得交际的主动。

美国著名盲聋女作家海伦·凯勒曾写道:"手能拒人于千里之外,也可充满阳光，让你感到很温暖。"事实也确实如此，因为握手是一种语言，是一种无声的动作语言。

通常，与人初次见面、熟人久别重逢、告辞或送行均以握手表示自己的善意，有时在一些特殊场合，如向人表示祝贺、感谢或慰问，或双方交谈中出现了令人满意的共同点，或双方原先的矛盾出现了某种良好的转机时，秘书人员都可以以握手为礼。

1. 握手的顺序

男女握手时，女士先伸手，如果女士没有握手的意思，男士可行点头礼。主宾之间，主人先伸手；长幼之间，长者先伸手；上下级之间，上级先伸手。一个人与多人握手，应该先尊后卑，即先长后幼、先师后生、先女后男、先已婚后未婚、先上级后下级。

具体说，主人、长辈、上司、女士主动伸出手，客人、晚辈、下属、男士再相迎握手。长辈与晚辈之间，长辈伸手后，晚辈才能伸手相握；上下级之间，上级伸手后，下级才能接握；主人与客人之间，主人宜主动伸手；男女之间，女方伸出手后，男方才能伸手相握；如果男性年长，是女性的父辈年龄，在一般的社交场合中仍以女性先伸手为主，除非男性已是祖辈年龄，或女性未成年，则男性先伸手是适宜的。但如果有人忽略了握手礼的先后次序而已经伸了手，对方都应不迟疑地回握。

2. 握手礼的正确姿势

两人相距约一步，立正；目光注视对方，面带笑容；上身略微前倾，头微低；伸出右手，四指并拢拇指张开，两人的手掌掌面与地面垂直，拇指张开，互握，上下轻摇。

向受礼者握手，掌心向下握住对方的手，显示着一个人强烈的支配欲，无声地告诉别人，他此时处于高人一等的地位，应尽量避免这种傲慢无礼的握手方式。相反，掌心向里同他人的握手方式显示出谦卑与毕恭毕敬，如果伸出双手去捧接，则更是谦恭备至了。平等而自然的握手姿态是两手的手掌都处于垂直状态，这是一种最普通也最稳妥的握手方式。

3. 正确握手

（1）握手时应伸出右手，不能伸出左手与人相握，有些国家习俗认为人的左手是脏的。

（2）戴着手套握手是失礼行为。男士在握手前先脱下手套，摘下帽子，女士可以例外。当然在严寒的室外有时可以不脱，比如双方都戴着手套、帽子，这时一般也应先说声"对不起"。

（3）握手者双目注视对方，微笑，问候，致意，不要看第三者或显得心不在焉。如果你是左撇子，握手时也一定要用右手。当然如果你右手受伤了，那就不妨声明一下。

（4）在商务洽谈中，当介绍人完成了介绍任务之后，被介绍的双方第一个动作就是握手。握手的时候，眼睛一定要注视对方的眼睛，传达出你的诚意和自信，千万不要一边握手一边东张西望，或者跟这个人握手还没完就将目光移至下一个人身上，这样别人从你眼神里体味到的只能是轻视或慌乱。

（5）注视几秒钟的时间即可，双方手一松开，目光即可转移。

（6）握手的力度要掌握好，握得太轻了，对方会觉得你在敷衍他；太重了，人家不但没感到你的热情，反而会觉得你是个老粗，女士尤其不要把手软绵绵地递过去，显得连握都懒得握的样子，要握手，就应大大方方地握。

（7）握手的时间以1~3秒为宜，不可一直握住别人的手不放。与大人物握手，男士与女士握手，时间以1秒钟左右为宜。如果要表示自己的真诚和热烈，也可较长时间握手，并上下摇晃几下。

（8）作为企业的代表在洽谈中与人握手，一般不要用双手抓住对方的手上下摇动，那样显得太谦恭，使自己的地位无形中降低了，完全失去了一个企业家的风度。

（9）被介绍之后，最好不要立即主动伸手。年轻者、职务低者被介绍给年长者、职务高者时，应根据年长者、职务高者的反应行事，即当年长者、职务高者用点头致意代替握手时，年轻者、职务低者也应随之点头致意。

（10）和年轻女性或异国女性握手，一般男士不要先伸手。

（11）女士们请注意，为了避免在介绍时发生误会，在与人打招呼时最好先伸出手。

（12）多人相见时，注意不要交叉握手，也就是当两人握手时，第三者不要把胳膊从上面架过去，急着和另外的人握手。

（13）在任何情况下拒绝对方主动要求握手的举动都是无礼的。但手上有水或不干净时，应谢绝握手，同时必须解释并致歉。

（14）恰当地握手，可以向对方表现自己的真诚与自信，也是接受别人和赢得信任的契机。

（三）了解世界通行的其他见面礼

1. 拥抱礼

拥抱礼正确的姿态是：两人相对而立，上身稍稍前倾，各自举起手臂，右臂偏上、左臂偏下，右手环拥对方左肩，左手环拥对方右腰，先向左侧拥抱一次，再向右相互拥抱，最后再向左拥抱一次。

2. 亲吻礼

亲吻礼行礼的规则是点到为止，不要过于热烈；按照国际惯例，长辈亲晚辈额头，晚辈亲长辈下颚或面颊；同辈之间贴面颊；接吻仅限夫妻间或恋人间，且不宜当众进行。

3. 脱帽礼

脱帽礼需注意以下几点。

（1）方法有异：穿制服的左手托帽，右手自然垂落；不穿制服的左右手都可托帽。

（2）男女有别：女性在外交场合可以不脱帽，男士必须脱帽。

（3）用途广泛：在庄重、正规场合应自觉脱帽，但遇到熟人时只需抬帽子。

4. 抚胸礼

抚胸礼的行礼规则是：右手抚左胸，例如在升国旗仪式中可以行抚胸礼；在行抚胸礼时可兼行其他礼仪，如鞠躬礼。

5. 合十礼（合掌礼）

合十礼的正确姿态是：轻轻合起双掌，手指并拢，手肘自然弯曲，置于胸前呈45度。行礼规则是：神态庄严，面带微笑；双掌十指正对，指尖不超过额头。行礼时注意有所区别，手势的高低表示地位的高低。

案例分析

握手的魅力

玫琳凯·艾施（1918—2001）最初是一名推销员，她在一次会议结束后想和经理握手，但由于和经理寒暄的人太多，因此她排队等了3小时。后来，终于轮到了，可经理连看都不看她，只是去看她身后的队伍还有多长。玫琳凯很伤心，她感觉自尊心受到了伤害，于是她暗暗下定决心：将来如果有那么一天，有人排队等着跟自己握手，不管有多累，她都会对和自己握手的人表示充分尊重，集中注意力。

1963年，玫琳凯创办了一家公司。之后她终于兑现了曾经的承诺，多次与排着数百人长队的人挨个握手，每次都要持续好几小时。但是无论多累，她总是设法同对方说句话，表达对对方的尊重。

玫琳凯让与她握手的人在那一刻都觉得自己是最重要的，因为她的坚持和对每个人的尊重，她的公司也逐渐发展壮大，成为世界著名企业。

思考题

1. 经理握手时只顾看队伍还有多长而不看玫琳凯，这给玫琳凯怎样的感觉，她为什么伤心？

2. 玫琳凯与人握手的方式会给人怎样的感觉？请从握手的礼仪规范方面加以分析。

二、学会称呼礼仪

（一）要记住对方姓名

交往中记住对方的名字很重要，为记住对方名字，可采取如下方法：①在交谈中反复重复；②形象联系法，与人形象、相貌特征相结合。

遇到生僻字时，要真诚地拿过名片，请教询问。可用同音字联想，随后做备忘录，记录下对方单位、职务、名字。

（二）入乡随俗

要根据所处环境习惯来称呼对方。不同环境中，同一称呼的意思大有不同。

案例分析

被拒绝的生日蛋糕

有一位先生为一位外国朋友订做生日蛋糕。他来到一家酒店的餐厅，对服务小姐说："小姐，您好，我要为我的一位外国朋友订一个生日蛋糕，同时打一张贺卡，你看可以吗？"小姐接过订单一看，忙说："对不起，请问先生，您的朋友是小姐还是太太？"这位先生也不清楚这位外国朋友结婚没有，从来没有打听过，他为难地抓了抓后脑勺说："小姐？太太？一大把年纪了，应该是太太。"生日蛋糕做好后，服务员小姐按地址到酒店客房送生日蛋糕，敲门，一女子开门，服务员小姐有礼貌地说："请问，您是怀特太太吗？"女子愣了愣，不高兴地说："不是！"服务小姐丈二和尚摸不着头脑，抬头看看门牌号，再回去打电话问那位先生，没错，房间号码没错。再敲一遍，开门，"没错，怀特太太，这是您的蛋糕。"那女子大声说："告诉你不是了，这里只有怀特小姐，没有怀特太太。""啪"的一声，门被大力关上，蛋糕掉在了地上。

（资料来源：考试资料网 http://www.ppkao.com，国际礼仪知识竞赛题库

> **思考题**
>
> 服务员送出去的蛋糕为什么不被接受?

(三) 初次见面要慎重称呼

一般称呼姓+职务。遵从传统文化,若对方是副职,可把"副"字隐去。

(四) 关系越熟越注意尊称

不能因为关系熟悉而忽略对方的称呼,特别在有旁人的情况下,一定要称呼姓+职务。

(五) 避开称呼"雷区"

(1) 遇到冷僻姓名时,不可读错,可以先询问对方。工作中勿用私人伦理称呼"哥们""妹呀"。

(2) 不可对尊长直呼其名。可按行政职务、技术职务称呼,也可按职业称呼。

(3) 不要使用庸俗称呼。敬语要准确。选择敬语要根据场合、对象、现场氛围灵活处理。

三、学会使用名片

(一) 名片的使用

名片可以用在自我介绍、结交朋友、维系关系、业务介绍、通知变更、拜会他人、简短留言、用作礼单时。

1. 初次见到对方

(1) 首先要以亲切态度打招呼,并报上自己公司的名称,然后将名片递给对方名片夹应放在西装的内袋里,不应从裤子口袋里掏出。

(2) 递接名片时最好用左手,名片的正面应对着对方、名字向着对方,最好拿名片的下端,让对方易于接受。

(3) 如果是事先约好才去的,对方已对你有一定了解,或有人介绍,就可以在打招呼后直接面谈,在面谈过程中或临别时,再拿出名片递给对方以加深印象,并表示保持联络的诚意。

(4) 异地拜访,名片上留下所住旅馆名称、电话。

(5) 接过对方所递名片后要点头致谢,不要立即收起来,也不应随意玩弄和摆放,而要认真读一遍,要注意对方的姓名、职务、职称,并轻读出声,以示敬重。对没有把握念对的姓名，可以请教一下对方，然后将名片放入自己口袋或手提包、名片夹中。

2. 名片的其他妙用

（1）去拜访他人时，对方不在，可将名片留下，以期他人来后看到名片，可以联络。

（2）把注有时间、地点的名片装入信封发出，可以代表正规请柬，又比口头或电话邀请显得正式。

（3）向来宾赠送小礼物，如让人转交，则随带名片一张，附几句恭贺之词，可在无形中使关系又深一层。

（4）熟悉的同事、伙伴家中发生了大事，不便当面致意，寄出名片一张，省时省事，又不失礼。

（二）名片设计

国内最适用的名片规格为9厘米×5.5厘米。版面简洁，以白色为宜，字体为黑色或蓝色。

（三）名片内容

名片上的内容包括公司全称、人名、职务、联系方式；如果工作涉外，则需要中英文对照，正面中文，反面英文。

（四）备好名片簿

收藏名片时可以预备好名片簿。接过他人名片后，精心放入名片夹内。存放名片的方法大致有四种。

（1）按姓名的外文字母或汉语拼音字母顺序分类。

（2）按姓名汉字笔画多少分类。

（3）按部门或专业分类。

（4）按国别地区分类。

四、学会介绍礼仪

（一）为他人做介绍

1. 介绍次序

（1）先将年轻者介绍给年长者。

（2）先将未婚女子介绍给已婚女子。

（3）先将职位低的介绍给职位高的。

（4）集体介绍时，即向一人介绍多人时，应先高后低、先长后幼、先女后男。

2. 介绍方式

伸出右手，手心向上，四指并拢，以肘关节为轴，自身前平行转向被介绍一方，同时向另一方点头微笑，不可用手指指来指去。

3. 介绍要求

为他人介绍时，对介绍内容要字斟句酌，慎之又慎。正式场合，介绍内容以双方姓名、单位、职务为主，一般可以只介绍最高职务或与之相关的职务；也可以只介绍姓名一项，甚至可以只提到姓氏。介绍时要实事求是、把握分寸，既不要忘记对方的重要身份，也不要胡乱吹捧。

（二）自我介绍

遇见对方不认识自己，而自己有意与其认识，现场偏偏没有他人从中介绍时，可进行自我介绍。

1. 自我介绍的时机

自我介绍主要选择在以下时机：打算介入陌生的交际圈中，首次接触时；有求于人而对方不认识自己时；拜访熟人却遇不熟悉者挡驾而需转告时；利用媒介自我推荐或自我宣传时等。

2. 自我介绍要领

（1）巧解名字。

（2）分清对象。

（3）介绍以简短为妙，注意把握时间。

3. 自我介绍方式

（1）工作式：适用于工作场合，包括本人姓名、供职单位及部门、职务或具体职位。如"你好，我叫某某某，是某某公司的秘书"。

（2）社交式：适用于公共场合和一般性社交场合，往往内容最简洁，只说姓名一项即可。如："你好，我叫某某某。"

（3）交流式：适用于社交活动中，希望与对方进一步交流与沟通。介绍内容大体包括姓名、工作单位、籍贯、学历、兴趣及与对方的某些熟人的关系。如："我叫某某某，是某某的同事，也在某某公司，我是某部门的秘书。"

（4）礼仪式：适用于庆典、报告、讲座等一些正式而隆重的场合，包括姓名、单位、职务、谦辞、敬辞。如："各位来宾，大家好！我是某某某，是某某公司的秘书。我代表本公司热烈欢迎大家光临，希望大家……"

4. 自我介绍的注意事项

（1）不要打断别人谈话。

（2）不要长篇大论。

（3）介绍时要热情大方。

本章思考题

1. 求职面试要做哪些准备工作？
2. 面试时仪表和谈吐各有哪些礼仪规范？
3. 写应聘的自荐信有哪些技巧必须注意？
4. 见习期人际关系很重要，有哪些实际操作可以训练礼仪行为？
5. 如何使用名片？如何行见面礼？
6. 初入职场的菜鸟秘书，如何融入同事群体？

第六章
现代秘书办公礼仪

　　秘书人员身处职场，要独当一面、从容不迫地处理各种事务，进退得当，张弛有度，不仅要有专业技能，还要有良好的礼仪素养。很多时候，秘书人员需要在办公室接待客户，或前往对方单位开会、协调，或接、打电话内外沟通，所有这些工作无处不透露出秘书自身的礼仪修养，同时也是企业形象的重要组成部分。良好的办公礼仪，有助于塑造良好的秘书个人形象，提升个人魅力，也有利于树立良好的企业形象，提升企业的美誉度和竞争力。

　　我们通常讲的秘书办公礼仪包括办公环境礼仪、办公场所用餐礼仪、办公室公共区域的使用礼仪、办公设备的使用礼仪。

课程思政元素

　　本章学用相长、知行合一，着力培养学生的创新精神和实践能力，增强学生的职业适应能力和可持续发展能力；把个人成长和国家发展融合在一起，从学科布局、培养方案、三全育人等多个方面着力，重视学生动手能力、表达能力、合作能力和自主学习能力的训练，在不断深化"产教融合、科教融合、政教融合"的背景下培养高质量的应用型、复合型人才。

　　本章着重培养学生的批判性思维，引导学生"求真""向善""寻美"，形成高度的文化自觉与文化自信，树立对自身、社会、他人的正确认知，处理好与自然界、社会群体的关系，确立正确的生态观、社会观、历史观、国家观、全球观、未来观，以积极的思考和独特的思想构建立身处世之本及贡献社会之基。

第一节　办公环境礼仪

　　办公环境礼仪反映了秘书个人形象及其所在单位的形象，是秘书人员专业基本功的初始表现。具体包括以下几个方面。

第一，空间合理规划。

一般来说，办公室都有柜子、桌椅、电脑、电话、打印机等办公设备，以及一些书籍资料、文件。因此要安排合理，面朝一个方向。办公桌通常靠左边自然光，在人不走动的地方沿墙设置柜子。桌面要干净整洁，物品分类固定摆放，抽屉内物品合理归类。

第二，定期清洁打扫。

至少一天擦一次桌面、设备，清洗日用品；一个月至少擦一次门窗，及时清理垃圾；定期处理书本和用不到的物品，遵循"断舍离"原则。一般来说，超过一年不使用的物品，直接清理掉；超过三个月不使用的物品，可以存放起来；超过一个月不使用的物品，归类放进办公柜。

第三，办公桌保持整齐、干净、有序。

空间上来说，越空越好。一般来说，办公桌上要放置一个电脑，一个电话机，文件、资料归档到文件夹，分类放到书架上。

第四，装饰要符合个人及单位的企业文化特色。

（1）向自己的母公司文化靠拢，避开文化的禁忌。

（2）不能让办公的地方太生活化。

（3）放置鲜花、绿色植物。一般放常绿植物，墙上可挂字画，励志并体现审美，最好色彩单一，干净素雅，如水墨画或名家书法。

办公室离不开电脑、打印机，两者的辐射相当大，在办公室放一些植物花卉，可以吸收辐射、净化空气。常见的办公室植物如下。

仙人球：仙人球是一种茎、叶、花均有较高观赏价值的植物，是水培花卉的艺术精品。它具有吸收电磁辐射的作用，也是天然的空气清新器，还具有吸附尘土、净化空气的作用。

吊兰：据研究，吊兰具有吸收有毒气体的功能，一般房间养一盆吊兰，空气中由吸烟及建材散发出的甲醛即可吸收殆尽。

芦荟：芦荟有一定的吸收异味作用，且还有美化居室的效果。

虎皮兰：把虎皮兰放置在办公室中，除了可以起到观赏的作用外，还可以吸收屋内的甲醛等有害物质，降低甲醛对人体的伤害。特别是放在新装修的办公室里或新购办公用具后，效果更明显。

文竹：文竹对肝脏疾病、精神抑郁、情绪低落有一定的调节作用，在夜间除了能吸收二氧化硫、二氧化氮、氯气等有害气体外，还能分泌出杀灭细菌的气体，减少感冒、伤寒、喉头炎等的发生，对人体的健康是大有好处的。

龟背竹：龟背竹株形优美，叶片形状奇特，叶色浓绿且富有光泽，整株观赏效果较好。我国引种栽培较为广泛，奇特多姿的龟背竹是著名的室内盆栽观叶植物，惹人喜爱。它具有夜间吸收二氧化碳的本领，有净化空气的作用。

绿萝：环保学家发现，一盆绿萝在8～10平方米的房间内就相当于一个空气净化器，能有效吸收空气中甲醛、苯和三氯乙烯等有害气体，其净化空气的能力不亚于常春藤和吊兰。

水竹：天生一副文静姿态，茎挺叶茂，层次分明，秀雅自然，四季常绿，是室内清供佳品，亦是切花的好材料。其养护简单，管理粗放，可水植也可盆栽。

万年青：叶片宽阔光亮，四季翠绿，特别耐阴，可切取配制观叶盆景或做插花衬托，装饰环境，也可用于盆栽点缀厅室。

除了以上几种常见的办公室植物之外，还有常春藤、水仙、散尾葵、铁树、龙血树、千年木、袖珍椰子等植物可以摆放在办公室，绿化环境的同时也美化心情。

（4）装饰不要喧宾夺主。办公室是办公场所，千万不能摆满花花草草，也不能挂满字画。一般而言，以每10平方米一盆绿植的密度合理摆设植物为宜。

第五，收好个人物品。

个人物品专门存放，放在柜子里分门别类，个人物品如学习资料、备用衣服、化妆品、洗漱品、运动器材等不要直接暴露在办公公共环境中。

第六，上班前的布置。

上班之前做好相应的布置，如：擦干净电话、电脑等设备；盆栽要浇水和修剪；设置好空调温度，保证室内温度适宜；准备好签字笔、印章和工作行程表等，放在桌子正中央；及时更新纸质日历；备好纸质来电记录单；准备好茶水。

第七，下班后的清理。

下班之后做好相应的清理工作，如：关闭门窗、设备；查看所有电源是否切断；整理散落的文件纸张、倒垃圾。

第二节　办公场所用餐礼仪

在办公场所用餐时应注意以下礼仪。

（1）用餐时应放下手头工作，吃饭要专心致志，不要边吃东西边工作，嘴里嚼着食物讲话是不礼貌的，更不要拿着筷子指手画脚。

（2）用餐完毕要马上清理。用餐之后要立即着手清理，一次性饭盒和剩饭封闭在垃圾袋里，倒进外面的垃圾桶里，自带的餐具要洗干净，桌面也要擦拭干净（用餐前可事先铺垫餐巾纸和桌垫）。若有必要，及时开窗通风，保持办公室空气清新。

（3）办公室用餐注意自己的吃相。吃饭姿势要文雅；吃饭时不要随意讲话；不要用筷子指人；也不要拿着自己的碗四处游走甚至蹭饭。

（4）选用食品要慎重。选用的食品要方便、干净、利落。办公室用餐要尽量避免刺激性太强的食品，如臭豆腐、大蒜、韭菜、洋葱、榴梿等，不要现场冲泡方便面。

（5）不要在用餐的时候找同事谈工作或闲聊。"民以食为天"，即使在办公场所用餐也是如此。不要随意打断别人用餐，以免影响同事的食欲。

第三节　办公公共区域的使用礼仪

办公公共区域是指一个单位大门的出入口、楼道、电梯、餐厅、茶歇间、洗手间等员工公共使用的区域。应遵循的礼仪规范有以下几方面。

一、大门出入口礼仪

出入大门要礼让，不要冲撞他人。

二、电梯使用礼仪

（1）不要争抢电梯，应该谦让，请别人先上。

（2）伴随客人或女性来到电梯门前时，应主动上前，先按电梯按钮。礼让他人先进先出。进入电梯以后，尽量不要站在门口。

（3）电梯关门启动时，发现有人快速过来，应按住开门键，耐心等待他人进入电梯。

（4）电梯内相对拥挤时，应站在电梯门口，如靠近按钮，应主动帮人按下楼层按钮。

（5）保持安静，勿议论工作或与他人有关的事情。

三、楼梯和自动扶梯的使用礼仪

（1）让女性处在楼梯的下方。上楼梯时，男士先上，先走一步；下楼梯时，女士优先。

（2）上下楼梯时，不与人交接物品。

（3）使用自动扶梯，记得右立左行。左边是空出来给有急事的人通行的地方。

（4）上下扶梯时，右手一定要扶扶手。

四、会议室的使用礼仪

（1）使用会议室之前要先申请，并按规定时间使用，以免影响他人使用。

（2）提前布置会议现场，一般不做大的改动。

（3）按时开始、结束。

（4）会议场所禁止吸烟。

（5）合理设置手机，进入会议室，手机设置成静音。

（6）举止要文明。不宜坐姿不端，大声吵闹；不宜表情不端，哄堂大笑；发言遵从会议纪律；对待与会者的不同意见，文明应对，切忌吵闹。

（7）会议完毕要及时归还钥匙并清理会场，恢复原样，如拿掉鲜花、洗净茶杯、归位座椅等。

五、餐厅的使用礼仪

（1）文明有序，自觉排队；遇到上级和外来人员应礼让。

（2）注意吃相，吃相不雅会影响个人形象。

（3）安静用餐，不要大声喧哗。

（4）用餐完毕要收拾个人餐盘、座位；归还托盘、碗碟和筷子，清理垃圾；把桌子擦干净，剩饭和餐巾纸放在一起扔掉，把坐过的不固定椅子推到桌子下，把弄到椅面的水渍或污渍擦干净。

六、洗手间的使用礼仪

（1）遵循先后次序，注意有序排队。

（2）遇到同事要打招呼，不宜刻意回避，尽量先开口和对方搭话；勿与上司同时进入洗手间。

（3）注意洗手间内谈话，简短为宜，不要大声喧哗；不要谈论政治和有关熟人的话题，以防"隔墙有耳"。

（4）讲究公共卫生，保持卫生间整洁。

第四节　办公设备的使用礼仪

办公设备指公用电脑、电话、打印机、传真机等。

一、电话礼仪

目前，电话已成为现代社会的主要通信工具之一。使用电话传递信息时，通话双方彼此之间不见面，直接影响通话效果的是通话者的声音、态度和使用的言辞。这三者一般被称为"电话三要素"。它们既与通话内容息息相关，又直接影响通话者之间的相互关系。使用电话时应注意以下几个方面的问题。

（一）拨打电话的礼仪

1. 要选择对方方便的时间

（1）不论与他人有多熟，也最好不要在别人休息时打电话，比如用餐时间、午休时间，尤其是晚上的休息时间，有的人习惯早睡，所以不要太晚打电话，早上七点之前也不宜打电话以免打扰对方。

（2）不宜用公事在节假日时间打扰他人。

（3）力求避免在对方的通话高峰和业务繁忙的时间打电话。

（4）为避免影响他人休息，在打电话前应力求搞清各地区时差以及各国工作时间的差异，尽量不要在休息日打电话谈工作。即使对方已将家中的电话号码告诉你，也尽量不要往对方家里打电话。

2. 要长话短说

打电话时要遵守"三分钟原则"。所谓"三分钟原则"，是指打电话时拨打者应自觉、有意地将通话时间控制在三分钟内，尽量不要超过这个限定。此外，在通话时，其基本要求应为：宁短勿长，不是十分重要、紧急、烦琐的事务一般不宜通话时间过长。

3. 规范内容

（1）充分做好通话前的准备。在通话之前，最好把对方的姓名、电话号码、通话要点等内容列出一张清单。这样做可以避免通话者在谈话时出现现说现想、缺少条理的问题。事先准备提纲，忌煲电话粥，忌废话太多，否则会淹没主题，贻误要点。因此通话之前应列写提纲，条理分明，防止遗漏。

（2）说话时要简明扼要。电话接通后，除了首先问候对方外，要记得自报单位、职务和姓名。同时确认对方身份，以便开始交谈。如果请人转接电话，一定要向对方致谢。电话中讲话中一定要务实，不能吞吞吐吐、含糊不清。寒暄后，就应直奔主题。

（3）说话要适可而止。打电话时，如果要说的话已经说完，就应该果断地终止通话。话讲完仍然反复铺陈、絮叨，会让对方觉得你做事拖拉，缺少职业素养。

（4）通话时专心致志，不做别的事情，以示尊重对方。

4. 避免做电话机器

我们打电话的目的是彼此交流和沟通，以拉近相互间的距离，而电话本身是没有任何感情色彩的，所以在打电话时，一定要给电话赋予感情色彩，达到使对方"闻其声如见其人"的效果。要达到这样的效果，就应做到以下几点。

（1）力求避免感情机械化。有些人会错误地认为电话只是传达声音的工具，只要把声音传给对方就可以了，所以打电话时并不在意自己说话的音调。正因为对方不可能从电话中看见我们具体在做什么，因此，许多人在打电话时表情往往是机械且没活力的。所以，对方从电话中听到的声音往往是平淡的、呆板的，甚至是不愉快的。这就要求在拿起电话机时，用你的声调表现出微笑和友谊。对方不能从电话中看见你的表情，所以你说话的声调就要负起说话时情绪的全部责任。打电话时，你的声音要时刻充满笑意，身姿端正，语调平和。

（2）注意语调与语速。因为声音通过电话后音调会有一点改变，所以在电话里语速要适中，音量也要适中。此外，嘴要对着话筒，一个字一个字地说，咬字要清楚；特别是说话者在说到数字、时间、日期、地点等内容时，一定要和对方确认好。

（3）声音清晰明朗，语气语调控制在最佳状态。打电话时，即使对方看不见，也应保持端正的姿势。

5. 语言文明

（1）在对方拿起电话时，首先要向接电话的人热情地问好："您好！"然后再谈其他，不能一上来就"喂"，或开口就说事情，这会让对方感到莫名其妙。

（2）在问候对方后，要自报家门，以便让接电话的人明白是谁打来的电话。

（3）终止通话，放下话筒前，要向对方说"再见"；如果少了这句礼貌用语会感觉通话终止得有些突然，让人难以接受。

（二）接听电话的礼仪

（1）接电话应迅速，一般应在电话铃响两声结束而第三声未起时接听。

（2）拿起话筒第一句话先说"您好"。如果电话铃声过三遍后才拿起听筒，应向对方说"对不起，让您久等了"，这是礼貌的表示，可消除对方久等的不快。

（3）如果电话内容比较重要，应做好电话记录，包括单位名称、来电人姓名、谈话内容、通话日期、时间和对方电话号码等。

（4）养成左手拿话筒的习惯，这样右手便于记录。

（5）对方要找的人不在时，不要随便传话以免不必要的麻烦，如必要，可记下其电话、姓名，方便回电话。

（6）要学会配合别人谈话。我们接电话时为了表示认真听对方说话，应不断地说"是""好的"等，一定要用得恰到好处，否则会适得其反。根据对方的身份、年龄、场合等具体情况，应对方式各异。

（7）道别后挂机，轻拿轻放。

（8）办公场合尽量不要打私人电话，若在办公室里接到私人电话，尽量缩短通话时间，以免影响其他人工作和损害自身的职业形象。

（9）不用办公电话联系私人事务。

案例分析

电话里的女高音

某杂技团计划于下月赴美国演出，该团团长刘明就此事向市文化局请示，于是他拨通了文化局局长办公室的电话。

可是电话响了足足半分多钟，一直无人接听。刘明正纳闷着，突然电话那端传来一个不耐烦的女高音："什么事啊？"刘明一愣，以为自己拨错了电话："请问是文化局吗？""废话，你不知道自己往哪儿打的电话啊？""哦，您好，我是市歌舞团的，请问王局长在吗？""你是谁呀？"对方没好气地盘问。刘明心里直犯嘀咕："我叫刘明，是杂技团的团长。""刘明？你跟我们局长什么关系？"

"关系？"刘明更是丈二和尚摸不着头脑。

"我和王局长没有私人关系，我只想请示一下我们团出国演出的事。""出国演出？王局长不在，你改天再来电话吧。"没等刘明再说什么，对方就"啪"地挂断了电话。

刘明感觉像是被人戏弄了一番，拿着电话半天没回过神来。

（选自《道客巴巴》）

思考题

1. 案例中办公室秘书接听电话处处失礼，请具体列出来。
2. 对应其错误接听，合格的秘书应该怎样接听来电？

二、公用电脑的使用礼仪

（1）遵循工作优先原则。正事优先，急事优先，谨记紧急、重要的工作优于一般工作。

（2）公用电脑要注意保养。及时升级电脑、定期清理电脑，先杀毒后使用，尽量使用移动存储，或先发到自己的邮箱再存储下来。定期使用医用酒精进行外机消毒。

（3）合理使用公用电脑，不要随意删除、安装程序文件，出现问题要及时修复。使用过程出现故障时，要停止使用并关闭电源，并在设备上贴纸表明电脑故障，如"有故障、待修复"之类，以提示他人。

三、传真机的使用礼仪

（1）发传真前先给对方打电话确认。

（2）在传真上注明相关信息，包括接收单位、部门、人员名称和发件方的电话号码。在文件最前面标明文件个数和页数。

（3）不要传真太长的文件，最好控制在10页以内，否则分两次发送。太长的可以考虑电子文档等途径。

（4）机密文件不使用公用传真机，容易泄密。

（5）传真要注意格式、称呼和敬语，以及发送者姓名与发于何时何地。

（6）传送完毕要打电话与对方确认，看是否收到、收齐。

（7）使用完毕要做详细登记。

四、网络通信礼仪

（一）网络道德

在互联网上与人相处时，不能因为彼此不会谋面就表现粗鲁。在使用网络时，要注意以下问题。

（1）使用电子邮件的时机。一条基本原则是，在体面的个人交流中，手写的信函和便条仍然是首选。

（2）公私分明。不要在办公电脑上收发私人电子邮件。私人交往时，尽可能给对方留私人邮箱号码。

（3）规范上网。在使用网络通信时，必须对网上的一系列规则有充分的认识，并严格遵守。

（4）注意网络语言的礼貌。不要在网络上攻击他人，不发布虚假信息。不使用网络暴力。

（二）邮件的收发

1. 注意保密

电脑不是安全保险箱，所以不宜在国际互联网上发送涉密的电子邮件。在工作中电子邮件的使用十分重要，希拉里作为前美国国务卿，没有做好电子邮件的管理工作，公私邮件没有分清，用私人邮箱接受各国外交公务邮件，各类事务的安全性没有得到保障，导致竞选总统时备受诟病。

2. 电子邮件的发送、抄送、密送

（1）发送：即点一下把文件、信件送出去，涉及受理文件的人及主要相关问题的人。一般来说，发送文件后会收到对方的回复。发送直接对应的是发送的对象，范围不广且有限，不会扩散。

（2）抄送：邮件只发给相关人员，但在整个邮箱系统里类似身份的人并不只有一个。抄送的意思就是今天只将文件、邮件发给 A，但对于 B、C、D 来说目前并不需要，而以后有可能会需要，因此都可以阅读一下发给 A 的文件。

举例而言，小李有工作需要找另外一个部门的小王帮一下忙，但小王不是他们部门的负责人，他有他自己的领导，如果小李和小王没有什么交情并且直接找小王做事，小王可能并不会理睬，这时小李要发送一份邮件给小王，同时要将这份文件抄送给小王的直接领导，让小王知道他的直接领导知道外部门对他有所求，因此不太好拒绝小李的要求。另外，如果小王因为帮小李的忙而占用了本职工作的时间，领导事先知道缘由而不会怪罪小王。案例中小王和小李是直接联系人，和领导没有关系，但领导是抄送的对象。

（3）密送：密送的一定是需要保密的文件，而且阅读对象只能是某个特定的人或特定级别的领导，这种文件只能通过秘密渠道发送，其他人员无法看到。

发送和抄送的文件、邮件可以转发，范围较广，所以这些邮件、文件必须有鲜明的主题，主题不能空白。众多邮件中，主题空白的文件可能会被人不小心归入垃圾文件而直接删除。制作主题时要把前两个字或核心凸显出来。公私邮件一定要分开管理。

（三）使用密码是防止偷窥的最佳方式

（1）不要告诉任何人你的密码。

（2）不要看别人上网，否则他会以为你要偷看他的密码。

（3）不要使用组合单一的房间号、具有纪念意义的数字做密码。

（4）最安全的密码包括数字、标点和大小写字母。

（5）如果你认为自己会忘记密码，写下来做个备忘录。

案例分析

希拉里"邮件门"事件

2009年至2013年,希拉里任国务卿期间利用私人电子邮箱和位于家中的私人服务器收发公务邮件,其中包括一些涉及国家机密的绝密邮件。这批邮件一共约6万封,在调查开启之前,其中3万多封已经被希拉里团队以涉及私人生活为由删除了,只剩下另外约3万封邮件可供调查。

2015年7月,美国联邦调查局(FBI)启动对这件事情的调查,然而,这一次的邮件门危机被希拉里糊弄了过去,靠的就是装傻充愣。在接受FBI调查时,她不断以"不记得""不清楚"来回答问题。整整39次,当被问及如何保存政府文件、处理涉密信息等相关问题时,希拉里至少有39次用"忘记了""想不起来"来应答。

没辙,第二天,美国司法部部长决定,不对希拉里提出指控。但是就在美国司法部宣布不指控希拉里的两周之后,阿桑奇领导下的维基解密公布了希拉里一方民主党委员会内部约2万封绝密邮件,邮件中主要讨论的当然是怎么把希拉里送上总统宝座。

在这些邮件公布之后,美国人才真正发现,原来希拉里还有那么多各种暗地里的勾当!就算是群众也都意识到,如果党内的邮件都有这么多黑料的话,那删掉的3万封绝对不能给外人看的邮件里究竟有什么?这下,那3万封邮件在很多群众的心中开始有了切切实实的意义,那可是3万封充满了上面那样的勾当的邮件啊!

希拉里在联合国大厦亲自召开了新闻发布会,对"邮件门"首度做出回应。站在以毕加索名画"格尔尼卡"为图案的挂毯前,面对100多名记者期待的眼神,希拉里坚定地说:"我完全遵守政府的每一项规章制度。"希拉里拿出多条理由一一反驳对她的指控,说使用私人邮箱只是"图个方便"。

希拉里的解释并未平息外界对她的质疑。11日,美联社通过法律途径敦促美国国务院立即公开希拉里担任国务卿期间的邮件和若干政府文件。12日,美国国务院发言人普萨基称,希拉里在任国务卿期间并没有使用政府提供的黑莓手机。美国国务院公布的这一消息,使得已经深陷"邮件门"的希拉里处境更加尴尬。

思考题

希拉里没有当上美国总统。就这个"邮件门"事件说明希拉里触犯了什么礼仪规则。

本章思考题

1. 遵照办公环境礼仪,秘书应该如何管理自己的办公区域?

2. 邮箱是自己使用的,只要密码不广而告之,便可用于工作或私事,无须分开。这样做行不行?为什么?

3. 针对手机、电脑、网络的使用,你关注过数码礼仪吗?有无必要关注?应该怎样关注?

第七章
现代秘书办公室人际关系礼仪

从礼仪主体角度看，秘书人员办公室的人际关系礼仪可以分为两类，秘书与上司相处的礼仪、秘书与平级同事及下属相处的礼仪。

课程思政元素

本章通过把问题适当抽象化，培养学生的创新思维；同时培养学生的创造力和批判性思维。本章主要介绍人际关系礼仪，重视培养学生的团队协作能力、管理沟通能力、逻辑思辨能力、言语表达能力，创造和谐工作环境。

重视专业技能培养的同时，本章进一步强化通识功能。因此，创新培养理念、改革教学内容、大力推出"案例"、强化"硬核"能力，是本章思政元素融入的重要发力点。

第一节 秘书与上司相处的礼仪

一、秘书与上司的关系

上司是秘书工作服务的主要对象，秘书与上司的关系是秘书工作中最重要的关系之一。秘书必须掌握处理与上司关系的方法与技巧，遵从相关礼仪，有效地协调与上司的关系，使双方工作和谐、心灵默契、相互信任。

秘书被看成上司的左右手，很多事情都要通过秘书上传下达、沟通协调。一个成熟的职场秘书，应该全心全意地帮助上司熟悉、了解企业和业务，并配合上司应对各类人士，处理各类事务。

基于此，秘书应该努力了解上司的性格特征和管理风格，工作中心领神会，配合到位。

（一）要了解上司的性格特征

性格特征是上司最具个性化的表现。尽管人的性格特征各种各样，但并非不可捉摸。对于不同性格特征的上司，秘书人员应该如何与之相处，才能保持良好的人际关系呢？

（1）优柔型：上司对自己的决定犹豫不决，造成事情结果不能如愿，这时候作为秘书，要在领导的思路范围内及时抓住机会，敦促领导做决定。

（2）踏实型：上司是实干型，对工作过程的细小环节往往忽略不计，而重视结果。这时，秘书应该充分发挥主观能动性，做出成绩直接展示给上司。

（3）浮夸型：上司注重形式，夸大结果，往往注重工作过程；相反，对实际工作效果自欺欺人、好面子，好大喜功，没有成绩也要吹出成绩，一丁点儿成绩吹成巨大成绩，一般虚假信息为多。原则上应该远离这样的上司。

（4）前瞻型：高瞻远瞩、思维敏锐，能做出长远的决策。秘书要记录上司的每一个方案，并积极思考，有好的想法就立刻反馈给上司，以促进他更好地发挥他的前瞻性。

（5）粗犷型：做事爽快，下达命令不容置疑。作为秘书，领导怎么说你就怎么做，基本不要补充领导的决定。在处理过程中自行修订，做到最好即可。

（6）狐疑型：信不过下属，一样的事派两人或者多人做，搞 AB 角。这样的上司喜欢下属打小报告，人为制造不信任气氛。作为秘书，要坦率做人，绝不制造矛盾，永远不说任何人的坏话。

（7）自信型：自信型性格的上司对自己充满信心，凡事都认为自己做得很好，相信自己的能力。秘书与其相处，必须完成上司计划和布置的工作；只要完成工作任务，就会得到肯定。

（二）应该忠于上司

（1）工作之前为上司排忧解难。

（2）事后查漏补缺。

（3）尊重上司，不直呼上司姓名。

（4）永远不要给上司起外号。

（5）不管上司年龄阅历如何，秘书要承认存在就是现实，私底下不要跟上司开玩笑，不要逾越上下级界限。

（6）不要透露上司的任何信息。

（7）当别人诋毁上司时要出来为上司"挡枪"。

（8）对上司的言行保持敏感，要察言观色，快速反应。

二、秘书应如何处理与上司的关系

（1）跟不同的上司相处沟通时要遵循一个共同原则：忠于领导（忠心是最核心的素质）。

（2）如果上司避开所有人单独找你一个人，这时候你和上司合适的距离为85厘米，50厘米的距离是底线。

（3）公私要分明，搞清楚状况，千万不要用自己的身份证为他人代办事务。

（4）秘书是上司的辅助人员，上无决策权，下无执行权。秘书要一切服从于上司的指令和意愿。

（5）秘书与上司的关系：上司处于主导地位，秘书处于辅助地位，相辅相成，两者缺一不可。

（6）秘书主要从事事务性的服务工作，其总任务是为上司等对象提供综合服务（工作服务、生活服务）。

（7）正确理解上司口中的"请"与"拜托"：当上司说"请你……"时，秘书要知道这其实就是命令，就要去做；当上司说"拜托你……"时，这时候秘书就要充分发挥主观能动性，只要能将事情做成，可以随便怎么做。

案例分析

EMC"邮件门"事件

2006年4月7日晚，EMC大中华区总裁陆纯初回办公室取东西，到门口才发现自己没带钥匙。此时他的私人秘书Rebecca已经下班。陆纯初试图联系，未果，他非常生气。

数小时后，陆纯初依然怒火难抑，便在凌晨1时13分通过内部电子邮件系统给Rebecca发了一封措辞严厉且语气生硬的"谴责信"（附后），并同时抄送给了公司的其他几位高管。

面对总裁的责备，这位女秘书没有像常规做法那样用英文写一封回信，解释当天的原委并接受总裁的批评，同时给自己的顶头上司和人力资源部的高管另去信说明，坦诚自己的错误并道歉；而是用中文写了封措辞同样咄咄逼人的回信（附后）。并且她回信的对象选择了"EMC（北京）、EMC（成都）、EMC（广州）、EMC（上海）"。这样一来，EMC中国公司的所有人都收到了这封邮件。结果毫无悬念：她被立刻解雇了。

附：陆纯初写的信

Subject：Do not assume or take things for granted

Rebecca, I just told you not to assume or take things for granted on Tuesday and you locked me out of my office this evening when all my things are all still in the office because you assume I have my office key on my person. With immediate effect, you do not leave the office until you have checked with all the managers you support this is for the Lunch hour as well as at end of day, OK?

（我星期二刚告诉过你，做事情不要想当然！结果今天晚上你就把我锁在门外，我要取的东西都还在办公室里。问题在于你自以为是地认为我随身带了钥匙。从现在起，无论午餐时段还是晚上下班后，你要跟你服务的每一名经理都确认无事后才能离开办公室，明白了吗？）

Rebecca 的回信：

第一，我做这件事是完全正确的，我锁门是从安全角度上考虑的，北京这里不是没有丢过东西，一旦丢了东西，我无法承担这个责任。

第二，你有钥匙，你自己忘了带，还要说别人不对。造成这件事的主要原因都是你自己，不要把自己的错误转移到别人的身上。

第三，你无权干涉和控制我的私人时间，我一天就8小时工作时间，请你记住中午和晚上下班的时间都是我的私人时间。

第四，从到EMC的第一天到现在为止，我工作尽职尽责，也加过很多次班，我都没有任何怨言，但是如果你们要求我加班是为了工作以外的事情，我无法做到。

第五，虽然咱们是上下级的关系，也请你注意一下你说话的语气，这是做人最基本的礼貌问题。

第六，我要在这强调一下，我并没有猜想或者假定什么，因为我没有这个时间也没有这个必要。

（选自华洁芸《现代秘书实务》，首都师范大学出版社，2007年版）

思考题

1. 分析本案例，谈谈你对秘书与上司相处的人际关系的理解。
2. 秘书与领导发生合作上的问题在所难免，案例中 Rebecca 的处理方式是否得当？
3. 面对总裁的责备，请以 Rebecca 的名义另写一封回信，以求得到另一种结果。
4. 如果每个员工都可以利用群发系统发泄不满，公司会陷入怎样的混乱？
5. 一味忍受确实不是好办法，但不顾后果的宣泄是好办法吗？
6. 作为公司总裁，陆纯初对待下属的做法合乎职场礼仪吗？为什么？

三、与上司相处的礼仪

（1）听从上司指挥，最重要的是对上司忠心，有时忠心可以弥补某些能力方面的缺失。

（2）要能够及时完成上司交代的各项工作，最好在限定的时间里完成。这是跟上司搞好关系的根本。

（3）关心上司，除了公事辅佐上司以外，可以适度介入上司的个人领域，为他排忧解难。但是要掌握分寸，保持适当的距离，尊重上司的隐私。

（4）尊重上司，时刻注意维护上司的形象。在上司面前，保持谦虚的态度；在上司背后，不非议上司；要做"幕后英雄"，必要时要从大局出发，为上司"背黑锅"。

（5）时刻注意自己的身份和地位，不越权处理公司事务。不管与上司关系多好，不要自作主张；若出现紧急情况，必须请示上司后再执行。

（6）提建议讲究方法。给上司提建议时，不要急于否定上司原来的想法，应先肯定其大方向，再有理有据地提出修正建议；同时，关注上司的个性特点，有针对性地采取不同的建议方式。

第二节　秘书与平级同事及下属相处的礼仪

秘书处于一个特殊的地位，日常工作中，不但要与上司处理好关系，还要与同事处理好关系。同事关系是因工作而形成的社会关系，对秘书开展工作同样起到重要作用。处理好了，可以促进工作；处理不好，则会对工作产生负面影响，使工作变得阻碍重重。

俗话说：一百种米养一百种人。办公室人员形形色色，性格各异。秘书人员在清楚自己周围的人际关系类型的前提下，要懂得分辨不同类型的人，针对不同性格的人采用不同的相处原则。

一、同事性格类型的理性解析

（1）埋头苦干型。这种同事惯常劳碌，态度认真，即使不被重用，也仍然努力上进。其工作动机可能是预防末位淘汰或期待有所成就，以期未来一鸣惊人，一飞冲天。

（2）野心勃勃型。这种同事要么专注自我表现，追求成功；要么急功近利，浑身长刺。

（3）根深蒂固型。这种同事多为公司元老，常以老板的亲信自居，凡事好发表意见、批评指责。

（4）自卑压抑型。这种同事资质平庸、仪容普通，有自卑倾向；对别人的不同意见，表面一笑置之，似乎毫不介意，实际内心嫉妒他人成功。

（5）点头哈腰型。这种同事看起来礼貌周全、恭敬谦卑，实际上要么热情友善，要么奸诈虚伪。

（6）长舌话多型。这种同事胸无大志，不学无术，喜欢说长道短，以人际关系作为生存手段。

二、与不同性格的同事相处的原则

（1）与埋头苦干型同事相处，切忌锋芒毕露、表现卓越。应该自我表现平常，让其帮教协助。

（2）与野心勃勃型同事相处，如果对方是道德高尚者，大可模仿学习，积极向他靠拢；但也有人心胸狭隘，凡有可能成为他对手的人，都被他视如敌人，面对这种同事，要么避而远之，要么结成战友。

（3）与根深蒂固型同事相处，切忌过分亲热或冷淡。

（4）与自卑压抑型同事相处，不要与其有正面冲突或较量，避免成为其眼中钉、腹中患。这种同事才智欠缺，缺乏信心，一般都是失败者，对其回避是不错的选择。

（5）与点头哈腰型同事相处，少说为宜。千万不要把他当成知心朋友，否则容易惹来事端。

（6）与长舌话多型同事相处，你若平庸，他会恭敬，你若出众，他必造谣污蔑，对这种同事，应该以其人之道还治其人之身，狠狠地予以回击。

三、与平级同事相处的礼仪

（1）公开竞争，权责分明。同事之间既有合作又有竞争，应明确权责，在自己的工作范围里施展才华，不去侵占同事的业务领域。工作分工不分家。每个人都有自己的职责，一般来说，我们提倡在力所能及的范围内积极地应对同事的求助。不要推诿说这不是我的事情，我不帮你去做。只有在自己不能提供帮助时，才要明确拒绝并说明理由。

（2）不与"小人"抢功争名。力所能及地帮助别人，但要记住工作中有许多同事喜欢偷懒，把难事推给别人做，却在有了好结果的时候来争名抢功。

工作中这种人不在少数，任何一份工作都会遇到这样的人。在这种情况下，也要维持良好的工作关系。当你能帮助他人的时候，不要去纠结，多让多帮助；当你不能帮忙的时候，要明确地告诉他原因。对于"小人"，我们一定要敬而远之。敬的前提是表现出来处处让着他，多尊重，多宽容，多帮忙，不要去否定他，抗拒他，打击他。

（3）不传播流言蜚语，不议论同事隐私。

（4）不拉帮结派。君子之交，越淡越好。"淡"是指不要跟人疏离，也不要跟人拉帮结派。同事地位相当，永远以不远不近、遵守社交距离为好。

（5）经济往来一清二楚。同事之间可能会发生馈赠礼品、借钱借物等物质来往，应认真对待，切忌轻易遗忘，引发误会。在物质利益上占人便宜，无论有意为之还是无心之过，让人心生不快，都会降低自己在对方心目中的地位。

（6）特别注意：与异性同事相处，要保持一定的距离。注意不要把私生活带入职场，与异性之间的情感应控制在友谊范围内。工作中两两交谈，不要对异性过多倾诉私生活，偶尔玩笑不能流于低俗，不可有不必要的肢体动作；注意语言文明，不说脏话，不嗲声嗲气。

（7）遵守白金原则。①同事交往行为合法，不能要什么给什么，秘书做人、做事都要有底线；②同事交往应以对方为中心，对方需要什么我们就要尽量满足对方的需要；③对方的需要是基本的标准，而不是想干什么就干什么。④同事之间的平等永远是相对的，当你为别人服务时就要有求必应，不厌其烦。⑤端正态度，有什么样的心态就有什么样的生活和工作，心态决定一切。善待自己，善待他人。一个人懂得善待自己，他的工作与生活才有质量，他才能得到别人的尊重。

知识补充

影响同事关系的五种言行

同在一个单位，或者就在一个办公室，搞好同事间的关系是非常重要的。以下五种言行很容易把同事间的关系搞僵。

1. 有好事不通报

单位里发物品、领奖金等，你先知道了，一声不响地坐在那里，像没事似的。这样几次下来，别人自然会有想法，觉得你太不合群，缺乏共同意识和协作精神。以后有这类好事，他人就有可能不告诉你，长期下去，彼此的关系就不会和谐了。

2. 进出不互相告知

请假不上班或临时出去半个小时，都要与同事打个招呼。这样，倘若领导或熟人来找，也可以让同事有个交代。如果你什么也不愿说，进进出出神秘兮兮的，受到影响的恐怕还是你自己。互相告知，表明双方相互尊重与信任。

3. 不与同事聊可以说的私事

有些私事不能说，但有些私事说说也没有什么坏处，比如你的男朋友或女朋友的工作单位、学历、年龄及性格脾气等。如果你结了婚，有了孩子，就有关于爱人和孩子方面的话题。在工作之余，都可以顺便聊聊，它可以增进了解。信任是建立在相互了解的基础之上的。

4. 有事不肯向同事求助

轻易不求人，这是对的。但有时求助别人反而能表明你对别人的信赖，能融洽彼此的关系。比如你身体不好，你同事的爱人是医生，你可以通过同事的介绍去找对方诊治。倘若你偏不肯求助，同事知道了，反而会觉得你不信任人家。你不愿求人家，人家也就不好意思求你；你怕人家麻烦，人家就以为你也很怕麻烦。良好的人际关系是以互相帮助为前提的。当然，求助要讲究分寸，尽量不要使对方为难。

5. 拒绝同事的"小吃"

同事带点水果、瓜子、糖之类的零食到办公室，休息时分吃，你不要一概拒绝。有时，同事中有人获了奖或评上了职称，会带些零食与大家分享，对此你应尽可能积极参与。如果人家热情分送些零食，你却每每冷拒，时间一长，难免给人以清高和傲慢的印象，觉得你难以相处。

四、秘书与下属、下级相处的礼仪

秘书与下属、下级相处时要注意以下方面。

（1）善于听取下属意见。要有亲和力，不要高高在上，要与下属打成一片，共同进退。

（2）要尊重对方，不颐指气使。下属具有独立的人格，不能因为自己是上级、有权指挥下级而损害其人格，这是为上司者最基本的修养，也是对下属最基本的礼仪。

（3）律他先律己。以身作则，不要双重标准，遵守各种规章制度，对下属宽泛一点，对自己则更加严格。

（4）善待有才干的下属。对下属的长处应该予以肯定和赞扬。学会赞扬下属，掌握赞扬下属的技巧。比如夸其能力、工作手段、工作成效、审美等，且夸赞要真诚、及时。

（5）宽待下属，勇于承担责任，出现问题，不要推卸责任；自己要心胸开阔，以宽大的胸怀对待下属。

（6）批评要委婉，点到为止，就事论事，不要翻旧账、算总账，不要放大错误，也不要否定其人品和能力。

本章思考题

1. 如果在与同事相处中遇到"小人",他不仅故意推卸工作,还在工作完成后邀功争利,该如何处理这个棘手的问题?

（提示：不要一味忍气吞声,但要视对方的为人处事情况采取措施,轻易不要得罪"小人"。有句话说得好：宁得罪君子,不得罪小人。平常多注意与其他人的交流,谨言慎行。）

2. 秘书如何遵守与上司相处的人际关系礼仪?

3. 秘书如何遵守与同事相处的人际关系礼仪?

4. 做一次调查,现实生活中,有哪些性格类型特别的上司或同事?

第八章 现代秘书办会礼仪

现代社会，各种会议已成为人们社会生活、政治生活、经济生活中一种最常见、最广泛、最有效的群体沟通方式。会议的作用、形式和实际效果直接反映出社会的文明程度。

会议礼仪，是会议主办方在召开会议前、会议中、会议后的工作规范，以及参会人员应注意的事项。懂得会议礼仪对会议精神的执行有较大的促进作用。

成功举行一次会议，离不开与会各方代表对会议礼仪的遵从。

课程思政元素

结合理论背景和具体语境来理解，礼仪课程思政的本质也是讲道理。礼仪的本质包括两个方面，一是社会本质，二是教养本质。从前者来说，落实立德树人的根本任务是课程思政的关键，其本质是铸魂育人，培养社会主义建设者和接班人；从后者来说，讲礼是一个教书育人的过程，其本质是讲道理，从思想上促进学生成长为受社会欢迎的人。

"文章合为时而著，歌诗合为事而作"，中国知识分子素有"经世济用"的传统担当。在当今全球形势日益复杂，政治多极化、经济全球化、科技前沿化、文化跨国化的背景下，礼仪课积极承担供给思想、输出对策、资政育人的新使命，体现时代担当，为当代青年争取新的价值定位。

第一节 秘书主办会议的礼仪

对主办方而言，会议礼仪贯穿会议的始终，包括办会前礼仪、报批礼仪、筹备礼仪、会议中的服务礼仪、会后礼仪等。

一、会议前的准备工作礼仪

(一) 会议要报批

无论何种会议,无论会议规模是大是小,都有动议和决定召开该次会议的程序。这种程序因会议性质、内容、技术形式、规模大小等而各有不同。

会议本身不是目的,而是解决问题的手段。虽然组织和个人之间都不能缺少会议,但这并不意味着会议开得越多越好、越长越好。开会的目的是分析问题、解决问题,因此要控制会议成本,提高会议实效。

秘书办会必须根据一定的动议申报,然后由决策层批准,再进行筹备,而筹备必须遵从相关的办会礼仪。

1. 会议申报的形式

一般而言,会议申报大体有三种形式。

(1) 口头申报形式。对于小型座谈会、简短的碰头会、一般问题的现场会、报告会等,由职能部门负责人口头向主管领导提出召开会议的要求。

(2) 书面申报形式。由申办会议的单位或部门秘书将需要召开会议的目的、议题、规模、形式、长短、出席范围、所需经费等事项写成综合性文字材料,上报上级领导。

(3) 会议申报形式。在办公会、联席会或其他工作会议中提出需要召开某个会议的要求并陈述会议的大体方案。

2. 会议的审批形式

会议的审批形式分为三种。

(1) 口头申报:当即答复,或研究后答复。

(2) 书面申报:上级领导审定批复,或上级秘书部门按领导研究意见予以书面回复。

(3) 会议申报:在会议上由领导研究,决定是否批准;或领导原则上同意后,责成秘书人员会同有关职能部门综合协调、反复研究后,制订出详细的会议预案,再次交办公会审定后报领导审批。

(二) 会议审批的原则

1. 精简从严的原则

对有关职能部门申报召开的会议,秘书部门和秘书人员要严格把好审批关，可从几方面考虑。

（1）会议有无必要开。可开可不开的会议，由秘书部门向职能部门说明情况，协商变通解决。如与职能部门产生意见分歧，应上报领导部门裁定。

（2）会议能否合并开。对于确定必须召开的会议，秘书部门应与申办会议的职能部门会商，在规模、规格、时间、经费等方面严格控制，从严把握，并报领导部门批准。

对于涉及多个职能部门共同议题的会议，可合并召开，秘书部门应做好各职能部门的协调工作，协调会议时间、地点、出席人员、列席人员，协调会议议题，涉及多个部门的内容在会前取得一致意见，确定轻重缓急的讨论次序，最后报领导批准。

为避免会议的重复、"会出多门"或"会海"现象以及议而不决甚至劳民伤财，要保持精简从严的会议审批原则，这对提高管理效率、避免资源浪费是十分必要的。

2. "一支笔"原则

针对会议审批而言，遵循"一支笔"原则是为了更好地执行会议审批精简从严的原则。会议有利也有弊，这需要秘书人员在会议的组织工作中认真分析，科学实施，真正做到趋利避害，事半功倍。取消不必要的会议，必须由组织内的一个部门负责会议审批把关。

（三）做好会前筹划方案

做好会前筹划方案，这涉及五个方面。

1. 会议主题和内容要符合礼仪规范

会议必须有主题和内容，有目的、有组织、有领导，这才叫会议。会议主题一定要考虑礼仪细则。

2. 会议地点的选择要适

会议场地的选择是会议成功的基础条件，只有选择一家相匹配的场地，才可以为会议的成功增色。那么，如何选择会议场地呢？

（1）会议地点要符合会议的目的。以休闲娱乐为主的会议可在度假村和名胜风景区召开；展示会则应在展览中心举行。

（2）会议地点的选择要考虑与会人员参加会议的便利性，要照顾到与会人员的安全。具体操作程序如下。

①列出可供选择的清单。必须制作一个会议场所清单表，清单表上需注

明会议要求的所有重要条件。如果清单设计合理，标明了会议场所条件的好坏，将大大便于对其进行比较和选择。

②选择合适类型的场地。选择适合的会议场地，必须依据当地可提供的会议资源状况及该会议的程序、预计的与会人数、与会人员的背景情况，以及会议目的、目标和与会者的偏好等因素综合考虑。

③会议类型与场地的搭配。举办培训活动的最佳环境是能提供专门工作人员和专门设施的成人教育场所（公司的专业培训中心或旅游胜地的培训点）。研究和开发会议需要有利于沉思默想、灵感涌现的环境（培训中心或其他宁静场所最为适合）。重大的奖励、表彰型会议一定要有档次，要引人入胜，会议的目的是对杰出表现人员予以奖励。交易会和新产品展示会需要选择有展厅的场所，还要求到达会场及所在城市的交通必须便利。

④会议场地现场考察注意事宜。在考虑去做现场考察之前，先检查一下是否已具备了前提条件：报价方接受和同意会议明细表中各项事宜；报价方应是候选名单中较好的一个；对报价方拟订的合同条款基本接受。

⑤亲临现场实地考察。要想一想是以一个普通客人身份不宣而至以检查酒店对客人的接待情况为好，还是事先通知酒店以贵宾身份前往，以检查酒店如何接待贵宾为好。

⑥考虑另一家酒店作为"备选"。

总之，在选择会议场地时，每一个细节都非常重要，应该首先列好细节上需要考虑的方面，这样才可以解决好选择会议场地的问题，从而选择一家让大家都满意的会议场所。

3. 会议人员的确定要合理

根据会议的目的、内容合理地确定与会人员的范围。会议人员确定要遵循"多一个错误，少一个也是错误"的原则。

提名与会人员是一项重要的工作，应当注意以下几点：一是周到全面；二是宽严适度，准确无误，从有利于工作和便于保密的角度出发，做到提名合情合理，不宽不严，不错提、不漏提；三是会议秘书工作人员提出的与会人员名单，报请领导审核后方能最后确定。

4. 拟订会议议程和日程

会议议程一般包括会议主持、会议典型发言（或重点发言）、会议讨论、会议讲话、会议总结等项。

会议的日程必须包括时间、内容和地点三大要素，有的还要写明活动的主持人（或负责人）等。

5. 确定会议组织和分工

规模较大且又较重要的会议，需组织精干有力的工作班子或成立大会秘书处，下设若干工作小组如秘书组、宣传报道组、翻译组、总务组、警卫组、交通组等。每一个工作环节都必须有专人负责，责任到人，并明确任务和要求，保证会议顺利进行。

6. 准备会议文件和材料

（1）秘书部门在会前应准备的文件和材料主要包括以下几项：①会议的程序性文件，如会议议程与日程安排表、会议时间安排表、选举程序及表决程序安排表等。②会议的中心文件，如领导人讲话稿、代表发言材料、经验介绍材料等。③指导性文件，如有关的法律、法规、政策等文件。④参考性文件，如统计报表、技术资料。⑤会议管理性文件，如会议通知、证件、作息安排表及会议须知等。

（2）准备相关物品。这主要是指会场布置和备办会议用品，要求会议设施配备齐全并安全可靠，做到万无一失。

①桌椅。这是最基本的设备，可以根据会议的需要摆成圆桌型或报告型，如果参加会议的人数较多，一般应采用报告型，不需要准备座位牌；如果参加会议的人比较少，一般采用圆桌型，并且要制作座位牌，即名牌，让与会人员方便就座。

②茶水饮料。最好用矿泉水，因为每个人的口味不一样，有的人喜欢喝茶，有的人喜欢喝饮料，还有的人喜欢喝咖啡，所以如果没有特别的要求，矿泉水是最能让每个人都接受的选择。

③签到簿、名册、会议议程。签到簿的作用是帮助了解到会人员的多少、分别是谁，一方面使会议组织者能够查明是否有人缺席，另一方面能够使会议组织者根据签到簿安排下一步的工作，比如就餐、住宿等。印刷名册可以方便会议的主席和与会人员尽快地掌握各位参加会议的人员的相关资料，加深了解，彼此熟悉。

④黑板、白板、笔。在有的场合，与会人员需要在黑板或者白板上写字或画图以说明问题。虽然现在视听设备发展得很快，但是传统的表达方式依然受到很多人的喜爱，而且在黑板或白板上表述具有即兴、方便的特点。此外，粉笔、万能笔、板擦等配套的工具也必不可少。

⑤各种视听器材。现代科技的发展带来了投影仪、幻灯机、录像机、激光指示笔或指示棒等视听设备，给人们提供了极大的方便。在召开会议前，必须先检查各种设备是否能正常使用，如果要用幻灯机，则需要提前做好幻灯片。

录音机和摄像机能够把会议的过程和内容完整记录下来，有时需要立即把会议的结论或建议打印出来，这时就需要准备一台小型的影印机或打印机。

⑥资料、样品。如果会议属于业务汇报或者产品介绍的类型，那么有关的资料和样品是必不可少的。比如在介绍一种新产品时，单凭口头泛泛而谈是不能给人留下深刻印象的，如果给大家展示一个具体的样品，结合样品一一介绍它的功能，会收到很好的效果。

7. 编制会议经费预算

根据会议的日程安排和会议规模，编制会议预算。

编制经费预算要本着节约、节省的原则，将会议期间的每一笔开支详细列出，尽量减少会议的开支，但另一方面也要有适当的弹性，资金方面留有一定的余地，以应付会议过程中突发而又必需的开支。

秘书在拟订会议方案时，要明确领导意图，弄清筹备方案的目的、要求和意义，必要时反复多次与领导和有关方面商定或通过开联席会征求意见，以便更好地制订出切实可行的方案。方案拟订后，须报经领导审核和批准。

（四）会场布置

1. 会场的整体布局

会场的布局有多种形式、形状，应根据会议的不同规模、主题选用不同的布局。

较大型的会议，如大型的代表会议、纪念性会议、布置工作会议等，一般在礼堂、会堂、体育场馆举行，其形式或形状基本固定。中型会议的会场布置成而字形、扇面形等，使人有正规、严肃之感；大型茶话会、团拜会、宴会的会场一般可摆放成星点形、众星拱月形，因为这些形式比较稳定，容易形成轻松和缓的气氛。

2. 会场的装饰

会场装饰是指根据会议的内容选择适当的背景色调或摆放会议物品，悬挂突出会议主题的装点物等，其目的是营造会议气氛，这对与会者的情绪和心理状态有着很大的影响，与会议效果有着密切的联系。

（1）悬挂会标和会徽。正式、隆重的会议都应当悬挂会标。将会议的全称以醒目的标语悬挂于主席台前幕的上端或天幕上。会徽即体现或象征会议精神的图案性标志，一般悬挂于主席台的天幕中央，形成会场的视觉中心，具有较强的感染力和激励作用。

（2）贴挂对联和标语。在主席台两侧可贴挂对联，在会场内外可适当地贴挂标语，以烘托会议的主题、渲染会议的气氛、振奋与会者的精神。

（3）插放旗帜。对于重要的会议，应当在主席台、会场内外插一些旗帜，以增加会议的庄重气氛。

（4）摆放花卉。在主席台前和空旷的会场角落里可适当摆放鲜花、盆景等，点缀会场，这样能给人一种清新、活泼的感觉，并能减轻与会者长时间开会的疲劳。

3. 安排座次

会场座次的安排包括安排主席台的座次和安排场内人员的座次。座次安排必须合理，符合惯例。

（1）主席台座次。主席台就座的人员多是主办方的负责人、贵宾或主席团成员，安排座次时，一般应按照台上就座者职务的高低排列，以职务最高者居中，然后依先左后右、由前至后的顺序依次排列。主席台座次的编排应编制成表，报主管领导审核；在主席台的桌子上，于每个座位的左侧放置姓名卡。

（2）场内其他人员座次。并非所有的会议都需要对会场内其他人员的座次进行排列，但如果是中型以上较严肃的工作会议、报告会议或代表会议，一般要对座次进行适当排列。常见的排列方法有三种。

①横排法。按照参加会议人员的名单以其姓氏笔画或名单笔画为序，从左至右横向依次排列座次。选择这种方法时，应注意先排出会议的正式代表或成员，后排出列席代表或成员。

②竖排法。按照各代表团或各单位成员的既定次序或姓氏笔画从前至后纵向依次排列座次。选择这种方法也应注意将正式代表或成员排在前，职务高者排在前，列席成员、职务低者排在后。

③左右排列法。按照参加会议人员的姓氏笔画或单位名称笔画为序，以会场主席台中心为基点，向左右两边交错扩展排列座次。选择这种方法时应注意人数。如果一个代表团或一个单位的成员人数为单数，排在第一位的成员应居中；如果一个代表团或一个单位的成员人数是双数，那么排在第一位、第二位的成员应居中，以保持两边人数的均衡。

（五）发送会议通知

在领导确定会议时间和内容、各项会议准备工作基本就绪后，要尽早发出开会通知，明确会议的时间、地点、出席人，尤其是会议讨论主题，以便与会人员提前做好准备。

会议通知一般分书面通知、口头通知和电话通知三种。

（1）书面通知态度庄重严肃，备忘性好，参加人数较多或比较庄重的会议宜发书面通知。书面通知也可以分为两种：一是张贴式，即黑板、启事栏等处的会议通知；一是便条式或卡片式的会议通知卡。一般来说，人多的会议用张贴式；人少的会议用便条式。但是也有一些较重要的会议，两种通知形式并用。

（2）口头通知适用于小型例会或三五个人的碰头会，可以一一当面通知。秘书在通知开会时一般不单独采用口头通知，而是口头通知和书面通知并用。

（3）电话通知一般用于与会者比较分散，尤其是不同单位、部门参加的不定期会议。

口头通知和电话通知前应拟一个通知稿，以便简明、扼要、完整地进行通知。

二、会中的会务礼仪

会议能否取得圆满成功，会前准备是基础，会间服务是关键，因此，秘书要高度重视会议期间的各项服务工作，严格按办会礼仪去做。

（一）接站和报到

秘书人员应在与会者报到之前预先了解好其所乘的飞机、火车班次。如无法了解，应在规定的报到日期内安排好车辆和接站人员。要做到"来有接"。

1. 迎客礼仪

迎客时要关注以下方面。

（1）时间：提前到达接待地点。一般接待人员比与会者早抵达10~15分钟，不可迟到。

（2）语言：接待人员称呼来宾要得体，见面要礼貌问候。

（3）表情：保持面带微笑，目光交接要点头致意。

（4）见面：接到来宾的第一时间要主动上前，亲切问候，施以握手礼。

2. 乘车礼仪

不同车辆、不同身份的司机开车，位次不同。

（1）乘轿车。①有专职司机开车，后排尊于前排。座位重要程度依次是：后排右侧位、后排左侧位、前排右侧副驾驶位。②自己开车时，前排尊于后排。座位重要程度依次是：前排右侧副驾驶位、后排右侧位、后排左侧位。

（2）乘商务车。①有专职司机开车，座位重要程度依次是：司机后排靠窗位、司机后排靠门位、司机再后排左侧靠窗位、司机再后排右侧靠窗位、司机再后排中间位、司机同排右侧位。②自己开车时，座位的重要程度依次是：司机同排右侧位、司机后排靠窗位、司机后排靠门位、司机再后排左侧靠窗位、司机再后排右侧靠窗位、司机再后排中间位。

（3）乘吉普车。上座是副驾驶座，因为吉普车底盘高，功率大，主要功能是越野，减震及悬挂太硬，坐在后排颠簸得厉害。

（4）面包车。乘坐原则是：司机后排为尊，由前向后、由左而右排列。也就是说，司机后面靠窗的位子为主座。这是优先考虑安全原则，哪怕是紧急刹车，领导也不至于被甩出去。大家知道，普通面包车的右侧为过道，最右侧靠门座位实际上是辅助座位，既不舒适，也不安全。

（5）其他车辆。如果是中巴、大巴，中间是过道，那座次原则是离门近者为主座，由前向后、由右往左，离门越近，位置越尊贵。也就是说，司机后排靠门的位子是主座，这个位子前面通常有扶手，领导上下车也方便，可谓安全、方便兼顾。

具体到副驾驶位、司机后位、司机对角线位哪个重要，要因人而异、因时而异，最标准的做法是客人坐在哪里，哪里就是上座。所以，不必纠正并告诉对方"您坐错了"。尊重别人就是尊重人家的选择，这就是礼仪中"尊重为上"的原则。有一点是必须明确的，秘书人员坐面包车或中巴、大巴，应坐副驾驶位或尽量往后排坐。

客人上车时，秘书人员要为客人打开车门，一只手挡在车门上方，以免客人上车时磕碰头部。

（二）礼貌接待

当与会人员来到会场或会址报到时，秘书人员应热情、礼貌地接待。

（1）首先对与会者的到来表示欢迎。

（2）应将事先准备好的会议文件和用品，包括会议须知等材料以及住宿房间的号码、餐券等发给与会者。

（3）尽可能引导客人到其住宿的房间，稍做简单介绍后提醒客人稍事休息，以解除旅途的疲劳，并叮嘱会议第一项议程的时间、地点。

（三）会议设备的操作与维护

会场内设备主要包括灯光、音响、空调、通风、录音、摄像等设备以及必要的安全设施等。会场设备应有专人操作，出现问题要有人及时维修，以免会场上出现不必要的尴尬场面。秘书人员应当会使用这些设备，协助完成各种设备的操作，比如话筒要选择最佳位置摆放，如果讲话人较多，应多摆放几组话筒，以免话筒来回挪动。在盛夏或寒冬开会，空调、通风等设备要予以特别的注意，使会场内保持适宜的温度和怡人的空气，保证与会人员的身体健康。

（四）会议记录

会议记录是开会时当场将会议基本情况和会议报告、发言、讨论、决议等内容如实记录下来的文书。一份完整、简洁、条理清楚的会议记录，可以提供会议活动的原始信息，为形成会议的正式文件打好基础，为总结会议和传达会议精神提供依据。

1. 会议记录的要求

（1）快速。记录时要做到注意力集中、反应迅速、判断准确，以提高记录的质量和效率。为此，秘书人员平时应加强听知能力的培养，会前应了解会议的内容，尤其是专业性会议，要先掌握一些专门的知识和术语，以免记录时茫然无知。

（2）完整。会议记录必须体现会议的整个过程。会议的主要情况、发言的主要内容和意见，记录人必须完整记录，不要遗漏。

（3）真实。负责会议记录的秘书应当具有高度的责任心，决不能将个人的主观臆想和情感好恶掺入会议记录中。

2. 会议记录的内容

会议记录的内容一般包括以下三部分。

（1）会议概况。会议概况包括会议名称、届次、时间、地点、主持人、出席人、列席人、缺席人、记录人、记录审核人等，有的要标注职务，注明缺席的原因。

（2）会议内容。会议内容是会议记录的主体部分，包括会议议题、讲话发言、形成的决议等。这部分记录按会议议程和各项活动的先后次序记录，发言人姓名要写全，会议的决议要准确，并写明表决的方式（如口头表决、鼓掌表决、无记名书面表决、电子计算机表决等）和同意、反对、弃权的票数。

（3）签名。会议记录整理完成后应由主持人审查，最后应有记录人和主持人的签名。

3. 会议记录的方法

在会议记录工作中,有三种常见的记录方法。

(1) 详细记录,即要求有言必录。

(2) 摘要记录,即除了会议概况必须详细记录之外,只需记录会议的议题议程、发言人姓名、发言的要点、决议情况等。

(3) 简易记录,即除了记录会议概况外,只要求记录会议的议题、议程和会议的结果,不必记发言的内容和经过。

(五) 后勤服务工作

后勤服务工作是指与会人员的吃、住、行以及娱乐等有关的各项保障服务工作。

(1) 生活服务。妥善安排与会人员住宿、就餐等事项。

(2) 车辆服务。做好停车场的调度,适当配备会务用车。

(3) 娱乐服务。如果会议时间较长,可根据会议日程适当安排娱乐活动,使与会人员在紧张的会议之余得到放松和休息。娱乐活动的内容要健康,要为大多数人所喜爱,主要项目有参观旅游、舞会、观看演出等。

(4) 医疗卫生服务。大中型会议人员集中,活动频繁,要安排好卫生保健工作。一是要配备必要的专职医护人员,二是要重视饮食环境卫生。

(5) 照相服务。一些会议要安排集体摄影。安排时,重点注意三个问题:一是要选择高水准的摄影师和摄影器材;二是要安排好与会者的座次与组织好队伍拍摄;三是背景的选择要充分体现出会议的主题和特点。

三、会后工作礼仪

会议的善后处理工作是会议工作的重要组成部分,一定要善始善终地把会议收尾工作做好。

(一) 合理安排与会人员返程

秘书应编制与会人员离会时间表,安排好送行车辆,派人将外地与会人员送到机场、车站;如有必要,还应安排有关领导同志为与会人员送行。

"来有接,去有送",客人告别时,应主动相送,不可无动于衷。

(1) 主动伸手,与人握手告别。

(2) 送出门外或送到楼下。

（3）目送客人所乘汽车远去，挥手示意，目力不及时再转身离去。

（二）清理会场、收退会议文件

会议结束后，会务秘书应及时组织人员对会议使用的器材物品进行清点整理。

会议文件多属草稿性质或参考性质，在会后多数应收回，不宜长期存放在个人手里，以免遗失泄密。

对于大中型会议，在会议结束前应开具清退文件目录，发给与会人员，俟会议结束，即按清单全部将文件收回。

日常工作会议可以在会议结束后将文件当场收回。

（三）印发会议纪要和会议决定事项通知

会议纪要是根据会议的主旨，用准确而精练的语言综合记述其要点的书面材料。党政机关召开的日常工作会议一般均产生会议纪要，并需印发会议决定事项通知。

（四）整理会议材料，立卷归档

伴随会议始终的是大量的会议文字材料，绝大多数材料应作为会议文书妥善处理。秘书人员应根据文书的性质与重要程度分情况处理。

（1）需回收的文书，大会结束后及时收回；遗失的，经查清，报领导处理。

（2）需公开发表的重要文件，报领导审批签字后及时交新闻单位发表。

（3）会议记录、发言稿、原始材料等均应立卷、归档。

（4）正式印发的文件及时印发。

（5）有些需要承办、转办以及要形成其他材料的文件，要及时交付有关人员，归口处理。

（五）会务的总结

为积累会议经验，大中型或重要的会议结束后，应当进行总结，作为今后开好此类会议的借鉴。会务工作总结要以总结经验、激励会务工作人员为目的。

第二节　秘书人员出席会议礼仪

出席会议应自觉遵守会议礼仪，这是对会议的尊重，也是自身良好教养的体现。

一、遵守会议日程安排和时间表

（1）提前到会，准时出席。
（2）尽量不在中途离席，确有必要退出，在会议中间休息时离场为宜。
（3）所有活动遵守会议日程，不可随心所欲，应听从安排。

二、按主办方安排的座位就座

（一）主席台座位安排

主席台一般面对会场主入口，与群众席相对。主席台上的座位有两种，一种是横排通栏，一种是横排分栏（如图8-1、图8-2所示）。

图8-1　主席台座位横排通栏

图8-2　主席台座位横排分栏

其基本规则是：前排为尊，后排次之，越往后越次之；同排中，职位高者居中，余者依职位高低次序，围绕尊者次第分列两边。以主席台面向定位，右高左低。

同排位次由高到低，用1、2、3、4、5、6表示，座位数是奇数时，排位方式为：6、4、2、1、3、5、7。座位数是偶数时，排位方式为：5、3、1、

2、4、6。

（二）群众席安排

1. 环绕式

环绕式就是不设立主席台，把座椅、沙发、茶几摆放在会场的四周，不明确座次的具体尊卑，而听任与会者在入场后自由就座。这一安排座次的方式与茶话会的主题最相符，也最流行。

2. 散座式

散座式常见于在室外举行的茶话会。它的座椅、沙发、茶几四处自由地组合，甚至可由与会者根据个人要求而随意安置。这样容易创造出一种宽松、惬意的社交环境。

3. 圆桌式

圆桌式指的是在会场上摆放圆桌，请与会者在周围自由就座。圆桌式排位又分两种形式：一是仅在会场中央安放一张大型的椭圆形会议桌，而请全体与会者在周围就座。二是在会场上安放数张圆桌，请与会者自由组合就座。

4. 主席式

主席式是指在会场上，主持人、主人和主宾被有意识地安排在一起就座。

三、会议参加者应遵从的礼仪

（1）衣着整洁，仪表大方。应着正装，即男士穿西装、女士穿西装套裙，色彩、图案应素雅简洁。

（2）准时入场，进出有序。

（3）依会议安排落座。

（4）开会时应认真听讲，不要私下小声说话或交头接耳，发言人发言结束后应鼓掌致意，中途退场应轻手轻脚，不影响他人。

（5）举止得当。这主要包括：坐姿端正，专心听讲；不随意走动、说话，手机设置成静音状态；精彩之处应带头鼓掌；他人发言时应认真倾听，自己发言时要简明扼要；积极参加会议的所有活动，尽可能多地与其他人交流信息，以增进友谊，拓宽人脉。

四、发言礼仪

会议发言有正式发言和自由发言两种，前者一般是领导报告，后者一般是讨论发言。正式发言者应衣冠整齐，走上主席台应步态自然，沉稳有力，体现一种成竹在胸、自信自强的风度与气质。发言时应口齿清晰，讲究逻辑，简明扼要。如果是书面发言，要时常抬头扫视一下会场，不能低头读稿、旁若无人。发言完毕，应对听众的倾听表示谢意。

自由发言则较随意，应注意，发言要讲究顺序和秩序，不能争抢发言；发言应简短，观点应明确；与他人有分歧，应以理服人，态度平和；要听从主持人的指挥，不能只顾自己。

如果有会议参加者对发言人提问，应礼貌作答；对不能回答的问题，应机智而礼貌地说明理由；对提问人的批评和意见应认真听取，即使提问者的批评是错误的，应答时也不应失态。

五、会议主持人应注意的礼仪

各种会议的主持人一般由具有一定职位的人来担任，其礼仪表现对会议能否圆满成功有着重要的影响。

（1）主持人应衣着整洁，大方庄重，精神饱满，切忌不修边幅，邋里邋遢。

（2）走上主席台应步伐稳健有力，行走的速度因会议的性质而定。

（3）入席后，如果站立主持，应双腿并拢，腰背挺直。持稿时，右手持稿的底中部，左手五指并拢、自然下垂。双手持稿时，稿件应与胸齐高。坐姿主持时，应身体挺直，双臂前伸，两手轻按于桌沿。主持过程中，切忌出现搔头、揉眼、抖腿等不雅动作。

（4）主持人言谈应口齿清楚，思维敏捷，简明扼要。

（5）主持人应根据会议性质调节会议气氛，或庄重，或幽默，或沉稳，或活泼。

（6）主持人对会场上的熟人不能打招呼，更不能寒暄闲谈，会议开始前，可点头、微笑致意。

第三节 一些特殊会议的礼仪规范

一、小型会议礼仪

小型会议，一般指参加者较少、规模不大的会议。它的主要特征是全体与会者均应排座，不设立专用的主席台。小型会议的排座，目前主要有以下三种具体形式。

（一）自由择座

自由择座的基本做法是不排定固定的具体座次，而由全体与会者完全自由地选择座位就座。

（二）面门设座

面门设座时，一般以面对会议室正门之位为会议主席之座。其他的与会者可在其两侧自左而右地依次就座。

（三）依景设座

所谓依景设座，是指会议主席的具体位置不必面对会议室正门，而应当背依会议室的主要景致之所在，如字画、讲台等。其他与会者的排座，则略同于面门设座的情况。

二、茶话会礼仪

（一）茶话会的组织礼仪

茶话会的组织礼仪主要包括以下方面。

（1）要明确茶话会的主题。茶话会是联络老朋友、结交新朋友，具有对外联络和招待性质的社交性集会。召开茶话会必须先明确主题，一般以联谊为主、娱乐为主或以专题为主。

（2）合理确定茶话会与会人员的名单。首先，根据主题确定邀请对象；其次，安排专人送达邀请函，邀请函要制作精良。

（3）茶话会的时间选择要恰当。茶话会开始的时间要符合邀请对象的工作和作息习惯；茶话会的持续时间要恰当，通常在两个小时左右，且邀请的人员一般以百人为上限。

（4）注意茶话会的座次安排。茶话会的座次安排较为随意，尊卑一般不宜过于明显。通常不排座次，随到随坐，允许自由活动。

（5）精心准备茶点。茶话会内容重"话"不重"吃"，但茶点要好，茶叶要好，风味小吃要精致，如买提子不买葡萄，柚子要红心柚子。水果刀和面纸巾也应准备，并且要准备高质量的餐具、纸巾，让与会者觉得他们受到了重视。

（二）参加茶话会的礼仪

（1）与会之前要了解茶话会的内容。

（2）会议期间要遵循会议程序，茶话会通常都有领导参加。

（3）发言之前先示意。有多人发言时注意谦让，不要与人争抢。

（4）尽量避免打断别人的发言。不论自己有何高见，打断他人的发言都是失礼的行为。

（5）发言要简明扼要，语速适中，口齿清晰，神态自然；切忌啰唆、重复。

（6）茶话会发言要有分寸。不要对领导、富商阿谀奉承；肯定别人或自己的成绩时切勿夸大事实；与其他人发言意见不合时，要注意"兼听则明"，切勿当场表现出不满，或在私下对对方进行人身攻击；不能在茶话会上借题发挥，影射他人。

（7）恰当食用茶话会的食品饮料。茶话会通常以座谈为主，不能重"吃"不重"说"。

（三）茶话会的基本议程

茶话会的基本议程包括以下方面。

（1）主持人宣布茶话会开始。宣布开始前，主持人要请与会者各就各位。宣布开始后，主持人可对主要与会者略加介绍。

（2）主办单位的主要负责人讲话。他的讲话应以阐明这次茶话会的主题为中心内容，还可以代表主办单位，对全体与会者表示欢迎和感谢，并且恳请大家一如既往地理解和支持主办单位的工作。

（3）与会者发言。这些发言在任何情况下都是茶话会的重心。为了确保与会者在发言中直言不讳、畅所欲言，通常主办单位事先不对发言者进行指定和排序，也不限制发言的具体时间，而是提倡与会者自由地进行即兴式的发言。一个人还可以多次发言，来不断补充、完善自己的见解、主张。

（四）茶话会的发言

现场发言在茶话会上十分重要。没有人踊跃发言，或者与会者的发言严重脱题，都会导致茶话会的最终失败。

茶话会上，主持人更重要的作用是在现场审时度势，引导与会者的发言，并且控制会议的全局。大家争相发言时，由主持人决定先后次序。没有人发言时，主持人引出新的话题或者恳请某位人士发言。会场发生争执时，主持人要出面劝阻。在每位与会者发言前，主持人可以对发言者略做介绍。发言的前后，主持人要带头鼓掌致意。

与会者在茶话会上的发言以及表现等必须得体。在要求发言时，可以举手示意，但也要注意谦让，不要争抢；不管自己有什么高见，都不要打断别人的发言。

三、招待会礼仪

（一）场所

招待会可在家庭、俱乐部或旅馆里举行。一般可在单位里找一间空房间，如将会议室重新布局，规模是能容纳宴请人数的 60%。因为招待会以沟通交流为主，吃是次要的，布置一两张桌子让人就餐，剩余空间够容纳宴请人数站着即可。

（二）布置

根据经费的多少来安排采购菜肴酒品。

沿着墙边摆放长桌，呈 T 形；若人数更多，可摆成 U 形；人特别多时，摆放成四边形，中间的空间留着以便大家走动、交流说话。

将一块空间组织成餐饮区，其余地方供领导讲话、同事间沟通，以及进行才艺表演等各种活动。

（三）时间

招待会的时间取决于招待会的形式，通常在午后 5 时至 8 时举行，餐饮提供时长为 4 至 6 个小时。招待会可以持续 1 至 3 个小时。在请柬规定的时间内与会者可自由来去，不必像正式宴会那样等贵宾离开后方可离去。

（四）食品摆放

使用的菜盘餐具放在一个地方，菜品沿着墙摆放。为了方便人取菜，空间要大。

（五）菜单

招待会一般备有茶、咖啡、三明治、点心等。如果是鸡尾酒会式的招待会，则需备酒类。

菜品的口味要多种多样，越丰富越好。要充分利用现有资源，可在超市、大型饭店定菜，且以冷菜为主。

要准备各种颜色的蔬菜和新鲜时令水果。

主菜可准备禽肉，如鸡、鸭、鹅、鸽子；畜肉，如猪、牛、羊；水产类，如鱼、虾等。

点心可以中西兼顾。中式点心可准备包子、糕点、馒头、油条、紫薯、玉米、南瓜；西式点心可准备蛋糕、面包、三明治等。

四、文艺晚会礼仪

（一）主办方礼仪

（1）发出邀请，注明晚会时间、地点及与会者的着装要求。

（2）晚会要事先精心安排好节目，要根据来宾的身份、风俗习惯以及双方的相互关系、本地的传统文化和实际能力拟订节目，应以具有本地特色的音乐、歌曲、戏剧、舞蹈为主，必要时可加入一两个来宾所在地的知名节目或来宾本人喜爱的节目。

（3）可以在邀请函中向来宾征求演出节目并备好节目单。演出时应印制专门的节目单，人手一份，对每个节目略加介绍。专场演出在贵宾出现之后进行。

（4）入场。普通观众先入场，来宾由东道主陪同入场，观众起立欢迎，来宾座位的安排要便于安全保卫，位置要最佳。在正规的剧场内观看文艺演出，通常最好的座位在第七至九排的中间。要让宾主集中就座，这样来宾进场、退场比较方便。

（5）演出前，接待人员要在门口迎候，并专门设立休息厅，主人与来宾共同步入剧场，其他观众应起立鼓掌欢迎。

（6）演出结束，主人与来宾要一同上台，安排专人向演员献花，邀请来宾与演员合影，观众起立鼓掌目送，东道主陪同来宾出场。

（二）参加晚会的礼仪

（1）回复邀请，说明己方是否参加，如参加，明确几人参加。

（2）参加晚会要修饰仪表。

（3）应提前入座。

（4）晚会上要遵守规则（不抽烟、不随意鼓掌）。

五、舞会礼仪

（一）舞会现场礼仪

（1）交谊舞举办时间多在晚上，气氛活跃；舞会时间控制在 2 至 4 个小时，零点之前舞会应结束。

（2）场地礼仪。舞会场地要选择交通便利的地方，场地大小以一人大约占 1 平方米为宜，地面平滑干净；舞池空间布置上，要根据不同舞曲打出不同灯光；音乐音量要适度，切忌尖声扰人；桌椅要足够，以供舞会上人员休息。

（3）舞曲礼仪。要准备好唱片、磁带及现场乐队伴奏等。

（二）舞会注意事项

（1）尊重舞者，快、中、慢 3 种节奏要根据现场情况调整。

（2）每个舞曲时间长短适宜在 4~5 分钟。

（3）舞曲安排有序，不同国家、风格的舞蹈曲目要穿插播放。

（4）整场舞会舞曲数量适中。

（5）遵循惯例，最后一个曲子一般是华尔兹《友谊地久天长》。

（三）如何邀请来宾

（1）注意邀请来宾的男女比例。

（2）要提前约请（一周），以便于来宾安排参加舞会的时间。

（四）舞会接待礼仪

（1）确定主持人，一般由女性担当（善于调节气氛）。

（2）挑选接待员；提供必要服务，如男宾多，女服务员可充当舞伴。

（五）参加舞会礼仪

（1）参加舞会者要修饰仪表，服装整洁大方，男着西装，女着长裙，不穿凉鞋；打理发型，施妆；如口中有异味，可以嚼泡过的茶叶或红枣干；如手有异味，可以用青菜叶搓洗。

（2）每段音乐结束时，男士应将女士送到邀请她的座位上，再去邀请下一位舞伴。

（3）如果男士带舞伴，第一支舞和最后一支舞必定跟舞伴跳。

（4）女士如果主动邀请男士，男士不得拒绝；如男士邀请女士，女士只可拒绝一次，不能二次拒绝。

（5）不能与他人过近距离交谈，要注意保持社交距离。

（6）如果男女比例悬殊，女士可以与女士共舞，但男士不能与男士共舞。

（7）如果是家庭舞会，第一支舞由主人与女伴跳，第二支舞由主要来宾与女伴跳，第三支舞由大家一起跳。

（8）礼待他人时要表情自然，举止自然，不做作。

本章思考题

1. 秘书作为会议主办方要做哪些准备？
2. 参加会议的秘书人员要注意哪些礼仪规范？
3. 会议安排座位要讲究哪些礼仪？
4. 有没有哪种特殊会议可以不排座位？为什么？
5. 晚会与舞会的礼仪规则是否通用，为什么？
6. 小李要陪同领导出席一次隆重的会议，小李应提醒领导注意哪些会议礼仪？

提示：

A. 事先阅读会议材料，有备而来；了解会议的地点、目的、议程等内容；明确自己的分内工作，是否需要发言等，并做好准备。

B. 穿着整洁，仪表大方。应着正装入会，可以穿西装套装、中山装或套裙。

C. 准时与会，进出有序。至少提前5分钟到达会场，以便有充裕的时间签名、领取资料并找座位。如果不能按时参加会议，应提前通知会议的主持人或组织者。

D. 开会后将手机等通信工具关闭或调至静音。会议之中尽量避免打电话，如有必要，应先离开会场。

E. 开会时要尊重会议主持人和发言人。不要在别人发言时说话、随意走动等，这是失礼行为。

　　F. 会中尽量不要离开会场。如果必须离开，应轻手轻脚快速通过。

　　G. 注意会场的行为举止。坐定后上身要坐正，双手放桌上，双脚放平，不要瘫坐在椅子上。会议结束要礼貌鼓掌起立，有序离会。

第九章 现代秘书宴请礼仪

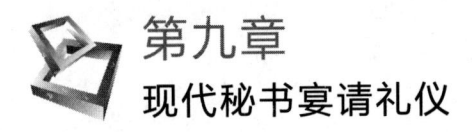

宴请是洽谈工作、联络感情、增进友谊的有效途径。

课程思政元素

本章内容与"修身治国平天下""达则兼济天下，穷则独善其身"的理念一脉相承，不再强调中国传统礼仪与西方礼仪的明显区别，而是在传统礼仪基础上形成一系列适合现代秘书礼仪应用场景的体系，体现中西方文化贯通；传授基础知识与培养专业能力并重，强化学生职业素养养成和专业技术积累，将专业精神、职业精神和工匠精神融入人才培养全过程，以促进学生将其内化于心的同时外化于行，实现知行统一、言行一致。

第一节 宴请形式

根据不同的标准，宴请可以划分为多种形式，每种宴请都有不同的要求。目前常见的宴请大致分为宴会、招待会、茶会和工作餐四种形式。

一、宴会

宴会是正餐，是宾、主坐在一起饮酒吃饭的聚会，由招待员顺次上菜。按其隆重程度、规格和菜肴品种与质量等要求不同，分为正式宴会和非正式宴会。

（一）正式宴会

正式宴会多为晚宴。按西方国家的习惯，晚宴一般在晚8点以后，中国一般在晚6点开始,晚上举行的宴请比白天举行的宴请更为隆重。通常发请柬,表明主人对宾客的高度重视。宴请现场要求专门布置,对宾客着装也有要求,席间可安排乐队演奏音乐。

(二) 非正式宴会

非正式宴会也叫便宴。便宴举行时间一般为中午或晚上。便宴形式简便,可以不排座位,菜肴道数酌减。便宴比较适合企业之间的一般接待和安排,可用于招待熟悉的客户或亲朋好友。

二、招待会

招待会是指各种不备正餐的宴请形式,形式比较灵活,主、宾可以自由活动。常见的招待会有以下几种。

(一) 冷餐会

冷餐会也叫自助餐会,可在室内或院子里、花园里举行,通常站着用餐,出席者可以早来晚走,也可以中途离开。宾客可自由活动,多次取食。冷餐会适用于各种正式的典礼活动之后,作为附属环节。

(二) 酒会

酒会也叫鸡尾酒会,以酒水为主,略备小吃。一般只设置摆放小吃、酒水、饮料的桌子,不设置椅子,参加者可以随意走动。

鸡尾酒会举办时间可以是中午、下午、晚上,附有请柬,标明时段,没有迟到早退一说,可以随意来去。

酒会中的酒不使用烈性酒(12% < 酒精浓度 < 38%),一般现场调制,调酒的基酒为威士忌、白兰地、杜松子酒、伏特加、朗姆酒、龙舌兰。

知识补充

鸡尾酒的来历

关于鸡尾酒的来历,有多种说法,下面列举几个,供大家参考。

1. 一天,一次宴会过后,席上剩下各种不同的酒,有的杯里剩下1/4,有的杯里剩下1/2。有个收拾桌子的服务员将三五个杯子里的剩酒混合在一起,一尝,比原来各种单一酒的口味好，他一连尝了几个混合酒，都是这样，后来他几次有意地重复混合，其混合酒确实比每一种单酒口味更好。以后，他就把这样混合的酒给大家喝，大家对这种混合酒的评价都很高，于是这种混合酒便出了名，并流传开来。这种混合酒后来被称为"鸡尾酒"（cocktails）。

2. 在美国独立战争期间，有一个爱尔兰籍少女，她不但用烤鸡来欢迎美军，而且还为他们配酒喝。少女爱漂亮，喜打扮，连配的酒在酒杯上都要插一根美丽的鸡毛来装饰，等到美国独立战争胜利之后，带有装点鸡毛的混合酒就风靡起来。由于酒杯上装上鸡毛的缘故，鸡尾酒的名称就在美国民间传扬开来。

3. 鸡尾酒起源于1776年纽约州埃尔姆斯福一家用鸡尾羽毛做装饰的酒馆。一天，当这家酒馆各种酒都快卖完的时候，一些军官走进来要买酒喝。一位叫贝特西·弗拉纳根的女侍者把所有剩酒统统倒在一个大容器里，并随手从一只大公鸡身上拔了一根毛把酒搅匀端出来奉客。军官们看看这酒的成色，品不出是什么酒的味道，就问贝特西，贝特西随口就答："这是鸡尾酒哇！"一位军官听了这个词，高兴地举杯祝酒，还喊了一声："鸡尾酒万岁！"从此便有了"鸡尾酒"之名。

三、茶会

茶会是一种简便的招待形式，多为纪念或庆祝活动举行。茶会举行的地点一般为单位的会议厅，设座椅但不排座位，采取圈式，不设主席台，主要目的是以茶会友，略备小点心，也可准备饮料和水果。如果有英国或法国客人，要适当准备牛奶、糖、柠檬片。

茶会的目的是交流沟通而非喝茶，所以不讲究茶道。与会者一边品茶一边交流，所以比较注重茶叶的品质和茶具。一般分为上午茶和下午茶。冬天一般选红茶，夏天一般选绿茶。有外国客人与会时，适当加入咖啡和奶茶。

茶会一般不需书面邀请，可邀请一方，也可进行多方茶会，时间灵活，可长可短。茶会一般配有点心等食物。

需要注意的是，奶茶是将红茶茶汁倒入鲜奶中，而不是用奶茶粉冲泡的。

四、工作餐

工作餐是秘书接待工作中经常采用的非正式宴请形式，主要利用进餐时间，围绕工作，边吃边谈，常于午间进行。工作餐上谈话为主，就餐为辅。

案例分析

李嘉诚请客

长江CEO班有三十几个同学，包括马云、郭广昌、牛根生等国内大家认为很了不起的人。有一次，班上组织他们去香港见一次李嘉诚，他可谓华人世界的超级大哥了。

一行人去了之后，没见面之前，心里都有个情景假定。当时他们就想：见老大哥相当于见领导，一般见这种人，可能有如下情况：第一，见不到大哥，只能先见到椅子、沙发；第二，大人物来了，我们发名片，人家不会发名片；第三，人家跟你握手，然后你站着听他讲话，就像我们被接见一样，听人家讲话我们鼓掌就完了；最后，吃饭肯定有主桌，大哥在那坐一下，吃两筷子说忙先走了，然后我们很激动地回来写感想。

结果这次见面完全颠覆了一行人之前的想法。

首先，长江集团顶楼电梯刚一开，70多岁的大哥站着跟他们握手，这样的开场很不一样，让他们有点愣。其次，一见面大哥先发名片，这个也很令人诧异，而且发名片还给大家递过来一个盘子。递盘子干吗？抓阄，盘子里有号，拿名片顺便抓个号，这个号决定他们吃饭的时候坐哪桌，避免到时候这些同学为谁坐1号桌、谁坐2号桌心里有想法。后来才知道，照相也根据这个号，站哪就是哪。大家觉得挺好，避免了尴尬。

站好之后，大家鼓掌希望大哥讲话。大哥说："我没有准备，我只讲八个字，叫作'创造自我，追求无我'。"

大家一听，大哥学历不高但读书很多，讲的都是哲学。"创造自我，追求无我"，大哥讲完了普通话又用广东话讲一遍，之后发现还有老外，于是用英文再讲一遍，就讲这八个字。

他们体会着这话里的深意。什么叫追求自我？你在芸芸众生中，把自己越做越强大，超越别人，这个过程就容易给别人以压力。因为你太强大了以后会很强势，就像你老站着，别人蹲着，别人就不舒服。所以你要追求无我，让自己消解在芸芸众生中，不要让别人感觉到来自你的压力。一方面创造自我，一方面让自己回归于平淡，让自己舒服也不给他人制造压力。

听完讲话大家开始鼓掌，然后开始吃饭。有个运气不错的人抽到了跟大哥一桌。那人当时想，和大哥挺近的，这样吃饭可以多聊一会儿，所以开始没急说话，没想到吃了十几分钟的时候大哥站起来说："抱歉，我要到那边坐一下。"这时他才发现，每个桌子都多放了一副碗筷。一个小时的吃饭时间，大哥轮流坐四个桌子，而且几乎都坐了15分钟。到这时，大家都被大哥周到和细致的安排感动了。

午餐结束之后大哥没先走，逐一跟大家握手，在场的每个人都要握到，墙角站着一个服务员，大哥专门跑到那里和他握手。这时候有人想起看过他的一个演讲，问他有没有关于这个演讲的书，大哥当时没准备，便交代了工作人员一下。结果下车的时候，那本书就送到大家手里。整个会面过程让来到这里的每个人都很舒服。

思考题

1. 案例中李嘉诚请客有哪些让你心动的地方？对照所学礼仪知识分析一下。
2. 平等待人与"创造自我，追求无我"有怎样的交集？

第二节 宴请准备

一、时空选择

时空选择，指确定宴请的时间与地点。无论宴请是哪种类别和方式，要达到宴请的目的，取得事半功倍的效果，在选择时间和地点上必须讲究技巧。

（一）时间选择技巧

（1）民俗习惯。在绝大多数情况下，确定正式宴请的具体时间，要遵从民俗惯例。例如，正式宴会通常都安排在晚上，因工作交往而安排的工作餐大都选择在午间。

（2）主随客便。优先考虑被邀请者，尤其是主宾。如有可能，应先与主宾协商一下，力求方便对方。

（3）提前通知。要给受邀方宽裕的准备时间，以便其安排好工作。

（4）其他注意事项。确定宴请时间和地点时要注意：①不选对方繁忙的时间；②避开对方文化中的重大节日；③避开重要活动或有禁忌的日子；④考虑对方个人的禁忌；⑤避开特定节日或纪念日。

（二）空间选择技巧

宴请地点可依据宴请目的、规模、形式来定。确定地点最便捷的方式是：①按人数多少确定地点；②按宴请类型确定地点；③预订宾主都熟悉的地方；④按来宾意愿确定地点。

具体可考虑以下几点。

（1）环境优雅。要选择卫生良好、清静、舒适、有格调的地点，首选有声誉的饭店、宾馆。

（2）设施完备。选择餐具用品和音响设施等完备的地点，首选负有盛名的老字号或名酒家。

（3）交通方便。主要考虑宴请地点的位置、线路、停车等方面的便利。

二、确定菜单

根据宴请规格，在规定的预算标准内安排宴请的酒菜。点菜时需注意以下几点。

（一）点菜礼规

量入为出为礼规，用餐点菜时最重要的是既要让客人吃饱吃好，也要量力而行。

（二）点菜艺术

点菜有两种办法：一是整点，即点套餐或包桌；二是零点，即根据预算和口味偏好在用餐时现场点菜。不论何种办法点菜都应尽量征求来宾意见，特别是主宾的意见，不要只凭自己的个人喜好行事。

确定宴请菜单时需注意：一部分菜品要符合客人口味，一部分菜品体现东道主的地方特色。菜肴道数和分量要合适。

（三）点菜原则

点菜原则如下。

（1）丰俭得当。

（2）冷热搭配，荤素适当，有主有次。

（3）营养丰富，味道多样。

（4）准备家常菜，调剂口味。

（5）晚宴要比午宴隆重，菜品更丰富。

（6）要有时令菜，加入地方特色。

（7）在餐桌上摆放菜单。

（四）点菜技巧

（1）优先考虑有中餐特色和文化标志的菜肴，如麻婆豆腐、夫妻肺片、宫保鸡丁、西湖莼菜羹和东坡肉等。尤其是宴请国外人士时，更应当高度重视这一点。

（2）兼顾具有本地特色的菜肴。宴请他人，尤其是宴请外地人时，应尽量安排具有本地特色的菜肴。

（3）选择餐馆的招牌菜。在知名餐馆点菜时，应尽量选择一些餐馆的招牌菜。

（4）适当加入一些家常菜。

（5）不忘时令菜，考虑宴请当地的季节时令菜，突出地方特色。

（6）冷热搭配，荤素得当，主次分明。

知识补充

2016年G20杭州峰会晚宴菜单

1. 八方宾客（富贵八小碟）

Appetizers combination

2. 大展宏图（鲜莲子炖老鸭）

Double – boiled duck with lotus seed

3. 紧密合作（杏仁大明虾）

Deep – fried prawn with almond

4. 共谋发展（黑椒澳洲牛柳）

Pan – fried Australian beef with black pepper

5. 千秋盛世（孜然烤羊排）

Roasted lamb chop with cumin

6. 众志成城（杭州笋干卷）

Dried bamboo shoot roll, Hangzhou style

7. 四海欢庆（西湖菊花鱼）

West Lake fresh water fish

8. 名扬天下（新派叫花鸡）

Beggars chicken

9. 包罗万象（鲜鲍菇扒时蔬）

Braised vegetable with mushroom

10. 风景如画（京扒扇形蔬）

Braised seasonal vegetable, Beijing style

11. 携手共赢（生炒牛松饭）

Fried rice with minced beef

12. 共建和平（美点映双辉）

Chinese petit fours

13. 潮涌钱塘（黑米露汤圆）

Sweetened cream of black rice with dumplings

14. 承载梦想（环球鲜果盆）
Seasonal fresh fruit platter

知识补充

中国八大菜系

中国菜肴在烹饪中有许多流派。其中最有影响和代表性的，也为社会所公认的有鲁、川、粤、闽、苏、浙、湘、徽等菜系，即人们常说的中国"八大菜系"。

一个菜系的形成和它的悠久历史与独到的烹饪特色分不开，同时也受到这个地区自然地理、气候条件、资源特产、饮食习惯等影响。有人把"八大菜系"用拟人化的手法描绘为：苏、浙菜好比清秀素丽的江南美女；鲁、皖菜犹如古拙朴实的北方健汉；粤、闽菜宛如风流典雅的公子；川、湘菜就像内涵丰富充实、才艺满身的名士。中国"八大菜系"的烹调技艺各具风韵，其菜肴之特色也各有千秋。

1. 鲁菜

宋以后鲁菜就成为"北食"的代表。明、清两代，鲁菜已成宫廷御膳主体，对京、津东北各地的影响较大，现今的鲁菜是由济南和胶东两地的地方菜演化而成的。鲁菜的特点是清香、鲜嫩、味纯，十分讲究清汤和奶汤的调制，清汤色清而鲜，奶汤色白而醇。济南菜擅长爆、烧、炸、炒，其著名品种有"糖醋黄河鲤鱼""九转大肠""汤爆双脆""烧海螺""烧蛎蝗""烤大虾""清汤燕窝"等。胶东菜以烹制各种海鲜而驰名，口味以鲜为主，偏重清淡，其著名品种有"干蒸加吉鱼""油爆海螺"等。中华人民共和国成立后，鲁菜中的创新名菜有"扒原壳鲍鱼""奶汤核桃肉""白汁瓢鱼""麻粉肘子"等。

2. 川菜

川菜在秦末汉初就已初具规模，唐宋时发展迅速，明清已富有名气，现今川菜馆遍布全世界。正宗川菜以成都、重庆两地的菜肴为代表。川菜重视选料，讲究规格，分色配菜主次分明，鲜艳协调。其特点是酸、甜、麻、辣香、油重、味浓，注重调味，离不开三椒（即辣椒、胡椒、花椒）和鲜姜，以辣、酸、麻脍炙人口，为其他地方菜所少有，形成川菜的独特风味，享有"一菜一味，百菜百味"的美誉。川菜的烹调方法主要是烤、烧、干煸、蒸。川菜善于综合用味，收汁较浓，在咸、甜、麻、辣、酸五味基础上，加上各种调料，相互配合，形成各种复合味，如家常味、咸鲜味、鱼香味、荔枝味、怪味等20多种。代表菜肴有"大煮干丝""黄焖鳗""怪味鸡块""麻婆豆腐"等。

3. 粤菜

西汉时就有粤菜的记载，明清时发展迅速。20世纪随对外通商，吸取西餐的某些特长，粤菜也推广到世界。粤菜是以广州、潮州、东江三地的菜肴为代表而形成的。菜的原料较广，花色繁多，形态新颖，善于变化，讲究鲜、嫩、爽、滑，一般夏秋力求清淡，冬春偏重浓醇。调味有所谓五滋（香、松、臭、肥、浓）、六味（酸、甜、苦、咸、辣、鲜）

之别。其烹调擅长煎、炸、烩、炖、煸等，菜肴色彩浓重，滑而不腻。尤以烹制蛇、狸、猫、狗、猴、鼠等野生动物而负盛名，著名的菜肴品种有"三蛇龙虎凤大会""五蛇羹""盐焗鸡""蚝油牛肉""烤乳猪""干煎大虾碌""冬瓜盅"等。

4. 闽菜

闽菜起源于福建省闽侯县。它以福州、泉州、厦门等地的菜肴为代表发展起来。其特点是色调美观，滋味清鲜。烹调方法擅长炒、溜、煎、煨，尤以"糟"最具特色。由于福建地处东南沿海，盛产多种海鲜，如海鳗、蛏子、鱿鱼、黄鱼、海参等，因此，多以海鲜为原料烹制各式菜肴，别具风味。著名菜肴品种有"佛跳墙""醉糟鸡""酸辣烂鱿鱼""烧片糟鸡""太极明虾""清蒸加力鱼""荔枝肉"等。

5. 苏菜

苏菜起始于南北朝时期，唐宋以后，与浙菜竞秀，成为"南食"两大台柱之一。江苏菜是由苏州、扬州、南京、镇江四大地方菜肴为代表而构成的。其特点是浓中带淡，鲜香酥烂，原汁原汤，浓而不腻，口味平和，咸中带甜。其烹调技艺擅长于炖、焖、烧、煨、炒。烹调时用料严谨，注重配色，讲究造型，四季有别。苏州菜口味偏甜，配色和谐；扬州菜清淡适口，主料突出，刀工精细，醇厚入味；南京、镇江菜口味和醇，玲珑细巧，尤以鸭制的菜肴负有盛名。著名的菜肴品种有"清汤火方""鸭包鱼翅""松鼠桂鱼""西瓜鸡""盐水鸭"等。

6. 浙菜

浙菜以杭州、宁波、绍兴、温州等地的菜肴为代表发展而成。其特点是清、香、脆、嫩、爽、鲜。浙江盛产鱼虾，又是著名的风景旅游胜地，湖山清秀，山光水色，淡雅宜人，故其菜如景，不少名菜来自民间，制作精细，变化较多。烹调技法擅长炒、炸、烩、溜、蒸、烧。久负盛名的菜肴有"西湖醋鱼""生爆鳝片""东坡肉""龙井虾仁""干炸响铃""叫花童鸡""清汤鱼圆""干菜焖肉""大汤黄鱼""爆墨鱼卷""锦绣鱼丝"等。

7. 湘菜

湘菜以湘江流域、洞庭湖区和湘西山区的菜肴为代表发展而成。其特点是用料广泛，油重色浓，多以辣椒、熏腊为原料，口味注重香鲜、酸辣、软嫩。烹调方法擅长腊、熏、煨、蒸、炖、炸、炒。其著名菜肴品种有"腊味合蒸""东安仔鸡""麻辣仔鸡""红煨鱼翅""汤泡肚""冰糖湘莲""金钱鱼"等。

8. 徽菜

徽菜以沿江、沿淮、徽州三地区的地方菜为代表构成。其特点是选料朴实，讲究火功，重油重色，味道醇厚，保持原汁原味。徽菜以烹制山野海味而闻名，早在南宋时，"沙地马蹄鳖，雪中牛尾狐"就是那时的著名菜肴了。其烹调方法擅长烧、焖、炖。著名的菜肴品种有"符离集烧鸡""火腿炖甲鱼""腌鲜桂鱼""火腿炖鞭笋""雪冬烧山鸡""红烧果子狸""奶汁肥王鱼""毛峰熏鲥鱼"等。

三、排定座位

宴请中,座位安排最能体现礼仪细节。座位安排首先安排桌次,然后安排每桌位次。

(一) 桌次安排

遵从"面门定位,以右为尊,门远为上"的原则安排。

(1) 如安排两桌,无论横排、竖排,上述原则不变。

(2) 如安排三桌及以上,除遵从上述原则确定主桌外,还要兼顾其他各桌与主桌的远近。通常,距离主桌越近,地位越高;距离主桌越远,地位越低。

(二) 位次规则

每张餐桌上所安排的用餐人数应限于 10 人之内,并以双数为宜。

根据上述席位各桌次序的排列方法,每张桌子的具体位次也有主次尊卑之分。仍然遵从"面门定位,以右为尊,门远为上"的原则,将主宾安排在主人的右侧,次主宾安排在主人的左侧。参加人数较多的宴会,主人应安排桌签以供客人确认自己的位置。

圆桌上主位确立,其他来宾分两种情况安排位次。

1. 每桌一个主位的排列方法

每桌只有一名主人,主宾在其右侧就座,每桌只有一个谈话中心。

以正门为标准,面门为上,背门为下。

每一桌一个主位,主要宴请人在主人右侧入座。

2. 每桌两个主位的排列方法

主人夫妇就座于同一桌,以男主人为第一主人,以女主人为第二主人,主宾和主宾夫人分别在男女主人右侧就座。每桌从客观上形成了两个谈话中心。

3. 西餐长桌座次

(1) 男女主人在长桌中央面对面坐,桌子两端一般不安排座位。

(2) 男女主人在长桌两端面对面而坐,女主人身边安排最重要的客人。

4. 方桌座次

方桌座次安排如图 9-1 所示。

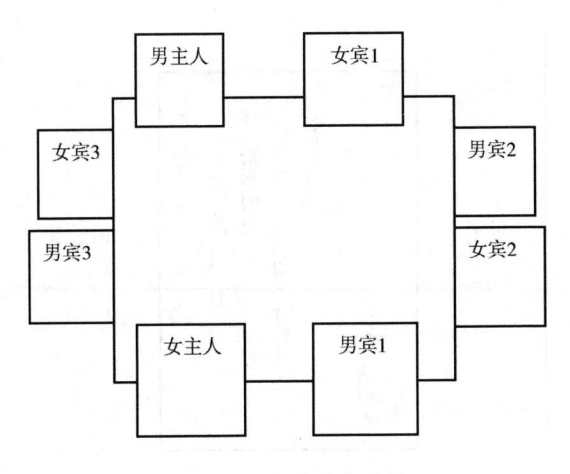

```
     男主人      女宾1

 女宾3                    男宾2

 男宾3                    女宾2

     女主人      男宾1
```

图 9-1　方桌座次安排

四、发出宴请邀请

如使用请柬邀请，应提前 1 至 2 周发出；如使用电话邀请，应至少提前 2 天约。请柬上注明活动形式、时间、地点、邀请方姓名。人名和节日名称用全称，中文请柬要写职务或尊重的称呼。请柬下方填落款。

请柬分为横式请柬和竖式请柬。

横式请柬如图 9-2 所示。

```
_____（被请人）：                    务请\敬请着正装、礼服（化装舞会）
　　____年____月____日____时（时间），_____（详细清晰的活动地点），
举行_____（年底聚餐、工作聚餐、宴请等）。
　　敬请光临！（恭迎大家或恭贺光临！）
                                        _____（发出邀请人）
                                        ____年____月____日
```

图 9-2　横式请柬

竖式请柬如图 9-3 所示。

知识补充

中餐的上菜礼仪

中餐上菜的程序自古就很讲究。清朝乾隆年间的才子袁枚，在其著名的《随园食单》

```
┌─────────────────────────────┐
│                             │
│      ×××（被请人）：         │
│      兹定于  年  月  日 时，  │
│      （详细清晰的活动地点），举行│
│      （年底聚餐、工作聚餐、宴请等）。│
│      敬请光临！              │
│                             │
│              ×××（邀请人）   │
│                 年  月  日   │
│                             │
└─────────────────────────────┘
```

图9-3 竖式请柬

里就曾对上菜程序做过如下论述："上菜之法，咸者宜先，淡者宜后，浓者宜先，薄者宜后，无汤者宜先，有汤者宜后。度客食饱则脾困矣，需用辛辣以振动之；虑客酒多则胃疲矣，需用酸甘以提醒之。"袁枚的这段话，总结了中餐宴会上菜的一般程序。

目前中餐宴会上菜的顺序一般为：第一道为凉菜，第二道为主菜（较名贵的菜），第三道为热菜（菜数较多），第四道为汤菜，第五道为甜菜（随上点心），最后上水果。

由于中国的地方菜系很多，又有多种宴会种类，如著名的燕菜席、燕翅席、鱼翅席、鱼唇席、海参席、全羊席、全鸭席、全鳞席、全素席、满汉全席等，所以地方菜系不同，宴会席面不同，其菜肴设计安排也就不同，在上菜程序上，自然也不会完全相同。

例如，全鸭席的主菜——北京烤鸭，就不作为头菜上，而作为最后一道大菜上，人们称其为"千呼万唤始出来"。而谭家菜燕翅席，因为席上根本无炒菜，所以在主菜之后上的是烧、扒、蒸、烩一类的菜。又如上点心的时间，各地习惯亦有不同，有的在宴会进行中上，有的在宴会将结束时上；有的甜、咸点心一起上，有的则分别上。这都根据宴席的类型、特点和需要，因人因事因时而定。基本原则是既不可千篇一律，又要按照中餐宴会相对稳定的上菜程序进行。

中餐宴会上菜的原则是：先冷后热，先菜后点，先咸后甜，先炒后烧，先清淡后肥厚，先优质后一般。一些具体事项如下：

（1）上拔丝菜，如拔丝鱼条、拔丝苹果、拔丝山芋、拔丝荔枝肉等，要托热水上，即用汤碗盛装热水，将装有拔丝菜的盘子搁在汤碗上用托盘端送上席，并跟凉开水数碗。托热水上拔丝菜，可防止糖汁凝固，保持拔丝菜的风味。

（2）佐料、小料等应同热菜一起上齐。如清蒸鱼配有姜醋汁，北京烤鸭配有葱、酱、饼等，在上菜时可略做说明。

（3）上易变形的炸爆炒菜时，如高丽虾仁、炸虾球、油爆肚仁等，一出锅须立即端上餐桌。上菜时要轻稳，以保持菜肴的形状和风味。

（4）上有声响的菜，如锅巴海参、锅巴肉片、锅巴什锦，这些菜一出锅就要以最快速度端上台，随即把汤汁浇在锅巴上，使之发出响声。做这一系列动作要连贯，不能耽搁，否则此菜将失去应有的效果。

（5）上原盅炖品菜，如冬瓜盅，上台后要当着客人的面启盖，以保持炖品的原味，并使香气在席上散发。揭盖时要翻转移开，以免汤水滴落在客人身上。

（6）上泥包、荷叶包的菜，如叫花鸡、缅甸鸡、荷香鸡，要先上台让客人观赏，再拿到操作台上当着客人的面打破或启封，以保持菜肴的香味和特色。

（7）生焖火锅：四生火锅、六生火锅、八生火锅、菊花火锅、毛肚火锅，均属生焖火锅一类。此类火锅现在一般燃固体酒精，其上席的操作方法和要求基本相同。

四生火锅上席的操作方法和要求是：将火锅拿到工作台后，在上席前掀开火锅盖，检查一下菜品的质量和卫生，然后用大汤瓢舀出适量的汤，盛于大汤碗内，以防止上席后加主、配料时汤汁溅出。

在四生碟中，稍许放一点料酒，轻轻晃动一下，使酒浸润碟底，以避免原料因干燥而黏在碟子上。这样做，上席后可顺利将原料拨进火锅。之后，将火锅盖好上桌。上桌时，火锅下要放一个盛水的盘子，以防止烤焦台布。上桌摆稳后，先点燃锅底的酒精炉，后将锅盖揭起来。揭盖时要轻轻掀起，在火锅上面将锅盖翻转，以防止锅盖的水珠滴到桌面上，并用另一只手接在锅盖下面拿出桌外。

上四生碟。如果四生碟是花色拼盘，须在上火锅前摆在桌上展出。如果是一般的拼碟，在上桌时摆在火锅四周即可。

加入四生原料。待火锅里的汤烧开后，先把配料如白菜、粉丝放进火锅，再按备主料烹熟所需时间长短，依次用筷拨进火锅。难熟的先拨入，易熟的后拨入，随即用筷子搅散煮熟。

知识补充

中餐的摆菜礼仪

摆菜即将上台的菜按一定的格局摆放好。

摆菜的基本要求是：讲究造型艺术，注意礼貌（尊重主宾），方便食用。

摆菜的具体要求如下。

（1）摆菜的位置要适中。散坐摆菜要摆在小件餐具前面，间距要适当。一桌有几批散坐顾客的，各客的菜盘要相对集中，相互之间要留有一定间隔，以防止差错。中餐酒席摆菜，一般从餐桌中间向四周摆放。

（2）中餐酒席的大拼盘、大菜中的头菜，一般要摆在桌子中间。汤菜如砂锅、暖锅、烛盅等，一般也摆在桌子中间。散坐的主菜、高档菜，一般也应摆在中间位置上。

（3）比较高档的菜、有特殊风味的菜，或每上一道新菜，要先摆到主宾位置上，在上下一道菜后再顺势撤摆在其他地方，使台面始终保持美观。

（4）酒席中头菜的看面要对正主位，其他菜的看面要调向四周。散坐菜的看面要朝向顾客。

所谓菜肴的看面，就是最宜于观赏的一面。各类菜的看面是：整形的有头的菜，如烤乳猪、冷碟孔雀开屏等，其头部为看面；而头部被隐藏的整形菜，如烤鸭、八宝鸡、八宝鸭等，其丰满的身子为看面；冷碟中的独碟、双拼或三拼，如有巷缝的，其巷缝为看面，无巷缝的，其刀面为看面；盅菜类的花纹最精细的部分为看面；有"喜"字、"寿"字的造型菜，其字画的正面为看面；一般的菜肴，其刀工精细、色调好看的部分为看面。

（5）各种菜肴要对称摆放，要讲究造型艺术。菜盘的摆放形状一般是两个菜可并排摆成横一字形，一菜一汤可摆成竖一字形，汤在前，菜在后；两菜一汤或三个菜，可摆成品字形，汤在上，菜在下；三菜一汤可以汤为圆心，菜沿汤内边摆成半圆形；四菜一汤，汤放中间，菜摆在四周；五菜一汤，以汤为圆心摆成梅花形；五菜以上都以汤或头菜或大拼盘为圆心，摆成圆形。

菜肴对称摆放的方法：要从菜肴的原材料色彩、形状、盛具等几个方面讲究对称，如鸡可对鸭，鱼可对虾等。同形状、同颜色的菜肴也可相间对称摆在餐台的上下或左右位置上，一般不要并排摆在一起；摆放时注意荤素、颜色、口味的搭配和间隔，盘与盘之间距离相等。

（6）如果有的热菜使用长盘，其盘子应横向朝主人。如果热菜是整鸭、整鸡、整条鱼，中国传统的礼貌习惯是"鸡不献头，鸭不献掌，鱼不献脊"，即上菜时将其头部一律向右，脯（腹）部朝主人，以示对客人的尊重。

案例分析

"鱼不献脊"

关于"鱼不献脊"的习俗，据说来源于"鱼腹藏剑"的典故。春秋时，吴国的公子光为了除掉吴王僚以继承王位，请来猛士专诸相助。专诸善做鱼，"尝者皆以为美"，公子光便请吴王僚来尝专诸所做的鱼。专诸在做好的鱼腹中暗藏锋利的鱼肠短剑，乘进鱼之机，从鱼腹中抽出短剑将吴王僚刺死。而当时专诸为了取剑方便，正是将鱼脊朝向吴王僚，鱼腹朝向自己的。从此，"鱼不献脊"的说法便流传于世。

第三节　就餐礼仪

赴宴就餐者必须讲究就餐礼仪，本节将从就餐的一般礼仪、中餐就餐礼仪和西餐就餐礼仪、自助餐就餐礼仪四个方面加以阐述。

一、就餐的一般礼仪

总体讲，就餐者要文明、优雅，注意吃相，保持形象。具体讲有如下要求。

（一）仪表得体

就餐者要尽可能衣着整洁美观，体现风度。

（二）礼貌入席

要求按位次就座，不可造次。主人或者长者主动安排众人入座；来宾在长者或女士坐定后方可入座；入座时，男士为身边（尤其是右边）的女士拉开座椅并协助其入座。入座后姿势端正，脚踏在本人座位下，不跷腿，不抖动腿脚，也不可任意伸直；胳膊肘不放在桌面上，也不要向两边伸展而影响他人。双腿不交叉，双手不放邻座椅背上，不托腮；眼光随和，不可紧盯菜盘。

（三）正确使用餐具

主人可为身边的客人布菜。布菜应使用公勺或公筷。布菜时要照顾到客人的饮食偏好，如果客人不喜欢或者已经吃饱，不必再为客人夹送。筷子不能一横一竖交叉摆放，不能插在饭碗里，不能搁在碗上。

（四）举止文雅

举止文雅要求不当众整理仪容，不挥舞餐具，不手持刀叉或筷子比画。若不慎将汤汁、酒水溅到他人衣物上，应表示歉意，如对方是异性，不必亲自为其擦拭，请服务员帮助即可；如吃到不洁或有异味的食物，不要大呼小叫，应吐出用餐巾纸包好后处理掉。

（五）适度交谈

宴请是一种社交场合，在餐桌上要关心别人，尤其要招呼两侧的女宾；不要埋头苦吃，一言不发；不要只和熟悉的人交谈，要和主人方面人员交谈，交谈对象要广泛；交谈内容要轻松、高雅、有趣，不要对饭菜妄加评论；交谈音量要适中，不可大声喧哗；嘴里有食物时不要说话，也不要敬酒；宴会上应营造和谐温馨的氛围，避免涉及死亡、疾病等影响用餐气氛的话题。

（六）文明用餐

文明用餐要求做到五个不：吃喝不出声，残渣不乱吐，不劝人喝酒，不给人布菜，不松解衣饰。用餐时，注意自用餐具不可伸入公用餐盘取菜舀汤，应使用公筷公匙；在品尝菜肴后再决定是否添加佐料，未尝之前就添加佐料被视为对烹调者的不尊重；夹菜应看准下筷，不宜随意翻拣；小口进食，避免大口嚼咽；切忌用手指剔牙，可以使用牙签并以手或手帕遮掩，牙签使用后折断放在接碟中。

（七）敬酒

主人先为主宾斟酒，若有长辈或者贵客在座，主人也应先为他们斟酒。主人为客人倒酒时，客人以手扶杯表示恭敬和致谢。首次敬酒由主人提议，客人不宜抢先；敬酒以礼到为止，各自随意，不应劝酒。

二、中餐就餐礼仪

（一）中餐菜序

标准的中餐上菜顺序通常如下。

（1）先冷后热，冷盆荤素搭配，以荤为主，荤不重复；海鲜不做冷菜，甜、咸、辣、淡口味兼顾；吃至三分之二，上热炒。

（2）如只有一盘主菜，是呈现给来宾重头品尝的风格标志；如主菜按双数出现，一般是兼顾宴请人数递加，并不分主次。

（3）点心一般是米面制品。

（4）汤一般有甜汤和非主菜的咸汤。

（5）最后上水果拼盘。

（二）餐具使用

中餐餐具主要有杯、盘、碗、碟、筷子、汤匙等。

中餐餐具放置讲究一定的礼仪：面前是盘子。盘前为三个杯子，分为大、中、小、杯，大杯喝水、果汁和饮料，中杯喝葡萄酒类，小杯喝白酒。盘左面为碗，碗中有勺，碗盛汤羹，碗碟不端离桌面。盘右面是筷子、大汤勺。桌上放两条湿毛巾，一条用来饭前擦手、擦汗，不擦嘴；另一条用来饭后擦嘴不擦汗。

（1）筷子使用。筷子讲究长短一致，两头对齐，成双使用。

（2）碗的使用。使用时注意不用双手端碗进食，碗内食物必须用餐具取用，碗内不可放置残渣。

（3）汤匙的使用。汤匙主要用来喝汤，或取食颗粒状食物时使用。

（4）盘碟使用。盘碟同形，盘大碟小。餐桌上，盘子保持原位不动，用来存放从公用菜盘里取来的食物。碟子可放调料、蘸料。

（5）餐巾使用。正式的中餐宴会会配备一条餐巾，用于擦嘴、擦手，不可擦汗、擦餐具。

（6）水盂的使用。一般水盂中的水漂有玫瑰花瓣、柠檬片等，用于洗手，不能饮用。

（7）牙签使用。牙签用于剔牙。一般不要当众剔牙，如非剔牙不可，应以餐巾或手掌掩住口部。注意牙签不可叼在口中。剔出残渣不可再次入口，不可乱弹，不可当众观赏。

知识补充

筷子的使用禁忌

1. "三长两短"

"三长两短"是指在用餐前或用餐过程当中将筷子长短不齐地放在桌子上。这种做法是大不吉利的，代表"死亡"。中国人过去认为人死以后是要装进棺材的，在人装进去还没有盖棺材盖的时候，棺材的组成部分是前后两块短木板，两旁加底部共三块长木板，五块木板合在一起做成的棺材正好是三长两短，所以用"三长两短"表示极不吉利的事情。

2. "仙人指路"

"仙人指路"是指用大拇指和中指、无名指、小指捏住筷子，而食指伸出。这在人们眼里叫"骂大街"，因为在吃饭时食指伸出，总在不停地指别人（人们一般伸出食指去指对方时，大都带有指责的意思）。所以说，吃饭用筷子时用手指人，无异于指责别人，这同骂人是一样的，是不被允许的。还有一种情况也是这种意思，那就是吃饭时同别人交谈并用筷子指人。

3. "品箸留声"

"品箸留声"是指把筷子的一端含在嘴里，用嘴来回嘬，并不时发出声响。在吃饭时用嘴嘬筷子本身就是一种无礼的行为，再配以声音，更令人生厌。所以一般这种做法都会被认为缺少家教，同样不被允许。

4. "击盏敲盅"

"击盏敲盅"这种行为被看作乞丐要饭，其做法是用餐时用筷子敲击盘碗。因为过去只有要饭的才用筷子击打要饭盆，其发出的声响配上嘴里的哀告，使行人注意并施舍。

5. "执箸巡城"

"执箸巡城"是指手里拿着筷子，做旁若无人状，用筷子来回在桌子上的菜盘里寻找，不知从哪里下筷为好。此种行为是典型的缺乏修养的表现，令人反感。

6. "迷箸刨坟"

"迷箸刨坟"是指手里拿着筷子在菜盘里不住地扒拉，就像盗墓刨坟一般。这种做法同"迷箸巡城"相近，都属于缺乏教养的表现，令人生厌。

7. "泪箸遗珠"

"泪箸遗珠"是用筷子往自己盘子里夹菜时手里不利落，将菜汤流落到其他菜里或桌子上。这种做法被视为严重失礼，同样是不可取的。

8. "颠倒乾坤"

"颠倒乾坤"是指用餐时将筷子颠倒使用，这种做法是非常被人看不起的，正所谓饥不择食，以至于都不顾脸面了。将筷子使倒是绝对不可以的。

9. "定海神针"

"定海神针"是指在用餐时用一只筷子去插盘子里的菜品，这也是不行的，这被认为是对同桌用餐人员的一种羞辱。在吃饭时做出这种举动，无异于在欧洲当众对人伸出中指，是极不礼貌的。

10. "当众上香"

"当众上香"是指出于好心帮别人盛饭时，为了省事而把一副筷子插在饭中递给对方。这被人视为大不敬，因为在民间的传统中为死人上香时才这样做。

11. "交叉十字"

"交叉十字"这一点往往不被人们所注意，即在用餐时将筷子随便交叉放在桌上。这是不对的，因为人们认为在饭桌上打叉子是对同桌其他人的否定，不能被他人接受。除此以外，这种做法也是对自己的不尊敬，因为过去吃官司画供时才打叉子，这无疑是在否定自己，也是不行的。

12. "落地惊神"

"落地惊神"是指失手将筷子掉落在地上，这是严重失礼的一种表现。因为人们认为，祖先们全部长眠在地下，不应当受到打搅，筷子落地就等于惊动了地下的祖先，这是大不孝，所以这种行为也是不被允许的。

知识补充

碗的使用禁忌

1. 忌随便扔旧碗

民间传统认为：饭碗象征着你的工作、生意，如果你把"饭碗"扔了，也就意味着你把工作、生意扔掉了；另外，"碗"还寓意着"完"，旧碗扔了，也寓意你扔了就"完蛋"了。因此，旧碗不可随便扔。

处理方法：将不用的碗筷废物利用，可以养植物或者做装饰。实在要扔，可以用红布包着扔到垃圾箱。

2. 忌吃饭碎碗

吃饭的时候，总会因为这样那样的原因不小心打破碗。这是不好的寓意。这是你潜在的心理压力释放的表现，生活中没有解决的问题或者事情可能会在近期出现。

处理方法：尽量避免打碎碗。摔碎了念一句"碎碎（岁岁）平安"，将近期心烦的事情一一列出，讲出来和亲友商讨解决。

3. 忌继续使用破裂的碗

从节约的角度，碗破损了还可继续用。但从安全着想，建议不要使用。

处理方法：破损的可以按上面的方法扔掉，或者可以在祭祀先人时使用。在这种特定情况下需要使用破损了的碗而不是完整的好碗，这是为了让死去的人明白，这个碗永远不用了，是表示怀念的意思。

4. 吃饭时用碗禁忌

忌碗放在桌上、嘴凑上去吃饭，这意味着乞讨。饭碗应该用手拿着或者扶着。托碗吃饭适合在讲究礼节的场合，比如和领导、长辈吃饭，应该托碗吃饭，以示对对方的尊重。

知识补充

调羹使用的粗鲁表现

1. 出声勺

喝汤时发出"啧啧"的瘪嘴声或"呼噜噜"的喝汤响声。

2. 回锅勺

将自己经口过的或舔过的调羹重新回锅盛汤。

3. 吹风勺

用比较大或比较急的口风吹凉调羹中的汤。

4. 敲打勺

没有轻拿轻放，致使调羹碰到碗、盘而发出声响。

5. 滴漏勺

调羹吃食就口的程度要以不离碗、盘正面为限,切不可使汤滴在碗、盘的外面。

6. 反手勺

舀汤盛饭的时候勺子外翻。

7. 游走勺

拿着勺子走动或招待客人,这是对客人不礼貌、没诚意的表现。

8. 花脸勺

每次用过后,若不注意随时清理勺子上黏附的汤汁或酱水,则会在勺子表面形成一张花脸,此时应避免再次使用这个勺子。

(三) 中餐用餐礼仪

(1) 用餐时不能用手拿着盘子。

(2) 尽量一道菜配一个专用的取用盘,以免味道混淆。

(3) 使用中的筷子以纵放为原则,禁止把筷子搁在盘缘或碗缘上。

(4) 菜肴由主宾开动后其他人才可动筷。

(5) 自己喜欢吃的菜肴也不可多取。

(6) 取汤汁较多的菜肴时,取菜盘需靠近大盘去接。

(7) 站起来,伸长两手至远处夹菜,这是很不礼貌的行为。

(8) 用面食时,用筷子挟面条,放在调羹中再享用,这样看起来比较优雅。

(9) 不可将装有汤食的碗端起来直接喝,更不能发出声音。

(10) 喝茶时,若没有服务生,做东的主人要为所有客人倒茶,等茶叶沉下后,把杯盖稍微挪开再饮用。

(11) 取菜盘上的菜必须全部吃完。

(12) 使用筷子进餐时,碗盘绝不可拿在手上。

(13) 口里有小骨头时,可以用餐巾掩口,用筷子取出,放置盘上。

(14) 肉或蔬菜等配料若太大,可在碗内夹成一口大小再吃,不可放进嘴里再咬。

(15) 喝汤必须使用汤匙,每次只舀一口的分量。

三、西餐就餐礼仪

(一) 西餐菜序

由于饮食习惯不同,西餐的菜序与中餐有着明显的不同。正式宴请,西餐的正餐由八道菜肴组成。

1. 开胃菜

在西餐里，开胃菜往往不被列入正式的菜序，仅充当"前奏曲"。开胃菜既可以是沙拉，也可以是由海鲜、水果、蔬菜组成的拼盘。如果均已切割好，用餐叉食用即可。

2. 面包

西餐正餐面包一般都是切片面包，吃面包时，可根据个人口味涂上黄油、果酱或奶酪。面包一般放在自己的左前方，吃一道菜时方可食用。鲜面包的正确吃法是：用左手撕下一块大小合适、刚好可以一次吃下的面包，全部涂上黄油和果酱，再送入嘴中。不能拿起一整块面包，全部涂上黄油，双手托着吃；不能用叉子叉着面包吃；不能用刀叉切开吃；不能把面包浸在汤内捞起来吃。如是烤面包片，则不要撕开。甜食上来后，最好就不要再吃面包了。

3. 汤

汤分为两大类，即清汤和浓汤，具有开胃作用。喝汤时，才算正式开始吃西餐。喝汤时要注意：第一，不要端起盘子来喝汤。第二，喝汤时不要发出"嘶嘶"的声音。第三，不要将身子俯得太低，趴到汤盘上去吸食。第四，不要用嘴吹，可用匙搅拌降温。

4. 主菜

主菜有冷有热，正式的西餐宴会上，大体上要上一个冷菜、两个热菜。

冷菜多为冻子、泥子。冻子是煮熟的食品（鸡肉、虾肉、鱼肉）与汤凝结而成。泥子是肝脏或脑泥＋芹菜＋鸡蛋，成糊状。

两个热菜中，讲究的先上一个鱼菜，由鱼和虾以及蔬菜组成；另一个是肉菜，为西餐中的大菜，是必不可少的，多为烤肉，再配以蔬菜，往往代表着此次用餐的最高档次和水平。吃鱼时，可用餐刀将其切开，将鱼刺、骨剔出后再切成小块，用叉取食。吃肉菜时，要用叉子摁住食物，用餐刀切下一小块，吃完后再切第二块。

5. 点心

吃过主菜后，一般要上些蛋糕、饼干、吐司、三明治等西式点心，可以用手拿着吃。但是，吃通心粉时不能一根一根挑着吃或吸着吃，应该右手握叉，左手在汤匙的帮助下，把面条缠绕在餐叉上，然后送入口中。

6. 甜品

点心之后接着上甜品，最常见的甜品有布丁、冰激凌等。西餐上桌的布丁一般是流质的，不直接用手取食，以专用的餐匙取食。冰激凌上桌时，通常被置于专用的高脚玻璃杯内,应以餐匙食之。

7. 水果

吃完甜品,一般还要摆上干鲜果品,常用的干果有核桃、榛子、腰果等,鲜果有草莓、菠萝、苹果等。

8. 热饮

在用餐结束之前,还要为用餐者提供热饮。西餐的热饮可以在餐桌上喝,也可以离开餐桌去客厅或休息厅里喝。热饮一般为红茶和咖啡。

(二) 餐具使用

西餐的餐具非常讲究,使用餐具必须遵从既定的规矩。刀叉是西餐最重要的餐具,此外还有匙、盘、碟、杯等,讲究不同的菜使用不同的刀叉,不同的酒用不同的酒杯。

1. 刀叉

刀叉是餐刀、餐叉的统称。

刀是用来切割食物的,不可用刀挑起食物往嘴里送,一般右手持刀。用餐时,有三种不同规格的刀同时出现。①带小小锯齿的、较大形的刀用来切割肉制品;②中等大小的刀用来切割大片蔬菜;③小巧的、刀尖呈圆头的、顶部略微上翘的刀用来切开面包或挑起果酱、奶油涂面包。

用刀时,刀刃不可向外;不用刀时,将其横放在盘子右上方。

叉是用来叉起食物往嘴里送的,一般左手持叉。用餐时,叉子自外到内的摆放顺序是鱼叉、肉叉、沙拉叉。叉起食物入嘴时,牙齿只碰到食物,不咬叉;食物一次性入口,不可咬一口再放下。

多数情况下,刀叉同时配合使用。特别是不容易叉起的食物,可以用刀把它轻轻地推上叉。切割食物时,左手用叉按住食物,右手用刀切下小块,送入口中。

欧洲人使用刀叉时不换手,切一块吃一块;美国人则不同,切割一块即把刀放下,换右手持叉送入口中。

就餐中,按刀叉顺序由外而里取用,最先取用摆在离主菜盘最远的刀叉。

切割食物不能一次全部切细,应切一片或一块吃掉。

就餐过程中需暂时离开一下或攀谈时,应放下手中的刀叉,刀右叉左,刀口向内,叉齿向下,呈"八"字形状摆放在餐盘之上,以此表示此菜尚未用毕。吃完或不想再吃时,可以刀口向内,叉齿向上,刀右叉左,并排放在餐盘上,以此表示不再吃了,可以连刀带餐盘一块收掉。

使用刀叉时要注意：不要动作过大影响他人；切割食物时不要弄出声响；切下的食物要一口吃掉；不要挥动刀叉和指点他人；不可一手拿刀或叉，一手拿酒杯或拿餐巾擦嘴；任何时候都不可将刀叉的一端放在盘子上或桌上。

2. 匙

正式场合下，匙有很多种，小的用于搅拌咖啡和取用甜点，扁平的用于涂黄油、分蛋糕，大的用于喝汤或舀取小食物，最大的用于自助餐公用。

西餐正餐中至少有两把匙，一般大的是汤匙，小的是甜品匙。一般汤匙用来喝汤，小匙也称茶匙，用于搅拌；用完应从杯中取出，放入托盘。

3. 餐巾

餐巾在用餐前打开，平铺在大腿上，正方形餐巾折等腰三角形，直角朝向膝盖方向，或长方形餐巾对折，折口向外平铺。

当女主人把餐巾铺在腿上时，暗示用餐开始。

当女主人把餐巾放在餐桌上时，暗示用餐结束。

当途中暂时离开、还要去而复返继续用餐时，可将餐巾放置于本人座位上。

餐巾使用规范：不要用餐巾擦汗、擦脸、擦手；不要用餐巾擦餐具、擦桌子；不要用餐巾擦口红、鼻涕、痰；不要用餐巾擦眼镜；不要在离席时把餐巾掉落地上；不要把餐巾用到污迹斑斑；不要把食物残渣放在餐巾上等。

（三）西餐菜式吃法礼仪

1. 喝汤的礼仪

喝汤时的注意事项如下：喝汤不出声，不能吸着喝，汤匙轻拿、轻舀、轻放，尽量不要碰撞出声；不要任意搅和热汤，不要用嘴吹凉；舀汤时汤匙斜入汤碗，由身边往外舀汤，一汤匙一口喝下，不分几口；吃完汤菜，汤匙留在碗盘中，匙把指向自己；暂时离开座位，可斜放汤匙或横放。

2. 吃面包的礼仪

吃面包的礼仪包括如下方面：取面包用手去拿，取自己左手前面的，不可取错；面包撕着吃，吃一块撕一块，左手拿来吃；黄油取出放在小蝶里，不直接往面包上抹；不用面包蘸汤吃，不用面包抹盘子。

3. 吃蔬菜和沙拉的礼仪

吃蔬菜和沙拉的礼仪主要包括以下几点：吃沙拉只用右手持叉吃，叉尖朝上；蔬菜一般用叉吃，体积较大的蔬菜，可用刀叉折叠、分切，再用叉送入口中；青豆一类的蔬菜，可用叉压扁，再用叉舀来吃，不可一颗一颗叉着吃。

4. 吃白肉的礼仪

西餐中的白肉指鱼肉、鸡肉和海鲜。吃白肉的礼仪主要包括以下方面：吃全鱼时，用刀将头尾切下，堆在盘边，用刀切割上层鱼肉，叉着吃；吃完上层鱼肉不可将鱼翻身，应用刀叉剔除主刺后再吃下层鱼肉。吃鱼块时，用刀叉拨开鱼刺，入口的鱼骨、鱼刺用叉接住后放入盘中，不可扔在桌上或地上。吃整鸡时，用刀从胸脯处一剖为二；切肉食用，不可翻身，鸡腿也用刀去骨，不要用手拿着吃。吃整只龙虾时，用手撕去虾壳再吃；如是半只龙虾，右手持刀插进虾尾，压住虾壳，左手用叉拉出虾肉再切食。吃贝类海鲜时，用左手持叉，剌肉挑出来吃。对于配食的柠檬，用手挤汁，滴在鱼虾海鲜上，以去腥味。

5. 吃红肉的礼仪

西餐中的红肉指牛、羊、猪肉等。吃红肉的礼仪主要包括以下方面：牛排熟度可分为三分熟、五分熟、七分熟、全熟，点菜时要说清楚，菜上后要求重烤或不敢吃都是失礼的；牛排切割要由内而外，一下一下切，不要来来回回锯着切，应切一块吃一块；猪排、羊排要熟透，吃法与牛排相同。

6. 吃水果、甜点的礼仪

吃水果、甜品的礼仪主要包括以下方面：西餐中水果的吃法比较烦琐，除葡萄外，一般都不用手拿着吃。苹果、梨等先切成四或六块，去皮、核，用叉子叉来吃；蛋糕、西饼用小叉子、冰激凌布丁用甜点匙取食；给人拿点心，用刀叉托住送过去。

7. 喝咖啡的礼仪

喝咖啡的礼仪主要包括以下方面：喝咖啡可以右手端杯，左手端碟，也可只端杯子，碟子留在桌上；喝咖啡可加奶、糖，用方糖夹取糖，放在咖啡碟近身一侧，再用小咖啡匙把方糖放进杯子，如加砂糖，用咖啡匙舀取；咖啡太热时，用咖啡匙搅拌，不可用嘴吹凉；可就点心，但不可一手拿点心，一手端咖啡，吃一口、喝一口交替进行，一般为喝咖啡时放下点心，吃东西时放下咖啡；咖啡匙仅仅用来搅拌，用完放回小碟，不可用来舀着喝。

8. 喝酒的礼仪

标准的西餐宴请，使用的酒分为餐前酒、佐餐酒、餐后酒三类。喝酒的礼仪主要包括以下方面：餐前酒也叫开胃酒，在餐前饮用或吃开胃菜时饮用，品种有鸡尾酒、味美思、威士忌、香槟；佐餐酒大多是葡萄酒，要求"白酒配白肉，红酒配红肉"，即主菜是肉类则搭配红葡萄酒，主菜是鱼类则搭配白葡萄酒；餐后酒指的是在用餐之后用以助消化的酒，最常见的是香甜酒，最有名的餐后酒则是有"洋酒之王"美称的白兰地。

在一般情况下，饮不同的酒水要用不同的专用酒杯。在每一位用餐者面前，桌面上大都会横排放置三四只酒水杯。取用时，可依次由外侧向内侧进行，亦可"紧跟"女主人的选择。在它们之中，香槟杯、红葡萄酒杯、高脚杯、白兰地杯及水杯，往往必不可少。

（四）西餐就餐礼仪

（1）着装讲究。在隆重的宴会上，往往要求穿礼服；在普通宴会上，通常要求穿正装。

（2）尊重女士。特别是尊重女主人，礼待女宾客。

（3）举止优雅。要坐姿端正，文明用餐，禁止出声，主动交际。但商务环境下，应该多利用就餐的机会主动与对方交流沟通，拓展人脉。

四、自助餐就餐礼仪

自助餐可以不排座位，节省费用，各取所需，招待多人，是目前社会活动中通行的一种非正式宴请形式。具体做法是：不备正餐，就餐者自行选择食物、饮料，或坐或立，自由选择与他人一起或独自用餐。自助餐礼仪指就餐者需遵从的礼仪规范。

（1）排队取菜，讲究先来后到，不可以乱挤、乱抢、乱插队。

（2）循序取菜，讲究依次序取菜，按凉菜、汤菜、热菜、点心、甜品、水果的顺序取菜。

（3）量力而行，也称"每次少取"原则，不可将食物狂取一通，最后剩余浪费。

（4）自助餐选取菜肴可以反复取用，直至吃好、吃饱为止，相反，为图省事一次过量取菜，倒是失礼。

（5）避免外带，可以在现场吃，不可打包外带。

（6）自助餐用餐完毕，应将餐具放到指定处。

（7）排队、取菜、就位、走动时，对其他就餐者要谦让、适当帮助，不可目中无人、横冲直撞、蛮不讲理。

（8）商务活动中的自助餐，吃是次要的，寻找机会与他人适当交际是主要的，不可只顾埋头大吃，不可去了就吃、吃完就走，要主动与主人攀谈，与朋友叙旧，与新人结交。

五、赴宴就餐的禁忌

（1）用餐时响声大作，包括喝饮料、喝酒、咀嚼食物、敲餐具的声音。

（2）剔牙不掩饰。剔牙时要用餐巾进行遮挡，剔除出来的东西应该悄悄处理。

（3）残渣乱吐。食物残渣吐在桌上、吐在地上，这都是不礼貌的。

（4）一次入口过多。切了一大块牛排塞满嘴巴还与人交谈是极其糟糕的事，这样的吃相很粗俗。

（5）用餐时满脸开花。吃到冒汗不擦，嘴角有菜渍、蛋糕等仍旧进食是被禁止的。

（6）用餐时咳嗽、打喷嚏、吐痰。身体不适时应不赴宴，这是对他人的理解和尊重。如果进食中不小心呛到咳嗽，应该立刻向邻座道歉"不好意思我呛了一下"，这样邻座就不会责怪你。

（7）用餐时吸烟。在所有宴请中，吸烟都是不文明的。

（8）当众宽衣解带。热了就脱衣服、解领带，吃多了松皮带，吃螃蟹时挽起袖子，这些都是失礼的行为。

（9）餐桌上整理发型或补妆。职场中的女士不要在餐桌上整理发型或补妆，这是轻浮的行为。

（10）口含食物与人交谈。这样会造成口齿不清，让人听不清，同时还容易使饭菜喷洒出来，令人生厌。

（11）替人布菜。越俎代庖，有失礼仪。

（12）不停劝酒。

（13）猜拳行令，这很不文明。

（14）用手抓取食物，既不卫生，也不文雅。

（15）起身取菜。

（16）对食物挑三拣四。取用食物之前应该看准目标，有喜欢的菜转到面前时，用勺子、碗取食，不喜欢的菜不要动；吃多少取多少，将食物剩在盘中是不懂礼节的体现；在中餐炒菜炒饭中为挑选出自己喜欢的菜用筷子翻来翻去也是禁止的。

（17）用餐具指点他人。

（18）乱用餐具，如该用筷子时偏偏用勺子。

（19）品味餐具，如把筷子放在口中咂咂味道。

（20）同人抢菜，不按次序拿菜。

（21）端盘碗用餐。盘子只能在桌前堆放，不可端盘子进食。

（22）捡食掉出的食物。食用掉在桌子上、衣袖上的食物是不卫生的。对于掉在桌子上的食物有两种处理方法：不理会或用纸巾包住放在该放残渣的地方。

（23）边走边吃，边走边喝。鸡尾酒会上，喝酒和吃东西的时候不说话、不走动，交谈时不走动。

（24）乱吹、乱搅动食物。注意吃热菜，喝热汤、热咖啡时，要轻轻搅动，搅动的范围是勺子碰到餐具底部，而不是像打鸡蛋一样快速搅动。

（25）双手乱动乱放。就餐时，手放在桌子边缘，也可以放在大腿上，勿将双肘放在桌子上。即使桌子旁边是好友，也不可把双手搭在对方桌子上或放在椅背上。

（26）用餐具指点菜肴。

（27）掩口说话，窃笑。注意勿抓痒、摸鼻子耳朵，不要玩餐具，不要玩弄自己的手指。

（28）别人祝词时勿迫不及待。应等主人发出信号或者说"大家享用吧"，或者女主人铺餐巾时才可以吃饭，别人祝词时忌窃窃私语。

（29）不搭理别人。他人用言语眼神示意时应热情主动地进行回应。

（30）谈话内容隐晦。让人倒胃口的话，如葬礼等话题不可涉及，餐桌上交谈应该选择健康、愉快、有趣的话题。

（31）对菜肴进行非议。赴宴时提及菜品不合口味、比较其他场合的菜品，这些都是不礼貌的，因为众口难调，口味各异。

本章思考题

1. 参加宴请需要带礼物赠给邀请者吗？选择什么礼物合适？又该以怎样的方式送礼？
2. 女性在参加宴会时，若在酒杯上留有口红印该如何处理？
3. 组织宴请时应做哪些准备？针对来宾身份、地位、人数的不同，如何安排宴请形式？
4. 选择宴请时间、地点需要考虑哪些因素？
5. 自助餐"多次少取"原则是什么意思？
6. 中、西餐礼仪可否融通？
7. 如何避免宴请中可能出现的礼仪错误？举例说明。

第十章 宴请饮品礼仪

宴请离不开饮品，饮品品种众多，各具特色，各有其用。本章主要介绍酒水、茶水和咖啡等宴请中常备的饮品，以及在饮用它们的过程中应有的礼仪规范。

课程思政元素

礼仪课作为理想信念和价值观教育的一个载体，本身包含情感倾向，不是"价值中立"的，也不只是知识技能的传授。因此，不论是思政元素的内容还是教师诠释的态度，都是"有情"的。"以情感人"是礼仪课程很重要的使命和职责。

本章内容突破传统的"象牙塔"内的自体循环，将社会、企业中的智力资源更多地引入大学课堂，力求突破既往的评价模式，以前瞻性、引领性、突破性作为成果评价的重要尺度，这既是新文科建设需要着力解决的重要问题，也是人文社会科学范式转型的主要突破口。

第一节 饮酒礼仪

一、宴请时酒的种类

（一）白酒

白酒就是中国人喜欢喝的烧酒，也叫白干，它是由高粱、玉米、甘薯等发酵、蒸馏制作出来的酒。

白酒的特点是没有任何颜色，透明，酒精含量比较高，属于典型的烈性酒。白酒在中国各地方都产，工艺不同，香型也不同。

著名的白酒品牌有茅台酒、五粮液、剑南春、竹叶青，江苏的著名白酒品牌是洋河。

每一种系列之下都有它高、中、低端的产品。在选用酒品的时候最好选用有品牌的酒，这样整个招待会的规格会上去，档次也会上去。

白酒一般来说是干饮，也可以就菜下饭，有的时候还做中药药酒的药引。白酒不能跟其他的酒或汽水混在一起喝，那样容易醉酒，因为白酒本身度数就比较高。白酒里面也不要掺水。

（二）啤酒

啤酒是历史悠久的酒类，在西方，啤酒是日常的一种饮料，也叫"液体面包"。

啤酒也称麦酒，它是用大麦和啤酒花发酵制成的。啤酒喝多了会发胖，最先胖的部位是小肚腩，所以有"啤酒肚"的说法。

啤酒有大量的泡沫，味道微苦，酒精含量低，一般在4°左右，所以喝少量啤酒一般不会醉。

世界各国生产的啤酒大体有三大类：德国式的啤酒是最有名的，此外还有捷克式和丹麦式。根据不同的生产方式分成生啤和熟啤。从颜色上面来看，还分黄啤、黑啤和红啤。一般最常见的是黄啤，黑啤最贵。

著名的啤酒品牌有德国的贝克、荷兰的喜力、丹麦的嘉士伯、美国的百威、日本的朝日、中国的青岛。

啤酒的最佳饮用温度是7℃，7℃的啤酒整体感觉是凉的。喝啤酒用透明的玻璃杯或水杯，大容量带手柄，不用中小型杯子或高脚杯。啤酒讲究大口饮用，不能像喝咖啡一样小口嘬饮。

（三）葡萄酒

作为正式的佐餐酒，葡萄酒的地位逐渐上升，它是以葡萄为主要发酵原料制成的，营养很丰富，酒精含量不高，一般来说是12°。

根据色彩的不同，葡萄酒分成三类：白葡萄酒、红葡萄酒和玫瑰红葡萄酒（或者叫桃红葡萄酒）。颜色主要有深红色、淡色的白以及桃红色。桃红葡萄酒是专给女性饮用的，那种颜色既不是深沉的紫，又不是透明的白。

葡萄酒可以单独饮用，跟啤酒一样在7℃左右饮用为最佳，所以葡萄酒可能会放在冰桶里。18℃左右的葡萄酒可以不加冰，加冰的葡萄酒一般都是白葡萄酒。

另外，葡萄酒按照糖分的多少分成干红葡萄酒（干红指制作时不加糖，完全靠葡萄酒里面的糖分自己发酵）、半干葡萄酒、微干葡萄酒、微甜葡萄酒和甜葡萄酒。最贵的是干红葡萄酒，甜葡萄酒最便宜。

干红葡萄酒有点涩，所以要醒酒（醒酒就是把酒倒在大的酒器中轻微摇晃，让它蒸发掉一些涩嘴的成分，同时闻味道，过一会儿再喝）。

喝酒时要注意西餐中的白肉配白葡萄酒，红肉配红葡萄酒。

葡萄酒杯全是中高脚杯，可分三种类型：郁金香型、敞口型和收口型。

在拿红葡萄酒的时候，满手握住杯体；在拿白葡萄酒的时候，用右手的三个手指捏杯脚。

葡萄酒的质量、价值要参照年份、自然环境、气候温度、干旱和雨季的天数以及葡萄的品种、是否有空气污染、收葡萄的时间、经不经得起霜冻、制作工艺以及发酵时间、装桶的时间还有温度控制等因素。全球目前公认最好的葡萄酒是1982年产自法国波尔多地区拉菲酒庄的葡萄酒，它的价格在每支10万到100万元人民币之间。

（四）香槟酒

香槟酒的知名度在我国比其他酒知名度高，多用于庆祝和庆典仪式。

香槟酒原产于法国香槟省，因地方而得名，它的原料是葡萄，也叫发泡葡萄酒。香槟酒也称为爆塞酒。开香槟时，声音越响、射得越远、泡沫越多，喜庆的气氛就越浓厚。

香槟酒的饮用温度以7~8℃为宜，所以一般放在冰中冰镇。因为冷却后泡沫会减少，所以在开香槟时为了增加泡沫，往往会剧烈摇晃后再开软木塞。香槟酒喷射时，人们往往乐意让酒泡沫洒在身上，这代表着一种喜庆。

（五）白兰地

白兰地是葡萄酒中比较名贵的酒，与威士忌、中国的茅台并称为世界三大名酒。

白兰地原料为葡萄，经蒸馏后制成，产量低，成本高，酒精浓度高达38°~40°，是洋酒中比较烈性的酒，色泽金黄，香甜醇美。

知名的白兰地品种有马爹利、轩尼诗、人头马、拿破仑等。

白兰地的产地主要是法国干邑地区，所以干邑葡萄酒指的不是品种而是产地，单指白兰地。

白兰地与普通葡萄酒的区别在于：普通葡萄酒一般存期为一年，时间长了酒会变酸；而白兰地存的时间越长越好，就像中国的白酒。白兰地的价格昂贵，可高达几十万甚至几百万元人民币。

白兰地的饮用与白酒有所不同。白兰地代表的洋酒以盎司计算，因为太昂贵。白兰地的饮酒温度是18℃，饮用时一般倒在矮脚杯或收口杯中，以减少其气味的挥发。喝白兰地时两手捧杯去暖一暖酒，让酒的味道散发出来，闻一闻，再慢慢地小口品。

（六）威士忌

威士忌的地位仅次于白兰地。如果说白兰地是洋酒中的贵族的话，那么威士忌就是穿着贵族外衣的平民，是价廉物美的好酒。

威士忌是经过大麦、玉米等谷物发酵以后再蒸馏的酒。它的度数最高可达40°，最有名的是英国苏格兰地区产的威士忌。

著名的威士忌品牌有尊尼获加、添宝、威雀，这些牌子立百年而不倒。

威士忌可以干喝，也可以加冰块、苏打水或者姜汁。

与白兰地一样，威士忌存放时间越久越值钱。

（七）鸡尾酒

鸡尾酒是一种混合型的酒，用各种酒和果汁、糖浆、汽水加蛋清调和而成。酒精度含量有高有低，口味有浓有淡，有好几种颜色并且层次分明。鸡尾酒品种很多，每个酒吧都可以自创一种品牌，比较有名的几种鸡尾酒有红粉佳人、血腥玛丽等。

在应聘时会调鸡尾酒可以作为个人特长写在简历中。

二、中西餐酒水与菜肴的搭配礼仪

中国有句俗话叫"无酒不成席"，美酒佳肴要相辅相成。

（一）中餐中酒菜的搭配

若无特殊规定，正式的中餐宴会通常要上白酒与葡萄酒这两种酒。因为饮食习惯方面的原因，中餐宴请中上桌的葡萄酒多半是红葡萄酒，而且一般都是甜红葡萄酒。选用红葡萄酒，是因为红色充满喜气，而选用甜红葡萄酒，则是因为不少人对口感不甜、微酸的干红葡萄酒不太认可。通常在用餐者桌面的正前方依次排列着大小不等的三只杯子，小杯用于喝白酒，中杯用于喝葡萄酒，大杯用于喝水。

具体来讲，在搭配菜肴方面，中餐所选的酒水讲究不多。爱喝什么酒就可以喝什么酒，想什么时候喝酒亦可完全自便。

正规的中餐宴会一般不上啤酒。在便餐、大排档中，啤酒的身影更为多见。客观来说，啤酒与凉菜搭配，效果要更好一些。

（二）西餐中酒菜的搭配

在正式的西餐宴会里，酒水是主角，它不仅最贵，而且与菜肴的搭配也十分严格。一般来说，吃西餐时，每道不同的菜肴要配不同的酒水，吃一道菜要换上一种新的酒水。西餐宴会中所上的酒水，一共可以分为餐前酒、佐餐酒、餐后酒等三种，它们各自又拥有许多具体种类。下面归类详解。

（1）餐前酒，别名开胃酒，是在正式用餐前饮用或在吃开胃菜时与之搭配的。在一般情况下，人们喜欢在餐前饮用的酒水有鸡尾酒和香槟酒。

（2）佐餐酒，又叫餐酒，是在正式用餐期间饮用的酒水。西餐中的佐餐酒均为葡萄酒，而且大多数是干红葡萄酒或半干葡萄酒。在正餐或宴会上选择佐餐酒，有一条重要的讲究不可不知，即"白酒配白肉，红酒配红肉"。这里所说的白肉，即鱼肉、海鲜、鸡肉，须以白葡萄酒搭配；红肉，即牛肉、羊肉、猪肉，则应配以红葡萄酒。这里所说的白酒、红酒，都是葡萄酒。

（3）餐后酒，指的是在用餐之后用来助消化的酒。最常见的是香甜酒，最有名的餐后酒则是有"洋酒之王"美称的白兰地。在一般情况下，饮不同的酒水要用不同的专用酒杯。在每一位用餐者面前的桌面上大都会横排放置三四只酒水杯。取用时，可依次由外侧向内侧进行，亦可"紧跟"女主人的选择。

三、敬酒礼仪

敬酒礼仪主要包括以下方面。
（1）如果敬酒碰杯，自己要干杯，他人可随意。
（2）记得多给上司或客户添酒，不要瞎给上司代酒，就是要代，也要在上司或客户想找人代酒时再代其饮酒。
（3）端起酒杯，右手扼杯，左手垫杯底，记得自己的杯子永远低于别人。
（4）如果没有特殊人物在场，碰杯最好按顺时针顺序，不要厚此薄彼。

（5）碰酒、敬酒，要有恰当祝酒词。

（6）敬酒时不谈生意，不要太功利。

知识补充

中国十大名酒

1. 茅台酒

茅台酒历史悠久、源远流长，原产于贵州省怀仁市茅台镇。1915 年茅台酒荣获巴拿马万国博览会金奖。中华人民共和国成立后，茅台酒又多次获得国内、国际大奖。茅台酒与苏格兰威士忌、法国科涅克白兰地并称为"世界三大蒸馏名酒"。

2. 五粮液

五粮液酒历次蝉联国家名酒金奖，1991 年五粮液品牌被评为中国"十大驰名商标"；继 1915 年获巴拿马万国博览会奖 80 年之后，1995 年五粮液又获巴拿马国际贸易博览会酒类唯一金奖。

3. 西凤酒

西凤酒产于陕西省凤翔县柳林镇西凤酒厂。西凤酒属其他香型（凤香型），曾四次被评为国家名酒。

4. 双沟大曲

双沟大曲产于江苏省泗洪县双沟镇。1984 年的第四次全国评酒会后，该酒以"色清透明，香气浓郁，风味协调，尾净余长"的浓香型典型风格连续两次被评为国家名酒。

5. 洋河大曲

洋河大曲是江苏省泗阳县的洋河酒厂所产，曾被列为中国的八大名酒之一，至今已有 300 多年的历史。"甜、绵、软、净、香"是洋河大曲的特色。现洋河大曲的主要品种有洋河大曲、低度洋河大曲、洋河敦煌大曲和洋河敦煌普曲四个品种。

6. 古井贡酒

古井贡酒产于安徽省亳县古井酒厂。魏王曹操在东汉末年曾向汉献帝上表献过该县已故县令家传的"九酿春酒法"。据当地史志记载，该地酿酒取用的水来自南北朝时遗存的一口古井，明代万历年间，当地的美酒又曾进贡给皇帝，因而就有了"古井贡酒"这一美称。古井贡酒属于浓香型白酒，具有"色清如水晶，香醇如幽兰，入口甘美醇和，回味经久不息"的特点。

7. 剑南春

剑南春产于四川省绵竹县，其前身当推唐代名酒剑南烧春。唐宪宗后期，李肇在《唐国史补》中，就将剑南烧春列入当时天下的十三种名酒之中。1979 年第三次全国评酒会上，剑南春首次被评为国家名酒。

8. 泸州老窖特曲

泸州老窖特曲于 1952 年被国家确定为浓香型白酒的典型代表。泸州老窖窖池于 1996

年被国务院确定为我国白酒行业唯一的全国重点保护文物,誉为"国宝窖池"。泸州老窖国宝酒是经国宝窖池精心酿制而成的,是当今最好的浓香型白酒之一。

9. 汾酒

汾酒 1915 年荣获巴拿马万国博览会金奖,并连续五届被评为国家名酒。汾酒是我国清香型白酒的典型代表,以其清香、纯正的独特风格著称于世。其典型风格是入口绵、落口甜、饮后余香,适量饮用能驱风寒、消积滞、促进血液循环。酒精度有 38°、48°、53°。注册商标有杏花村、古井亭、长城、汾字牌。

10. 董酒

董酒产于贵州省遵义市董酒厂,1929 年至 1930 年由程氏酿酒作坊酿出董公寺窖酒,1942 年定名为"董酒"。1957 年建立遵义董酒厂,1963 年第一次被评为国家名酒。董酒的香型既不同于浓香型,也不同于酱香型,而属于其他香型。该酒的生产方法独特,将大曲酒和小曲酒的生产工艺融合在一起。

第二节 饮茶与喝咖啡的礼仪

一、茶的品类

我国大部分地区都生产茶叶。由于受土质、气候以及制作方法等因素的影响,各个地区生产的茶叶,无论外观、香气还是口感都独具特色,因而造就了茶叶的多种风貌和不同的名称。

茶的主要品种有绿茶、红茶、乌龙茶、花茶。

(一)绿茶

绿茶是中国的主要茶类之一,在我国被誉为"国饮"。绿茶取茶树的新叶或芽,未经发酵,经杀青、整形、烘干等工艺而制成。绿茶的色泽和冲泡后的茶汤较多地保留了鲜茶叶的绿色格调。

常饮绿茶能解腻、醒神降火和防癌,绿茶对女性的健康有很大的帮助。

常见的绿茶种类有西湖龙井、太湖碧螺春、安徽黄山毛峰、安徽六安瓜片、河南信阳毛尖、贵州都匀毛尖。

(二)红茶

红茶是我国第二大茶类。红茶属全发酵茶,是以适宜的茶树牙叶为原料,经萎凋、揉捻、发酵、干燥等一系列工艺过程精制而成的茶。红茶因其干茶冲泡后的茶汤和叶底色呈红色而得名。香气物质较鲜茶叶有明显的提高。

常饮红茶能暖胃补气、减脂。

红茶品种有很多，尤以安徽祁门红茶、西双版纳滇江红茶最为出名。

（三）乌龙茶

乌龙茶亦称青茶，属半发酵茶。乌龙茶是经过采摘、萎凋、摇青、炒青、揉捻、烘焙等工序制成的品质优异的茶类。乌龙茶外形肥壮匀整，紧结卷曲，冲泡后茶汤颜色比红茶浅，比绿茶深。乌龙茶既具有绿茶的清香，又具有红茶醇厚的滋味，其香气浓烈持久，饮后留香。品啜时，通常先将闻香杯置于双手手心间，使闻香杯口对准鼻孔；再用双手慢慢来回搓动闻香杯，将杯中香气尽可能地送入鼻腔，以得到最大限度的享受。

常饮乌龙茶能化解油腻、健胃提神。

乌龙茶的主要品种有闽南安溪铁观音、武夷岩茶。大红袍是武夷岩茶中的佼佼者，历史上的大红袍本来就是专供皇家享用的贡茶，现被公认的大红袍仅是九龙窠岩壁上的那几株，所以大红袍极为珍贵。

（四）花茶

花茶是中国特有的一类再加工茶。花茶主要以绿茶为茶坯，配以能够吐香的鲜花作为原料，采用窨制工艺制作而成。根据其所用的香花品种不同，分为茉莉花茶、桂花茶、玉兰花茶、玫瑰花茶等，其中以茉莉花茶销量最大。

南方人爱喝红茶，北方人爱喝茉莉花茶。

西方人偏爱红茶，因西方人喝的红茶颜色较深，呈暗红色，所以称为"black tea"。西方人泡茶不是以水冲茶，而是将茶包浸入热水中，一小袋茶只泡一杯水，喝完就丢弃。一般采用"调饮法"，红茶加牛奶，从而形成奶茶；或红茶加柠檬片，红茶加糖。

二、饮茶的礼仪

饮茶时要懂得悉心品味，具体礼仪牵涉到饮茶、敬茶、上茶等环节。

(1) 要小口品尝，慢慢下咽，右手持杯，左手托底，不握杯口。

(2) 饮茶不宜过浓，以免造成"醉茶"，使人过于兴奋。

(3) 待客要上热茶，以七分满为佳，以免"茶满欺人"，使热茶从杯中溢出烫伤人。传统文化讲究"七茶八饭酒满",就是说斟茶不可过满。

(4)上茶的顺序为先客后主、先主宾后次宾、先女士后男士、先长辈后晚辈。

(5)敬茶需双手捧杯,从来宾左后侧上茶,不可单手捧杯,切忌左手上茶。

(6)续水斟茶不可妨碍对方,及时续茶,不可让茶叶见底。

(7)上茶不过三杯,第一杯叫敬客茶,第二杯叫续水茶,第三杯叫送客茶,暗示对方可以打道回府了。因此,宴请待客以茶,切勿再三为之斟茶。

三、敬茶的礼仪

敬茶的礼仪具体包括以下方面。

(1)茶水不能太烫,热茶不应该马上递上,而要等它凉一会儿,敬上时提醒宾客。

(2)注意上茶顺序,先客后主,客人中先敬主宾,先女后男,先长辈后晚辈。

(3)姿势:双手端茶,左手托杯底,右手拿杯身。

(4)最好将茶杯放于桌上,如果对方伸手则递到对方的手上;别人敬茶时,自己也得动动手。

(5)喝完的要续杯,没有喝的半小时后要倒去三分之一,再倒七分满,再续杯再换,一共进行三次。

四、喝咖啡的礼仪

饮用适量咖啡可以提神醒脑,因此咖啡也是普遍受到大众欢迎的饮品之一。

咖啡种类很多,商务宴请中,选择何种咖啡不只是个人习惯问题,还是选择者的身份、教养、见识的体现。因此,有必要充分了解有关咖啡的常识与饮用礼仪。

(一)咖啡的种类

咖啡种类大体可根据其配料的添加与制作方法来划分。

1. 根据配料区分

根据饮用时添加的配料不同，咖啡可分为最常见的六种。

（1）黑咖啡。黑咖啡指不加糖也不加奶的纯咖啡。在正式宴会里压轴的就是这种宜于化解油腻的黑咖啡。时至今日，饮用黑咖啡在西方仍被视为出身高贵或出身于上流社会的标志。

（2）白咖啡。白咖啡指加奶咖啡。饮用时可加糖也可不加糖。白咖啡适合在各种场合饮用，尤其是在非正式场合。

（3）浓黑咖啡。浓黑咖啡即意大利式浓黑咖啡。它以特殊的蒸汽加压方法制作，极浓，不宜多饮，可加糖或茴香酒，但不宜加奶。

（4）浓白咖啡。浓白咖啡即意大利式浓白咖啡，饮用时可加柠檬皮榨汁，不加奶；是否加糖可自定。

（5）爱尔兰式咖啡。爱尔兰式咖啡味道浓烈，刺激提神。饮用时加威士忌，不加奶；是否加糖可自定。

（6）土耳其式咖啡。土耳其式咖啡饮用时可加奶与糖，特点是不除去咖啡渣，而是装入杯中与咖啡一起供人饮用。

2. 根据制作方法区分

根据制作方法不同，咖啡分为现煮咖啡和速溶咖啡。

（1）现煮咖啡。现煮咖啡用咖啡豆现磨现煮，费时费力，技术含量较高。

（2）速溶咖啡。速溶咖啡简单方便，口味单一。正式场合一般不上速溶咖啡。

（二）咖啡饮用的礼仪

饮用咖啡要依礼而行，注意饮用数量、配料添加和饮用方法。

1. 饮用数量

（1）杯数要少。饮用咖啡一杯就好，至多不过三杯。因为咖啡是交际的陪衬，"醉翁之意不在酒"。

（2）入口要少。饮用咖啡不为充饥解渴，小口慢品才能悟出难言之妙，显出优雅脱俗的气质。

2. 配料添加

饮用咖啡一般可根据个人习惯添加牛奶、方糖等配料。

（1）自己负责。饮用咖啡时不要越俎代庖、自作主张帮他人添加配料，这样做可能强人所难，会令对方反感，所以只满足自己的需要即可。

（2）文明添加配料。添加配料时要避免不讲卫生，动作夸张，弄脏衣物，你争我抢。

3. 饮用方法

饮用咖啡时注意持杯、咖啡匙使用、取食甜点和交谈四个方面。

本章思考题

中国人招待外国人喝茶时应注意什么礼仪？

提示：一般以中国人喝茶的礼仪接待外国人，按照我们的敬茶礼仪进行接待工作。

第十一章 现代秘书公关礼仪

现代企业各种商务活动和内部交往日益频繁，对秘书公关能力的要求越来越高。秘书工作中，在树立企业良好形象、协调内外关系、处理公关实务、筹办礼仪活动等方面，都有相应的工作方法和技巧。

本章重点阐述新闻发布会、企业社会赞助、庆典仪式、贸易展览会等活动礼仪，以及与各项专门公关活动相关的礼品馈赠礼仪。

课程思政元素

与"温、良、恭、俭、让"不同，如果说礼仪的核心是尊敬，内心感情当先，公关则应该更加强调讲道理。公关不仅贯彻实施着人本主义精神，而且也渗透着一种礼治精神。礼仪所说的"感情"不只是个人感情，更是一种公共感情，即对党和国家的热爱、对社会主义事业的热爱等。作为一种社会理想的礼治精神，其实质是强调社会的有序，坚持社会的秩序，是理智而成熟的爱国、爱党、爱社会主义的情感。对礼仪课程思政来说，以情感人并不非教学的本质，而以理服人、讲道理才是本质所在。礼仪与公关紧密结合，很难拆分。这一章体现具体的"礼"为表达敬意而举行的仪式、约定俗成的道德规范与工作程序，以及礼尚往来的外在表现。

第一节 秘书专项公关活动礼仪

一、新闻发布会礼仪

新闻发布会又称记者招待会，是指政府部门、社会团体或个人邀请相关新闻单位记者参加的、公开进行的对外发布新闻的会议。

公关活动中，新闻发布会是应用频率比较高的一种，公司成立、战略发布、产品推出、项目签约、投产竣工等事项，新闻发布会都必不可少。

新闻发布会最大的特点是信息公布的形式比较隆重，规格比较高，记者可以自由提问，便于记者挖掘深度信息，有助于加强单位、组织与记者的双向沟通和联系。新闻发布会是一种两级传播形式，先将信息告知记者，再通过记者所属的媒体告知公众，从而树立组织形象，引导舆论导向。对组织来说，新闻发布会成本较高，不同性质的新闻信息采用不同类别的新闻发布会。

（一）新闻发布会类型

（1）突发事件新闻发布会。任何组织在日常运行中都可能出现突发事件，一般来说，带有负面影响的事件传播速度快、范围广、影响面大。针对这些事件召开新闻发布会，有利于真实、准确、有效地公布事实真相，有利于扭转不利局面。

（2）重大商务活动新闻发布会。新产品研发成功、切合形势的各种产品推广活动等，可以通过新闻发布会来举行。

（3）宣告性新闻发布会。企业重组、并购、高层换血、经营方针改变等重大事件，可借新闻发布会公之于众。

（4）喜庆纪念性新闻发布会。企业产品获奖、生产规模达到某个等级、企业创立纪念日等喜庆性、纪念性活动，可通过新闻发布会告知社会和公众。

（二）新闻发布会礼仪规范

1. 确定日期

新闻发布会的日期确定是一种策划艺术。

（1）新闻发布会通常安排在周二至周四比较合适，因为记者们周一忙于检查上周工作，周五则在筹划如何度周末，这两天举行新闻发布会效果会大打折扣。

（2）避开重要的政治事件和社会事件，因为媒体对这些重大事件的大篇幅报道会减弱新闻发布会的传播效果。

（3）新闻发布会最好安排在上午9：30或10：00开始，一般不超过两个小时，正式发言时间不超过一小时，应留时间给记者提问。

2. 发出邀请

邀请媒体要注意，既要吸引记者参加，又不能过多透露内容。一家媒体邀请1至2名记者，不宜过多。应填写新闻发布会请柬或邀请函，最好提前3

至 5 天通知到记者本人，由专人送达。

3. 安排地点

新闻发布会的选址必须与所要发布的新闻性质相融洽，一般考虑以下几点。

（1）品位与风格。发布会场所的品位与风格与发布会内容相统一。如发布与自然、健康相关的产品，可以选择在避暑胜地举行；新产品发布会可选择在展览馆举行。

（2）实用性与经济学性。会议厅、主席台大小、设备使用、餐饮提供等要考虑价钱是否合理、空间有无浪费。

（3）交通便利性。要考虑发布会地点距离主要媒体、重要人物的远近，交通是否便利，停车是否方便等。

4. 选择合适的新闻发言人

新闻发言人代表组织形象，对公众会产生重大影响。新闻发言人一般要具备三方面的条件。

（1）要有较宽的知识面，清晰明确的表达能力、倾听能力和快速反应能力。

（2）要有执行已定口径并加以灵活调整的能力；思维要敏捷，要能临场应变。

（3）新闻发言人应该身居要职，有权代表组织讲话。

二、企业赞助礼仪

企业赞助一般是由企业无偿提供资金或物质去支持某一事业，以获得一定的形象传播效益的社会活动。

（一）赞助的目的

（1）通过赞助扩大企业知名度。比如服装生产企业赞助奥运会，运动员穿上企业品牌的服装，实际上为这家企业做了广告，这种广告效应能扩大企业的知名度。

（2）通过赞助提升企业的美誉度。企业对社会的公益赞助可以树立企业关心社会公益事业的良好形象，利于提升企业的美誉度。

（3）通过赞助可以培养与某类公众的良好感情。比如老人收到保健品赞助，这个群体会对赞助企业产生好感。

（4）通过赞助，企业可以主动承担社会责任。

（二）赞助的项目

赞助的项目主要有以下几方面。

（1）赞助体育活动。

（2）赞助文化活动。

（3）赞助教育活动。

（4）赞助慈善福利事业。

（5）赞助环保事业。

（三）赞助的原则

（1）主观愿望与经济能力相统一的原则。赞助什么、赞助多少、赞助次数，一定要做好预算，留有余地，不能"打肿脸充胖子""死要面子活受罪"。

（2）责任与权利相统一的原则。赞助是企业的自愿行为，企业有权选择赞助，也有权选择不赞助。遇到不必赞助或明显不合理的赞助情况，企业应坚持自主原则，不为利益裹挟，不被势力威胁，以法律和舆论维护自身权利。

（3）社会化与专业化相统一的原则。选择赞助项目最好争取能同时提高自己企业和产品的地位，比如钟表企业赞助运动会计时设备，服装企业赞助演出活动，最理想的赞助效果是企业的社会声誉与专业权威性都得到公众的认可。

（四）社会赞助的步骤

（1）赞助研究。企业确定赞助目标，就要研究自身的经营政策、公关政策、项目的公益效益，以此去考察赞助项目。

（2）策划要点。企业应制订年度赞助策划方案，对赞助费用做预算，对赞助形式和宗旨做出具体规定，以保证赞助质量和效果。

（3）具体项目审定。确定赞助具体项目的可行性、实施性。

（4）活动实施。一般由专门人员落实赞助计划。

（5）效果测定。对已完成的赞助项目进行效果调查，汲取经验教训，以便提高今后赞助活动的成效。

三、贸易展览会礼仪

贸易展览会是企业直接面对客户、自我展示的良好途径。想要在展览会上最大限度地展现企业的优势，就要掌握展览会相关知识和操作技巧。

（一）贸易展览会的本质

贸易展览会本质上是商务宣传、开发客户、挖掘机会的展示会。

（二）贸易展览会的内容

贸易展览会展示的是企业成果，可以是产品实物、模型，也可以是文字、图表，其中，以推销产品为主的展览会也称展销会。

（三）贸易展览会的过程

举办贸易展览会有以下步骤。

（1）明确主题。

（2）确定展览计划、展览方针、展览内容（根据展览主题和方针制订，不可捏造、虚构，须与实际情况相符）。

（3）策划展览方法。

（4）预算开支费用（包括场地、相关工作人员费用，设计和布展费用，联络费，保险费，交际费，印刷费，保洁费等）。

（5）申办展览手续。

（6）选择合适的场地（要求交通便利，且周围环境与主题相得益彰）。

（7）撰写脚本（包括美化美工、解说词、解说员的训练情况）。

（8）确定参展单位（包括人数、规模、内容、展费等）。

（9）进行人员培训。

（10）召开新闻发布会（主动提供通稿）。

具体操作一般交由会展人员组织落实，目前在大部分企业中这个工作由秘书部门和公关部门承担。

四、庆典仪式礼仪

庆典是各种庆祝仪式的统称，是企业等各类组织向社会公众展示自身形象、自身成就的一次公开的、精彩的亮相。

（一）庆典的时机

（1）企业成立周年庆典。通常逢五、逢十时举行，即企业成立五周年及五的倍数年举行。

（2）企业荣获某项荣誉时举行。

（3）企业取得重大业绩时举行。如产品销量突破 10 万，销售额达到亿元等。

（4）企业取得显著发展时举行。如企业成立集团、确定新的合作伙伴、兼并成功、设立分支机构等。

（二）庆典的组织

1. 确定出席者

出席者可大致确定以下人员。

（1）上级领导、主管部门领导。他们对企业发展有过指导、帮助，应予以感谢。

（2）社会名流。邀请社会名流，可利用名人效应提高企业的知名度。

（3）大众传媒。邀请媒体，以利于对企业成就的报道和宣传。

（4）合作伙伴。邀请合作伙伴，一起分享成功的喜悦。

（5）社区关系。使对方进一步了解企业，以利于支持、尊重企业，给予企业更多方便。

（6）企业员工。员工是企业成绩的重要创造者，庆典活动中邀请杰出员工出席可增强企业的凝聚力，对整个员工队伍起到激励作用。

2. 接待来宾

按接待工作流程和礼仪接待来宾。

3. 布置环境

（1）地点选择。结合庆典规模、影响力及企业实际情况，可选择礼堂、会议厅、门前广场等，注意不要制造噪音、影响交通、扰乱治安。

（2）环境美化。这是指美化庆典现场的环境。为烘托喜庆、热烈、隆重的气氛，可悬挂彩灯、张贴标语、张挂横幅，使用乐队、锣鼓队助兴。

（3）音响设备。来宾发言使用的传声设备以及播放音乐使用的音响，需要事先检查无误。

4. 庆典的程序

庆典的程序一般包括以下几点。

（1）宣布庆典开始，全体起立，唱企业之歌。

（2）企业负责人致辞，一感谢来宾，二介绍可庆之处。

（3）邀请来宾讲话。

（4）安排文娱演出。

（5）邀请来宾参观。

第二节　公关活动的礼品馈赠礼仪

现代社会仍然通行礼尚往来，企业与企业之间、企业与个人之间、企业与其他组织之间，各种交往频繁。发生一些诸如庆典、合作、竣工、开业之类活动，互相馈赠礼物，在所难免。懂得馈赠礼仪，掌握馈赠礼物技巧，可以增进情谊，加深感情。

一、礼品馈赠通行规则

馈赠注重情义，淡化功利性。礼品是商品，但代表的祝福无法以金钱计。国际上有一条通行的礼品馈赠规则——六 W 规则。这是指馈赠礼品时，有六大要点必须在总体上统筹考虑。

（1）Who：明确对象，以及其年龄、阶层、文化程度、背景等，对象不同，礼品选择也不同。

（2）What：送什么，兼顾双方关系，兼顾送礼者能力。

（3）Why：表达美好的祝福，而非贿赂、收买、拉拢。

（4）When：作为客人，第一次见面送；作为主人，客人临走时送。

（5）Where：公务交往，要在大庭广众下送礼，显示送礼的郑重及光明正大。

（6）How：中国人更注重礼品的内容，西方人则相反，更注重礼物的包装。

二、礼品馈赠技巧

礼品选择要恰到好处，适应收礼者的身份，具体考虑以下三点。

（1）时间。馈赠礼品选择在庆典、开业时。

（2）地点。馈赠地点公私有别。公务交往一般在公共场合赠送礼品；商务活动之外如谈判之余赠送礼品，应在私人居所赠送。

（3）方式。馈赠礼品的方式一般有以下几种。当面馈赠——最常见的馈赠方法。公务赠送以企业领导身份出面，赠予对方职务相当者。委托馈赠——委托第三方转赠礼品。一般要附上卡片或名片，写明馈赠原因。邮递馈赠——身处异地的双方，用礼物表达友谊以保持良好关系时采用。必须附卡片写明馈赠原因。

三、礼品选择原则

（一）礼品定位

礼品的定位要注意以下方面。

（1）突出纪念性。

（2）明确对象性。

（3）体现民族性。

（4）讲究时效性。

（5）考虑便携性。

（二）礼品禁忌

馈赠礼物要注意以下禁忌。

（1）不馈赠奢侈品、货币、有价证券、稀有金属。

（2）不馈赠药品、补品、保健品。

（3）不馈赠与现行法律背离的物品、如受保护的珍贵动物及其毛皮、黄赌毒物品等。

（4）不馈赠容易引起异性误会的物品，如内衣、成人用品等。

（5）不馈赠广告性、宣传性物品。

（6）不馈赠冒犯他人的物品；物品的品种、形状、色彩、图案、数目、外包装或物品自身寓意，不可冒犯受赠者的个人禁忌、职业禁忌、民族禁忌、宗教禁忌、文化禁忌。

（7）不馈赠涉及国家机密或行业机密的物品。

四、礼品馈赠原则

（1）纪念性原则。礼品应体现民族性、艺术性，具有实用性，收受者愿意保存。

（2）轻重原则。礼品体现的不是价值是否贵重，而是情谊。礼品无须"贵"，特别是送上级的礼品不能出现行贿嫌疑。

（3）投好避忌原则。尽量选择对方喜好和有用的礼品，注意民族禁忌等。

（4）时间原则。不同商务交往活动，礼品选择不同。喜庆活动礼品与悼念活动礼品含义不同，选择时要有意区分。

五、接受礼品规则

（1）大方愉悦地接受。接受对方馈赠的礼品时要高高兴兴，落落大方，双手接礼。

（2）当众打开并且欣赏赞美一番。

（3）拒绝有方。礼品如不方便接受，可坚辞不受；也可待客人离开后，自己或派人送至对方处。

（4）有来有往，适当时机回馈。若不回送礼物，要一周内致电、发邮件再次感谢对方。

六、通行礼品——鲜花

鲜花是人类通行的礼品。花代表着大自然，使人对大自然充满向往；花代表着生机勃勃，使人对生命充满希望。花是美好的，是浪漫的，鲜花是一种高雅的礼品，通过赠花能够表达微妙的心情，别有一番意境。

我们可以赠送与花相关的礼品，表达对对方的心意，比如手环、花环、花束（不带根，单枝扎在一起）、带根的盆花（送给有个性的人、喜欢花艺的人）。

鲜花是美好的事物，不同种类的花代表着不同的含义，因此，我们要了解花语。比如，黄菊花象征死亡，国际上忌送黄色花；秋海棠象征相思，送时要慎重；玫瑰花象征爱情，尤其是红玫瑰，赠送时也要慎重，送错对象会有一种暧昧之情，影响双方关系。

送花要选对对象。对于父母，送康乃馨、百合花、满天星，祝福父母百年好合。对于新婚夫妇，送并蒂莲，表示夫妻恩爱；送牡丹，表示家庭幸福。对于情人，送玫瑰花，表示求爱；送丁香花，表示对爱情忠贞不渝。送别时，送万年青、芍药花、满天星等，表示友谊长存。

七、送礼的时机

(一) 公共场合

参加公开场合活动如宴会时，在参加者进入或者离开时，主办方向每一位参加者赠送礼物。

(二) 私人聚会

向每一位参加者都赠送礼物，如果和某一位特别要好，只准备了这一份礼物的话，一定要避开群体，在私下送，绝不可以当着所有人的面只送给他。

(三) 固定住所

如果对方有固定住所或有固定的下榻酒店，那么一定要在其离开的时候再赠送礼物；如果一进门就送礼，很可能会被对方推脱一番。

(四) 上门拜访

到对方那里去拜访或谈事情等带有目的性上门时，应该在进门时就将礼物展示出，以表示诚意。

(五) 特定节日

遇上特殊的节日，比如临近圣诞节，送平安果是再合适不过的了，送其他礼物就不太应景了；又比如万圣节的时候，为符合"不给糖就捣蛋"的习俗，应该准备一些糖果作为礼物。总之，特殊节日送礼物需应景。

本章思考题

1. 新闻发布会在安排时间上有何技巧？

2. 新闻发言人要具备什么条件?
3. 是不是所有的赞助都可以提升组织的美誉度?赞助的原则是什么?
4. 筹备贸易展览会要遵守什么程序?
5. 如何确定庆典的出席者?
6. 馈赠礼品有哪些礼仪原则?
7. 受礼时要注意哪些问题?
8. 礼品如何定位才合乎礼仪?

第十二章
现代秘书商务谈判礼仪

谈判是有关各方为了各自的利益，进行有组织、有准备的正式协商及讨论，以便互谅互让，求同存异，以求最终达成某种协议的整个过程。

现代企业，为了自身生存和发展，为了实现购销、获取信息、开拓市场，常常进行各种各样的谈判。谈判是以经济利益为目的的，不是个人与个人之间的一般意义交谈，它是有关各方充分准备、方针既定、目标明确、志在必得的商务洽谈，有极强的技术性和策略性要求。

现代秘书无论参加谈判还是做谈判的辅助性工作，都必须了解商务谈判的知识和技巧。

学习商务谈判的概念和类型，掌握商务谈判的基本原则，学会运用商务谈判的策略和技巧，熟悉商务谈判的程序，就是重视谈判礼仪。事实上，任何谈判中，礼仪都颇受重视，谈判中以礼待人不仅体现自身教养与个人素质，还影响谈判对手的思想和情感，最终对谈判结果产生一定的影响。

课程思政元素

从本质上说，商务谈判以法律法规为基础，以公序良俗为根本，以自尊尊人为核心，以达成目标为方向，以平等真诚贯彻始终体现传统文化中蕴含的优秀法治精神，强调社会的有序，坚持社会的秩序。本章继续推动中华优秀传统文化融入教学，加强社会主义先进文化教育；强化课程思政，实现思想政治教育与技术技能培养的有机统一；强化专业课立德树人意识，结合秘书专业人才培养特点和专业能力素质要求，注重学用相长、知行合一，着力培养学生的创新精神和实践能力，增强学生的职业适应能力和可持续发展能力。

第一节　商务谈判概述

谈判指各方当事人之间为了实现一定的经济目的，明确相互的权利义务关系而进行的磋商行为。商务谈判则是指企业之间或经济实体之间，在经济活动中以经济利益为目的，因各种业务往来而进行的谈判，包括国内经济组织之间的商务谈判，也包括国内经济组织与国外经济组织之间的商务谈判。

一、商务谈判的类别

以不同的角度看，商务谈判可分为不同的类别。

（一）从谈判的阶段划分

从谈判的阶段看，商务谈判可分为以下方面。

（1）先期合同外的商务谈判。这是会影响谈判合同效果的先期谈判，用来为合同谈判打基础，是合同内容之外的谈判。具体包括谈判时间、谈判地点、谈判议程、谈判活动规定、谈判场所布置等。

（2）正式合同内的商务谈判。这包括商品价格谈判、交易条件谈判和合同条款谈判等。

（二）从谈判内容划分

从谈判内容看，商务谈判可分为以下方面。

（1）商品购销谈判。企业商品购销总体上包含两个环节，即商品购进和商品销售。

（2）对外加工装配业务谈判。这是指一方提供原材料，另一方进行加工，成品由材料提供方处置的劳务合作谈判。

（3）技术贸易谈判。技术贸易指技术拥有方把生产所需的技术和有关权利出卖给技术需求方使用，即把技术当作商品，按商品贸易进行有偿转让。为此事项展开的谈判即为技术贸易谈判。

（4）工程承包谈判。这是指工程发包人向工程承包人支付一定的价款，由工程承包人按时、按质完成工程而进行的相关谈判。

（5）租赁业务谈判。这是指出租人按合约将资本货物给承租人使用，承租人向租赁人支付租金而订立契约的谈判。

（三）以谈判地点划分

从谈判地点看，商务谈判可分为以下几种。

（1）客座谈判。这是指在谈判对手所在地组织的商务谈判。

（2）主座谈判。这是指在自己公司所在地组织的商务谈判。

（3）客主座轮流谈判。这是指在一项商务贸易中，谈判地点互相轮流、客主座交替组织的谈判。

（四）以谈判技巧划分

从谈判技巧看，商务谈判可分为以下几种。

（1）单胜法。这是指谈判只为获胜，不惜不择手段，最后尽量做到一方胜利，另一方失败。其特点是刁难的开端、有限的权限、情绪化策略、吝啬承诺以及忽视期限。

（2）双胜法。这是指达到"光荣的"胜利，谈判结果皆大欢喜。基本要诀是以诚相见，气氛和缓，兼顾双方利益，客观公平。

二、谈判产生的原因

谈判之所以产生，主要有以下原因。

（1）共同利益的追求是谈判发生的前提。

（2）对矛盾冲突的解决是谈判发生的动力。

（3）谈判行为的发生是实现利益的保证。

三、谈判人员应具备的基本观念

谈判人员应具备的基本理念如下。

（1）忠于职守。要做到遵纪守法，廉洁奉公，严守机密。

（2）树立平等互惠观念，防止妄自菲薄和妄自尊大两种倾向。

（3）发扬团队精神，要做到不暴露己方弱点，一致对外。

四、谈判成败的标准

判断一场谈判成败的标准如下。

（1）谈判目标的实现程度。

（2）所付出成本的大小，包括让步给对方的利益和自身承担的风险，为谈判付出的时间成本、货币投入等。

（3）双方关系是否有所改善。

五、商务谈判的特征

商务谈判包含一系列经济活动的特点，同时具备一般谈判的特征。

（1）商务谈判的功能首先是为发展商品生产和商品交换服务，买卖双方需要沟通、互通有无。

（2）商务谈判的目的是获得经济利益。不讲经济利益的商务谈判就失去了价值和意义。

（3）商务谈判的核心是价值谈判。商务谈判中必须开拓思路，以各种方式和渠道赢得最根本的利益。

第二节　商务谈判原则和程序

关于谈判能否成功，商界有两种极端认识。一种认为，谈判完全取决于谈判人员个人综合水平的高低，没有什么必须遵循的原则；一种认为，只要达到预期目的，可以调动各种势力，甚至不择手段，所以无所不用其极就是谈判最大的原则。显然，这两种认识都是错误的。

事实上，商务谈判有原则可循，商务谈判原则是从谈判实践中高度抽象出来的，是普遍适用的最高规范，也是商务谈判取得成功的重要保证。

一、商务谈判原则

一般来说，商务谈判所遵循的原则有以下几个。

（一）平等自愿原则

谈判各方没有高低贵贱之分，商务谈判中，不论各方经济实力强弱、企业规模大小、谈判人数多少，地位一律平等。平等是谈判的基础，商务谈判各方拥有平等的权利，任何一方的意图都需其他各方认可才可确立，写进最终的合同文本，供各方遵照执行。

自愿是商务谈判的根本前提。各方出于自身利益追求而来，不是被逼、被驱使而来。自愿谈判，让各方寻求出优势互补的途径，可以满足各方利益。任何一方觉得谈判失去了预期价值，都可以随时退出或拒绝进行谈判。同样，任何一方都无权以强制手段胁迫其他方必须参加谈判或不准他方退出谈判。

（二）互利双赢原则

商务洽谈是为了与对方在某些问题上达成共识，为了找到双方都能够接受的利益平衡点，达到双赢。商务谈判不是竞技比赛，不能以一方完胜、他方惨败为结局。在谈判结束后，各方利益需求得到相互满足，产生互补效应和契合利益，说明商务谈判是成功的。

（三）总体利益原则

商务谈判要重视效益，要节约谈判成本，不仅追求自身效益，还要重视社会效益，要充分考量投入与产出比，用最少的人力、物力、财力投入，花最少的时间，达到预期效果，体现总体利益最大化。

（四）恪守信用原则

商务谈判讲究严格履行契约，不欺诈，信守承诺。信用是商品社会的一种资源，谈判结果受各方认可，各方都应该执行谈判协议，对自我承诺负责。

（五）客观真诚原则

商务谈判各方站在各自立场，互相处在对立状态，这容易使谈判者在既定立场和自身利益的支配下产生强烈的情绪，容易在情绪支配下固执己见、一意孤行、陷入偏激和盲目斗气，从而远离客观实际，做出非理智的判断和行为，为达成共识而参与谈判的诚意也荡然无存，这必然使谈判破裂。

（六）就事论事原则

商务谈判人员来自各方，观念与性格、修养与背景各不相同，谈判中要把对人与对事区分开来，重点放在谈判内容上，避免以个人好恶来评判对方谈判人员。

商务谈判中，指责对手、进行人身攻击，或因"惺惺相惜"而"里通外国"、讨好对手，都是不可取的。

（七）讲究礼貌原则

商务谈判中，无论顺利还是障碍重重，都不可意气用事、举止粗鲁、表情冷漠、语言放肆。任何情况下，谈判者都应该谦和待人、彬彬有礼。与谈判对手间即使存在严重利益之争或严重分歧，也不能对对方恶语相向、讽刺挖苦。

二、商务谈判利益原则

商务谈判追求利益目标，需要遵循必要的商业利益原则。这主要包括以下几点。

（1）如果不是迫不得已，不要讨价还价。
（2）后发制人。
（3）运用实力时，首先要以礼相待。
（4）如果存在第三方，让对手互相竞争，从而渔翁得利。
（5）为自己留有余地。
（6）言而有信。
（7）少讲多听，不轻易表态。
（8）让对方有利可图。
（9）不要偏离对方期望值太多，让对手所获之利跟其预期需求接近。

三、商务谈判程序礼仪

谈判程序是指谈判的准备、谈判的议程、谈判的整体顺序。一般来说，一场正式而完整的商务谈判程序包括三个基本环节：准备阶段、正式谈判阶段、结束阶段。

（一）准备阶段

"凡事预则立，不预则废。"谈判前的充分准备关系到谈判能否取得圆满成功。在谈判的准备阶段，要做好可行性调研、确定谈判主题、拟订谈判要点、确定谈判地点、组建谈判班子等一系列工作。一句话，要做好一切准备。

1. 可行性调研

要收集所有与谈判相关的事实、数据，做到知己知彼；要重视大背景下政治经济形势和政策法规、市场状况等客观情况的变化，以帮助谈判者在谈判中做到言之有物、有理有据，以促成交易。

2. 确定谈判主题

主题是谈判的目标，也是谈判的核心。整个谈判活动自始至终都围绕谈判主题进行，因此，谈判主题要简明具体，利于谈判者掌握和表述。谈判主题最好用一句话体现。

3. 拟订谈判要点

（1）谈判目标：可分层次明确必须达到的目标、能够接受的目标及最高目标。

（2）谈判内容：即谈判合同条款。

（3）谈判议程：谈判的议事日程。要与谈判过程的报价、还价、磋商、签合同几个阶段结合，不同阶段安排不同时间和进度。

4. 确定谈判地点

为占据天时地利，要争取首轮谈判地点在主场，避免首轮谈判地点在客场。

5. 组建谈判班子

合理配备谈判人员，选定主谈判人、助谈判人及相关专家。

案例分析

判对形势派错人

范蠡是春秋晚期越王勾践的著名谋士。一次，他的次子因杀人而被囚禁在楚国的监狱里，他决定派自己最小的儿子携带一千两金子到楚国去通融一下，以便把次子给救回来。范蠡的大儿子因父亲派小弟而没派他，觉得没面子，竟然要杀自，范蠡见此，不得不改变主意，派长子前去楚国。他写了一封书信让长子带给自己的好友庄生，同时告诫长子，到了楚国一定要把这一千两金子送到庄生家，由他处理，万万不能与庄生因为任何事情发生争执，否则会坏事。

范蠡的长子来到楚国后，把一千两金子送到庄生家，庄生看了书信后明白了他的意思，于是让他马上离开楚国，一刻都不要耽搁，而且保证他弟弟会立即被放出来。范蠡的长子听了之后假装离去，然后自作主张偷偷留了下来，藏在一个朋友家里。原来，庄生家境贫寒，平时以清廉耿直而受到人们的尊敬。范蠡送给庄生的一千两金子，庄生并不想接受，但又怕范蠡的长子以为自己拒绝帮忙而心生猜忌，于是就先收了下来，准备以后有机会再还给范蠡。

这天，庄生趁觐见楚王的机会，对楚王说自己夜观天象，发现楚国将有一场大灾难，只有实施仁政才能避免这场灾难，他建议楚王大赦天下，把监狱里的囚犯通通放出来，这样就可以避免这场灾祸。楚王听了庄生的话，下令赦免囚徒。范蠡的长子听说以后认为既然楚王要大赦天下，自己的弟弟也应该被释放，那自己带来的千两黄金不就白花了嘛。于是他又来到庄生家。庄生问他为什么没有回国，他说弟弟马上就要被释放了，特意前来辞行，庄生立即明白了他的来意，就让他把那一千两金子带回去。范蠡的长子离开后，庄生非常愤怒，觉得被他骗了：既然我把你弟弟救出来了，为什么还要把金子要回去？即便不来要金子，我也会把金子给你还回去。既然你这样，我就不客气了。于是，庄生又一次去见楚王，他对楚王说："大王本来是想实施仁政以消除灾祸，但现在人们却传说范蠡的儿子因为杀人被囚禁在楚国，他家拿了好多金子贿赂大王手下，所以大王的赦免不是为了楚国的百姓，而是范蠡使用了金子的缘故，一旦传开，大王您的威望可就大大降低了。"楚王听了以后，心想，范蠡竟敢在我国如此放肆，这还得了，于是立刻下令先根据罪行把范蠡的二儿子杀掉，然后再赦免监狱里的犯人。

范蠡的大儿子万万没有想到楚王会在大赦天下之前先把自己的弟弟杀死，他想来想去没想明白到底是什么原因，只好哭哭啼啼地带着弟弟的尸体回国了。回到家后，他把事情的经过一说，家里人都非常悲痛，只有范蠡自己心里最清楚，他告诉大家说，是大儿子把二儿子害死的。

家里人不明白其中的原因，范蠡对大家说："我早就料到了他会害死老二。这并不是他故意要害死他弟弟，而是有其他原因。老大从小就和我一起，经历了太多的艰难困苦，知道钱财得来不易，对钱财非常看重。他把金子给庄生后，知道自己的弟弟将要被释放，觉得自己的钱白花了，就想方设法把金子要了回来。这样做必然会激怒庄生，老二能不被杀吗？而小儿子则不同，他从小没吃过苦，从懂事起，吃穿住行都没差过，他不知钱财来之不易，也不会吝啬钱财。我当初之所以想派小儿子去楚国，就是考虑到这方面的原因。"

思考题

1. 谈判要达到预期目的，最重要的因素是什么？范蠡大儿子的错仅仅是舍不得钱财吗？

2. 派出大儿子去楚国的范蠡，既然明知大儿子会犯错，为什么还要派他去？如果要避免二儿子被杀，他应该做些什么防范措施才能保住二儿子的性命？

提示：1. 谈判人员的选择至关重要。要有预见，有决断，能止损。

2. 谈判要组团队，假如加派小儿子同行，能互补。

（二）正式谈判阶段

正式谈判阶段也称实质性谈判阶段，指双方面对面进行洽谈的过程。

1. 谈判开始阶段

谈判开始阶段也叫开局阶段。在此阶段，要对谈判预备内容提出要求，不要直接切入谈判主题。

具体技巧如下。

(1) 以逸待劳。东道主在对方刚抵达谈判地点时就亮出紧凑的日程安排，礼貌地请对方接受，目的是打乱对方计划，在对方没能充分休息的情况下展开高强度的谈判活动。但要注意，时机要恰当，理由要充分，态度要诚恳，有歉意说词，一般在己方实力相对雄厚、对方迫切需要达成协议，或再次交易可能性小而对方谈判能力比较低的情况下使用此策略。

(2) 盛情款待。东道主在正式谈判前，举行高级别宴请，或赠送贵重礼物，或安排高档旅游、休闲等活动。目的是高级别礼遇让对方产生受之有愧、应该回报的心理，以软化对方的谈判立场、原则和态度。注意要把握时机、火候、分寸，过头会有贿赂和动机不纯的嫌疑。一般在对方是谈判新手或对方人情味重、注重礼遇回报的情况下使用该策略。

(3) 先声夺人。这是指率先表明己方坚定的态度、立场与原则，或通过介绍、演示等手段渲染己方实力、优势、业绩，旁敲侧击指出对方劣势、不足，削弱对方的谈判地位。目的是树立己方的强势地位，把握主动权。注意要有十足的依据和信心。一般在对方期望达成交易，或己方实力优势明显，或对方弱势突出时使用该策略。

(4) 以静制动。己方立场简要阐述，专注于倾听、记录、推敲对方意见，最后向对方大量提问。目的是先判断对方实力、思路、方案，以调整己方方案，同时寻找对方破绽，以此作为迫使对方让步的筹码。注意鼓励对方多多发言，对关键问题和对方有意回避的事项提问，不去反驳对方观点，做好倾听、记录、分析。一般在己方不了解市场行情、交易规则与惯例，或实力处于弱势，或对方气势十足、急于求成时使用该策略。

2. 实质性谈判阶段

实质性谈判阶段也叫讨价还价阶段。这是谈判最重要的阶段，经由报价、议价等反复磋商，以期双方达成一致意见。

具体的策略如下。

(1) 投石问路，即采用旁敲侧击的方法试探对方虚实。一般在市场价不稳定、不透明，或对方不太知情的情况下运用此策略。

(2) 声东击西。谈判中如己方关注价格、对方关注交货，那么就可以将进攻方向定位在支付条件上。这样从两个主要议题上引开，在不经意间获取想要的利益。注意隐藏己方真正的利益需求。

(3) 不开先例。这是指就某个不愿让步的问题提出以前己方没有过该先例的策略，目的是约束对方接受己方条件。先例一般指与对方过去谈判的先例、与他人谈判的先例、外界通行的谈判先例。

（4）以退为进。以退让的姿态进行利益进取，以让步换让步。注意让步不要太快，要留讨价还价的余地。

（5）步步蚕食。一项一项地谈，一项一项地敲，最终达到积少成多的效果的策略。

（6）权力有限，又称挡箭牌策略。转移矛盾，假借上司之名，故意搁置谈判，让对方等待，再趁机反攻。使用"我无权决定"做挡箭牌。

3. 谈判成交阶段

谈判成交阶段是指双方就各项条件达成一致意向并签订合同的过程。

（三）结束阶段

谈判结束，双方达成共识，要把细节落实，以书面方式确定下来。

四、谈判的流程

（一）准备阶段

准备阶段主要要做好三方面的准备工作。

（1）思想准备：确立谈判的意向，对对手进行可行性评估，设计谈判方案，确定谈判的主题、目标、要点、策略。

（2）资料准备：指派专人收集与谈判有关的事实和数据。

（3）组织准备：合理配备谈判班子，确定主谈人和相关谈判人员（涉外谈判需要翻译人员）。

（二）进行阶段（核心）

（1）开局：意味着谈判开始，谈判双方进行初步接触、介绍、寒暄，旨在创造一种和谐、温馨、友好的气氛，包括确定谈判地点、座位分配等。

（2）交锋（劝说）：解决实质性问题，双方对立明朗化，表明自己的立场和要争得的利益，绝不可轻易让步。

（3）妥协：达成一定共识，多数情况下是双方共同让步（协议达成之前各方都要弄清楚对方的最大让步程度）。

（4）终局：基本达成谈判目标（写成文本）。

（三）协议达成

协议要字斟句酌，签字后生效。在涉外谈判中，文本要准备多套，出现纷争时以自己的母语文本为标准。

第三节　商务谈判现场礼仪

商务谈判过程中，谈判人员特别是主谈判者的表现对谈判现场气氛影响极大，谈判现场的博弈受到哪怕极其细微的因素影响，都可能造成情势变化。很多时候，商场如战场，而谈判现场充满火药味，在谈判内容范围里充斥着看不见的较量。

一、谈判人员表现礼仪

谈判人员最关键的临场表现礼仪有三个方面。

（一）打扮讲究，体现深度

谈判人员出席谈判现场，一定要讲究着装打扮。内心对谈判高度重视，体现于外就会认真对待自己的形象，不肯苟且。具体来说，合乎礼仪的打扮包括三方面：

（1）修饰仪表。要选择端正雅致的发型，不染彩发。男士短发凸显果断，女士盘发凸显干练。通常要保持面容清秀，皮肤光洁，剃除多余毛发，眉目清爽。

（2）妆容精致。出席正式谈判，女士应该认真化妆。妆容应该清新淡雅，不可浓妆艳抹，要用心化妆，又看似无妆，制造视觉上的赏心悦目与不着痕迹。

（3）着装规范。谈判人员的着装要简约庄重，不要刷新潮流、标新立异，也不要受流行影响，要有职业风范。一般情况，谈判着装的经典搭配是：男士穿深色西服套装，白衬衣，打领带，黑色正装皮鞋；女士穿西装套裙，白衬衫，肉色长筒袜，黑色船形高跟鞋。

（二）保持理性，体现风度

谈判桌上，谈判者自始至终要保持理智，头脑要冷静，面色要平和，保持良好风度，体现可靠与充满自信。

（1）心平气和。要达到谈判的预期效果，就要稳扎稳打，步步为营，处变不惊，时刻保持冷静。既不存心激怒对手，也不自乱阵脚，自找气生。不急不躁，心气平和，是高明的谈判者应有的风度。

（2）争取双赢。谈判是利益之争，各方都希望最大限度争取自身利益，而本质上讲，真正的成功只有各方互相妥协，才能互利互惠，各有所得。所以，商务谈判中，只知道争利不知道让利、只顾自己直奔目标而指望对方一无所得，既没有风度，也不现实。

（三）礼待对手，体现气度

商务谈判要注意对对手以礼相待，注意对事与对人分开。

（1）谈判人员代表着各自的组织，注定不可能"敌我"不分。希望对手手下留情而暗通款曲，"里通外国"而把利益拱手相送，是自欺欺人。要正确认识自己与对手的关系，分清人与事，各为其主。

（2）谈判之外无敌手。谈判桌上的对手可以是谈判桌下的朋友，彼此可能观念相近、性格相投、互相欣赏，即便不如此，也要互相尊敬，以礼相待。但一定要分清楚谈判桌上下的角色身份转换，要做到收放自如。

（3）讲究礼貌，彰显自己的气质和风度。时刻保持良好教养、君子风度或淑女风范；不骄傲自大，也不妄自菲薄；始终礼貌周全，礼节到位。

二、商务谈判五忌

（一）在商务谈判中忌欺诈

欺骗性的语言一旦被对方识破，不仅会破坏谈判双方的友好关系，使谈判蒙上阴影，进而导致谈判破裂，而且也会给企业的信誉带来极大损失。所以说，谈判语言应坚持从实际出发，应给对方诚实、可以信赖的感觉。

（二）在商务谈判中忌盛气凌人

盛气凌人的行为易伤害对方感情，使对方产生对抗或报复心理。所以，参加商务谈判的人员，不管自身的行政级别多高、年龄多大，所代表的企业实力多强，只要和对方坐在谈判桌前，就应坚持平等原则，平等相待，平等协商，等价交换。

(三) 在商务谈判中忌道听途说

谈判中引述道听途说的话，容易使对方抓住你的谈话漏洞或把柄并向你进攻。就个人形象来讲，也会使对方感到你不认真、不严谨、不严肃，不值得充分信赖。

(四) 在商务谈判中忌攻势过猛

要尊重对方的意见和隐私，不要过早锋芒毕露、表现出急切的样子，避免言语过急过猛，伤害对方。

(五) 在商务谈判中忌含糊不清

谈判者事前应做好充分的思想准备和语言准备，对谈判条件进行认真分析。把握住自身的优势和劣势，对谈判的最终目标和重要交易条件做到心中有数。同时做一些必要的假设，把对方可能提出的问题和可能出现的争议想在前面。

三、谈判桌次安排

谈判的桌次安排见表 12-1。

表 12-1　商务谈判桌次安排

双边谈判		多边谈判（三方及三方以上）	
横桌（与门平行）	竖桌（与门垂直）	自由式	主席式
客方人员面门而坐，东道主背门而坐，中间坐主谈人，右方为第一重要人物	进门方向右侧为来宾方向，左侧为东道主方向	自由就座	面对正门为主席位置，竖排方式放置桌子
需要设姓名签		不需要设姓名签	

本章思考题

1. 什么是商务谈判？商务谈判分哪些类别？

2. 商务谈判的特征是什么？其核心指向是什么？
3. 商务谈判遵循怎样的流程？其对应的环节应做什么准备？
4. 商务谈判人员应该遵守哪些礼仪规范？
5. 从商务谈判原则来看，有价值的谈判应该具备哪些因素？
6. 秘书人员如何协助商务谈判？

附录一 古今称谓

一、直称姓名

直称姓名大致有三种情况：

（1）自称姓名或名，如"五步之内，相如请得以颈血溅大王矣""庐陵文天祥自序其诗"。

（2）用于介绍或作传，如"柳敬亭者，扬之泰州人"。

（3）称所厌恶、所轻视的人，如"不幸吕师孟构恶于前，贾余庆献谄于后"。

二、称字

古人幼时命名，成年（男20岁、女15岁）取字，字和名有意义上的联系。字是为了便于他人称谓，对平辈或尊辈称字出于礼貌和尊敬，如屈平字原，司马迁字子长，陶渊明字元亮，李白字太白，杜甫字子美，韩愈字退之，柳宗元字子厚，欧阳修字永叔，司马光字君实，苏轼字子瞻，苏辙字子由等。

三、称号

号又叫别号、表号。名、字与号的根本区别是：前者由父亲或尊长取定，后者由自己取定。号，一般只用于自称，以显示某种志趣或抒发某种情感；对人称号也是一种敬称。如：陶潜号五柳先生，李白号青莲居士，杜甫号少陵野老，白居易号香山居士，李商隐号玉溪生，贺知章晚年自号四明狂客，欧阳修号醉翁、晚年又号六一居士，王安石晚年号半山，苏轼号东坡居士，陆游号放翁，文天祥号文山，辛弃疾号稼轩，李清照号易安居士，杨万里号诚斋，罗贯中号湖海散人，关汉卿号已斋叟，吴承恩号射阳山人，方苞号望溪，吴趼人号我佛山人，袁枚号随园老人，刘鹗号洪都百炼生。

四、称谥号

古代王侯将相、高级官吏、著名文士等死后被追加的称号叫谥号，如陶渊明为靖节先生，欧阳修为欧阳文忠公，王安石为王文公，范仲淹为范文正公，王翱为王忠肃公，左光斗为左忠毅公，史可法为史忠烈公，林则徐为林文忠公。而称奸臣秦桧为"缪丑"，则是一种"恶谥"。

五、称斋名

称斋名指用其人的斋号或室号来称呼他，如：南宋诗人杨万里的书斋名为诚斋，人们称其为杨诚斋；姚鼐因斋名为惜抱轩而被称为姚惜抱、惜抱先生。再如称蒲松龄为聊斋先生，梁启超为饮冰室主人，谭嗣同为谭壮飞（其斋名为壮飞楼）。

六、称籍贯

以籍贯称人也很常见，如：唐代诗人孟浩然是襄阳人，故而人称其孟襄阳；张九龄是曲江人，故而人称其张曲江；柳宗元是河东（今山西永济）人，故而人称其柳河东；北宋王安石是江西临川人，故而人称其王临川；明代戏曲家汤显祖被称为汤临川（江西临川人）；清初学者顾炎武是江苏昆山亭林镇人，故被称为顾亭林；康有为是广东南海人，人称其康南海；北洋军阀首领袁世凯被称为袁项城（河南项城人）。清末有一副饱含讥刺的名联："宰相合肥天下瘦，司农常熟世间荒。"上联"合肥"指李鸿章（安徽合肥人），下联"常熟"指出生于江苏常熟的翁同龢。

七、称郡望

韩愈虽系河内河阳（今河南孟州市）人，但因昌黎（今辽宁义县）韩氏为唐代望族，故韩愈常以"昌黎韩愈"自称，世人遂称其为韩昌黎。再如苏轼本是四川眉州人，可他有时戏称自己"赵郡苏轼""苏赵郡"，因为苏氏是赵郡的望族。

八、称官名

如"孙讨虏聪明仁惠"，"孙讨虏"即孙权，因他曾被授讨虏将军的官职。《梅花岭记》有"经略从北来""谓颜太师以兵解，文少保亦以悟大光明法蝉脱"，"经略"是洪承畴的官职，"太师"是颜真卿的官职"太子太师"

的省称,"少保"则是文天祥的官职。《与妻书》曰:"司马春衫,吾不能学太上之忘情也。""司马"指白居易,曾任江州司马。把官名用作人的称谓在古代相当普遍,如:称贾谊为贾太傅;"竹林七贤"之一的阮籍曾任步兵校尉,世称阮步兵;嵇康曾拜中散大夫,世称嵇中散;东晋大书法家王羲之官至右军将军,至今人们还称其王右军;王维曾任尚书右丞,世称王右丞;杜甫曾任左拾遗,故而被称为杜拾遗,又因任过检校工部员外郎,故又被称为杜工部;刘禹锡曾任太子宾客,故被称为刘宾客;柳永曾任屯田员外郎,故被称为柳屯田;苏轼曾任端明殿翰林学士,故被称为苏学士。

九、称爵名

《训俭示康》中有"近世寇莱公豪侈冠一时",寇准的爵号是莱国公,莱公是省称。《梅花岭记》中有"和硕豫亲王以先生呼之",清代多铎被封为豫亲王。《柳敬亭传》中有"宁南南下,皖帅欲结欢宁南,致敬亭于幕府",宁南是明末左良玉爵号宁南侯的省称。再如诸葛亮曾封爵武乡侯,所以后人以武侯称之;南北朝诗人谢灵运袭其祖谢玄的爵号康乐公,故世称谢康乐;唐初名相魏徵曾封爵郑国公,故世称魏郑公;名将郭子仪在平定"安史之乱"中因功封爵汾阳郡王,世称郭汾阳;大书法家褚遂良封爵河南郡公,世称褚河南;北宋王安石封爵荆国公,世称王荆公;司马光曾封爵温国公,世称司马温公;明初朱元璋的大臣刘基封爵诚意伯,人们以诚意伯称之。

十、称官地

古时也用任官之地的地名来称呼人。如《赤壁之战》中有"豫州今欲何至?",因刘备曾任豫州刺史,故以官地称之。再如贾谊曾被贬为长沙王太傅,世称贾长沙;"建安七子"之一的孔融曾任北海相,世称孔北海;陶渊明曾任彭泽县令,世称陶彭泽;骆宾王曾任临海县丞,世称骆临海;岑参曾任嘉州刺史,世称岑嘉州;韦应物曾任苏州刺史,世称韦苏州;柳宗元曾任柳州刺史,世称柳柳州;贾岛曾任长江县主簿,世称贾长江,他的诗集就叫《长江集》。

十一、兼称

《游褒禅山记》中有"四人者,庐陵萧君圭君玉,长乐王回深父,余弟安国平父、安上纯父",前两人兼称籍贯、姓名及字,后两人先写与作者关系,再称名和字;《五人墓碑记》中有"贤士大夫者,冏卿因之吴公,太史文起文公，孟长姚公也"，前两人兼称官职、字和姓，后一人称字和姓；《梅花岭记》中有"督相史忠烈公知势不可为"，兼称官职与谥号，"马副使鸣騄、任太守民育及诸将刘都督肇基等皆死"，兼称姓、官职和名；《促织》中"余在史馆，闻翰林天台陶先生言博鸡者事"，兼称官职、籍贯和尊称。

十二、谦称

谦称有如下情况。

（1）表示谦逊的态度，用于自称。愚，谦称自己不聪明。鄙，谦称自己学识浅薄。敝，谦称自己或自己的事物不好。卑，谦称自己身份低微。窃，有私下、私自之意，使用它常有冒失、唐突的含义在内。臣，谦称自己不如对方的身份地位高。仆，谦称自己是对方的仆人，使用它含有为对方效劳之意。

（2）古代帝王的自谦辞有孤（小国之君）、寡（少德之人）、不谷（不善）。

（3）古代官吏的自谦辞有下官、末官、小吏等。

（4）读书人的自谦辞有小生、晚生、晚学等，表示自己是新学后辈；自谦为不才、不佞、不肖，则表示谦称自己没有才能或才能平庸。

（5）古人称自己一方的亲属朋友时，常用"家""舍"等谦词。"家"是对别人称自己的辈分高或年纪大的亲属时用的谦辞，如家父、家母、家兄等。"舍"用以谦称自己的家或自己的卑幼亲属，前者如寒舍、敝舍，后者如舍弟、舍妹、舍侄等。

（6）还有其他自谦辞。因为古人坐席时尊长者在上，所以晚辈或地位低的人谦称"在下"；"小可"是有一定身份的人的自谦，意思是自己很平常、不足挂齿；"小子"是子弟晚辈对父兄尊长的自称；老人自谦时用"老朽""老夫""老汉""老拙"等；女子自称"妾"；老和尚自称"老衲"；对别国称自己的国君为"寡君"。

附录二
中国传统节日及礼俗

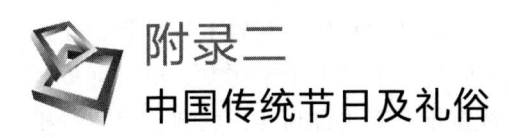

一、春节

春节代表着新的开始与新的希望，是中国民间传统中最为隆重和盛大的节日。历朝历代，无论达官显贵还是贩夫走卒，所有的中国人都把春节看作喜庆团聚的好日子。

春节，古称元旦。据民间习俗，从腊月二十四起到新年正月十五闹元宵止都称春节。现在春节的庆祝活动一般从大年三十（二十九）开始。春节期间，家家户户清扫一新，贴春联、贴年画、守岁、放鞭炮、拜年等活动丰富多彩。

春节的主要礼俗如下：

（1）扫尘。每年从农历腊月二十三起到除夕止，我国民间把这段时间叫作"迎春日"，也叫"扫尘日"。扫尘就是年终大扫除，北方称"扫房"，南方叫"掸尘"。每逢春节来临，家家户户都要打扫环境，清洗各种器具，拆洗被褥窗帘，洒扫六闾庭院，掸拂尘垢蛛网，疏浚明渠暗沟，到处洋溢着欢欢喜喜搞卫生、干干净净迎新春的气氛。

（2）办年货。一到腊月，人们都要上街采办过年的物品、买年画、准备过年的春联。

（3）吃团年饭。团年饭意为一家团圆。腊月的最后一天要全家团聚吃一顿丰富的年饭。凡家中在外地工作或学习的家人都会尽可能赶回家团聚。这顿饭要吃得欢欢乐乐，菜肴吃食也具有吉利的象征意义，如鱼（年年有余）、整鸡（大吉大利）、青菜（清洁平安）、年糕（年年高）等。吃饭时，不要说丧气的、不吉利的话，不能失手打破碗碟杯盏，不要碰翻椅凳，因为这些会被视为不吉利的征兆。

（4）守岁。除夕之夜，灯火通明，家人围坐一起畅谈，长辈要将事先准备好的压岁钱分给晚辈，"岁"与"祟"谐音，晚辈得到压岁钱就可以平平安安度过一岁。除夕之夜，在我国北方家家都要包饺子。

（5）鞭炮迎新。"爆竹一声除旧，桃符万户更新。"古代燃放鞭炮是为了驱鬼祛邪，如今则表示节庆欢乐，鞭炮越响，来年家庭财源会越兴旺。

（6）拜年。新年伊始，人们走亲访友，登门拜年，互致节日祝贺，联络感情。各地拜年的习俗并不相同，但一般初一上午不走亲访友。出去拜年要穿戴整洁。出门遇到熟人、朋友要恭贺新年，说些吉利话；见到长辈要行拱手礼；走亲访友要携带礼物。

（7）过年时，招待宾客的食物有讲究，通常以谐音讨口彩，比如吃柿子苹果，喻意事事平安；吃年糕则意味着年年高升。

（8）春节期间，人们还经常走上街头，参加舞狮子、耍龙灯、踩高跷、逛花会等娱乐活动。

春节期间也要注意喜庆有度。这一期间热闹的时候比较多，不应为了自己开心而打扰邻居们休息。春节不仅要拜年，有时候也要恭喜人家喜迁新居，看看新房的格局，参观一下崭新的家具。但参观前应该征得主人的同意，等待主人的邀请，而不要直接提出参观请求，令主人不好拒绝。如果受到主人邀请参观，也要跟在主人身后，不要自己去打开房间门，尤其是卧室和卫生间的门。另外，因为有很多城市都不鼓励燃放烟花，有的人也没有放鞭炮的喜好，所以过年送礼最好不要送鞭炮。

二、元宵节

农历正月十五是一年中第一个月圆之夜，叫元宵节，又称"上元节"或"灯节"。自唐朝开始，民间就有元宵之夜观灯的风俗。现在元宵节有很多节俗活动。

吃元宵是元宵节最主要的活动。古时候人们把元宵这种食品叫汤圆、汤团或团子。元宵的形状是圆形，又含着一个"圆"字的同音字，象征着团圆、美满、吉祥、和睦，所以人们多取其意，这一天要吃元宵。

灯会在夜间举行，一般从正月初十就开始了，人人动手，家家户户扎花灯、点花灯，特别是到了元宵节的夜晚时分，更是举烛张灯，结彩为戏，供人观赏，所以元宵节又称"灯节"。在明清时，花灯的样式最为繁多，数不胜数。现在不少地方的政府、民间每到元宵节，都会组织大型灯会。

三、端午节

农历五月初五为端午节，又称端阳节、午日节、五月节、艾节、端午、重午、午日、夏节。相传爱国诗人屈原在农历五月初五这天怀抱石头投汨罗江自尽，两岸百姓知道后，纷纷划船打捞他的尸体，并向江中投放粽子，使鱼虾饱食后不吃他的尸体。此传说历代沿袭下来，演变成如今端午节吃粽子、赛龙舟的习俗。端午节的习俗礼仪主要有以下几方面。

（1）挂菖蒲、艾叶。民间特别是农村家庭，门窗上要挂菖蒲、艾叶，用以驱鬼辟邪保平安。艾叶、菖蒲具有杀虫、驱寒、消毒之用，城乡许多家庭都在端午这一日采集艾叶，以备常年家用。

（2）吃大蒜头、喝雄黄酒。端午这天，家庭要备一桌丰盛于平日的饭菜，全家共享。这一餐习惯上要吃大蒜头煮肉，喝雄黄酒。大人会在不能喝酒的孩子额头上沾上雄黄，或画一个"王"字，以图去病消灾。这种习俗在现代城市已逐渐被人遗忘。

（3）吃粽子。端午节吃粽子是我国民间长久盛行的习俗。早在1 300多年前的唐朝，已经流行吃粽子。在湖南岳阳、益阳一带，端午还兴吃麻花，当地把它称为"油绞"，女婿去丈母娘家拜节，也要提一串麻花。据说，吃麻花也是为了纪念屈原。

（4）赛龙舟。传说屈原投江后，楚人因舍不得贤臣屈原死去，于是有许多人划船追赶拯救，借划龙舟驱散江中之鱼，以免鱼吃掉屈原的尸体。此后，竞渡之习便盛行于吴、越、楚等地。

（5）佩香囊。端午节小孩佩香囊，不但有避邪驱瘟之意，而且有襟头点缀之风。香囊内有朱砂、雄黄、香药，外包以丝布，清香四溢，再以五色丝线弦扣成索，做成各种不同形状，结成一串，形形色色，玲珑夺目。

四、中秋节

农历八月正好在秋季的中间，古人谓"仲秋"，八月十五又在"仲秋"之中，所以称"中秋"，恰逢此日又与月有关的"中秋节"就有了许多别称，如"八月节""八月半""月节""月夕"，继而引申为以圆月为象征的"团圆节"。人们邀请亲朋好友，夜饮玩月，连回娘家的媳妇这天都必须返还夫家。

中秋晚上，我国大部分地区有烙"团圆"的习俗，即烙一种象征团圆、类似月亮的小饼子，即"月饼"。饼内包糖、芝麻、桂花和蔬菜等，外压月亮、桂树、兔子等图案。祭月之后，由家中长者将饼按人数分切成块，每人一块，如有人不在家即为其留下一份，表示阖家团圆。

五、重阳节

农历九月九日是我国传统的重阳节，又名重九节、登高节、菊花节、茱萸节。我国古代把九定为阳数，农历九月九日，月日并阳，两阳相重，两九相叠，故名"重阳"，又名"重九"。

每到这一天，人们出游登高，赏菊花，饮菊花酒，佩茱萸，吃重阳糕。时至今日，一些地区仍保存着这种风俗。政府还把重阳节定为"敬老节"，向老年人表达敬意之情并帮助他们解决困难等。

六、冬至与腊八

冬至是我国的一个重要节气，时间是公历12月22日或23日。过了冬至，我国大部分地区将进入最寒冷的时期。俗话说："冬至大如年。"古代，在这一天有祭天、祭祖、拜贺、食百味馄饨等习俗，今天人们也在这一天祭祀先祖。

腊八指腊月初八，有吃"腊八粥"的风俗。

附录三
西方传统节日及礼俗

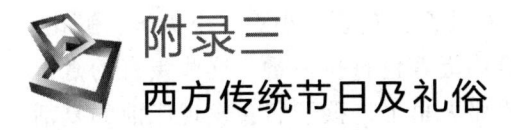

一、新年（New Year's Day）

每年 1 月 1 日是公历新年。这个节日我们现在称"元旦",作为公历的新年来庆贺。

二、情人节（Valentine's Day）

每年 2 月 14 日是情人节。在西方一些国家中,有一个极富浪漫色彩、最受情侣们欢迎的节日,这就是每年 2 月 14 日举行的情人节。对那些心有所属、平日又羞于启齿的痴情男女来说,情人节是倾心吐露心底秘密的佳期。在情人节的前一天夜里,姑娘们便采来月桂树的叶子,贴在枕头上,希望在梦中见到意中人。

希腊神话中,太阳神阿波罗在自己挚爱的姑娘达芙妮变成月桂树后,便用月桂树的枝叶编成桂冠,戴在自己头上。阿波罗是希腊众神中最英俊潇洒的一个。也许,姑娘们希望自己心目中的"白马王子"也能和他一样吧!与此同时,小伙子们则把瓦伦丁情人卡剪成各种精美的工艺品,如剪成心形、花形,更多的是希腊神话中小爱神厄洛斯弯弓搭箭的形象。神话中说,厄洛斯百发百中,他射中了谁,谁就会坠入爱河。他把煽动情欲之箭射给了阿波罗,又把毁灭爱情之箭射给了达芙妮,才造成了希腊神话中那一段著名的爱情悲剧。小伙子们当然希望爱神能把他的爱情之箭分毫不差地射在姑娘们枕头上的月桂叶上,以使他们彼此从此心心相印,成为一对神仙眷侣。

三、复活节（Easter）

在欧美各国,复活节是仅次于圣诞节的重大节日。按《圣经·马太福音》的说法,耶稣基督在十字架上受刑死后三天复活,因而设立此节。根据西方教会的传统,在春分节（3 月 21 日）当日见到满月或过了春分见到第一个满月之后,遇到的第一个星期日即为复活节。东方教会则规定,如果满月恰好出现在这第一个星期日,则复活节再推迟一周。因此,复活节的节期大致在每年 3 月 22 日至 4 月 25 日之间。

典型的复活节礼物跟春天和再生有关系:鸡蛋、小鸡、小兔子、鲜花。复活节前夕,孩子们与朋友和家人给鸡蛋着色打扮一番。这些蛋有的煮得很老,有的只是空空的蛋壳。复活节那天早上,孩子们会发现床前的复活节篮子里装满了巧克力彩蛋、复活节小兔子、有绒毛的小鸡及娃娃玩具等。据说复活节兔子会将彩蛋藏在室内或草地里,让孩子们去寻找。一年一度的美国白宫滚彩蛋活动经常被电视台实况转播。复活节也是向关怀的人送鲜花、盆景、胸花等的节日。许多去做礼拜的人这天也向教堂献上花束。成人们则往往互赠贺卡或小件礼品。传统上人们在复活节给孩子们送去活的小鸡、小鸭、小兔子等,但孩子们太小,往往不能恰当地喂这些小动物,所以究竟送什么礼物,得认真考虑一番。

四、母亲节(Mother's Day)

在美国,有两个人情味极浓的节日:母亲节和父亲节。母亲节是由一位名叫贾维斯的妇女倡导,并由她的女儿安娜·贾维斯发起创立的。母亲节创立后,得到了全世界各国人民的支持。如今,母亲节已经成为一个名副其实的国际性节日。按惯例,"国际母亲节"被定在每年 5 月的第二个星期日。

五、父亲节(Father's Day)

6 月的第三个星期日是父亲节。父亲节是由约翰·布鲁斯·多德夫人倡议成立的。随着社会的发展和变化,美国离婚率不断上升,单亲子女增多,在许多家庭中,父亲的职责明显增强了。另外,女性就业人数增多,父亲也必须承担更多的家务。在这种情况下,子女对父亲的依恋不断得到增强,这个节日也就逐渐向全国推广。1972 年,在各方的强烈呼吁下,美国总统尼克松签署了建立父亲节的议会决议,使其成为全国性的节日。在这一天,子女们一早起来,自己动手为父亲做一顿丰盛的早餐,并亲手端到父亲床前。孩子们还要制作一些精美的小礼品送给父亲。与母亲节一样,在父亲节这天,人们也在胸前佩戴特定的花朵。一般来说,佩戴红玫瑰表示对健在父亲的爱戴,佩戴白玫瑰则表达对故去父亲的悼念。

六、万圣节（Halloween）

万圣节是西方的鬼节，是每年的 11 月 1 日。传说中所有的鬼在万圣节前夕（10 月 31 日）这天会来到人间。人们为吓唬大鬼小鬼，把自己也打扮成各种鬼的模样，以避免被鬼抓走。万圣节的一个习俗是，这一天大家会挨家挨户要糖吃，不给糖吃就捣蛋（Trick or Treat），这个最受孩子们喜爱。

七、感恩节（Thanksgiving Day）

每逢 11 月第四个星期四，美国人民便迎来了自己最重要的传统民俗节日——感恩节。这个节日始于 1621 年秋天远涉重洋来到美洲的英国移民，为了感谢上帝赐予的丰收，他们举行了 3 天的狂欢活动。从此，这一习俗就延续下来，并逐渐风行各地。1863 年，美国总统林肯正式宣布感恩节为国定假日。届时，家家团聚，举国同庆，其盛大、热烈的情形不亚于中国人过春节。

美国人从小就习惯独立生活，各奔东西。而在感恩节这天，他们总是力争从天南海北归来，一家人团团围坐在一起，大嚼美味火鸡，畅谈往事，这使人感到分外亲切、温暖。在美国，每次感恩节商店都有促销，东西超级便宜，但是存货很少，所以很多人为了买到自己想要的东西，从感恩节前一天就在商店门口排队，挨冻一个晚上也无所谓。

八、圣诞节（Christmas Day）

每年 12 月 25 日是基督教创始人耶稣的诞辰，也是基督徒最盛大的节日——圣诞节。按基督教教义，耶稣是上帝之子，为拯救世人，降临人世，所以圣诞节又称"耶稣圣诞瞻礼""主降生节"。公元 354 年，罗马帝国西部拉丁教会年历中首次写明 12 月 25 日为耶稣基督诞生日。

圣诞节本来是基督教徒的节日，由于人们格外重视，它便成为一个全民性的节日，是西方国家一年中最盛大的节日，可以和新年相提并论，类似我国过春节。

附录四
颜色的寓意

（1）红色：热情，活泼，张扬；容易鼓舞士气，同时也很容易让人生气；西方以红色象征牺牲，东方则代表吉祥、乐观、喜庆之意；红色也有警示的意思。

（2）橙色：时尚，青春，动感，有种让人活力四射的感觉；代表炽烈之生命，太阳光也是橙色。

（3）蓝色：宁静，自由，清新。在欧洲，蓝色为对国家忠诚之象征。深蓝可代表孤傲、忧郁、寡言，浅蓝色代表天真、纯洁。同时，蓝色也代表沉稳，安定。

（4）绿色：清新，健康，希望，是生命的象征；代表安全、平静、舒适，在四季分明的地方，如见到春天之树木、绿色的嫩叶，看了会使人有新生之感。

（5）紫色：可爱，神秘，高贵，优雅，也代表着非凡的地位。一般人喜欢淡紫色，有让人愉快之感；紫色有高贵、高雅的寓意，神秘感十足，是西方帝王衣服常用颜色。

（6）黑色：深沉，压迫，庄重，神秘；无情色，是白色的对比色；有一种让人感到黑暗的感觉，如和其他颜色相配合，会产生集中和重心感。在西方，黑色多用于正式场合。

（7）灰色：高雅，朴素，沉稳；代表寂寞、冷淡、拜金主义；灰色使人有现实感，也给人以稳重安定的感觉。

（8）白色：清爽，无瑕，冰雪，简单；无情色，是黑色的对比色；表纯洁，以及轻松、愉悦，浓厚的白色给人有壮大之感。在东方，白色象征着死亡与不祥。

（9）粉红：可爱，温馨，娇嫩，青春，明快，浪漫，愉快。但对不同的人，感觉也不同，搭配得好的话，粉红会让人感到温馨；没有搭配好的话，会让人感到压抑。

（10）黄色：灿烂，辉煌，有着太阳般的光辉，象征着照亮黑暗的智慧之光。黄色有着金色的光芒，象征着财富和权利，它是骄傲的色彩。在东方，黄色代表尊贵、优雅，是帝王御用的颜色；也是一种可以让人增强食欲的颜色。西方基督教以黄色为耻辱象征。

（11）棕色：代表健壮，与其他色不发生冲突；有耐劳、沉稳、暗淡的意思，因与土地颜色相近，给人可靠、朴实的感觉。

（12）银色：代表尊贵、纯洁、安全、永恒，也代表着未来感。

主要参考文献

[1] 华洁芸. 现代秘书实务 [M]. 北京：首都师范大学出版社，2007.

[2] 周国宝，王环，张慎霞. 现代国际礼仪 [M]. 北京：北京师范大学出版社，2012.

[3] 胡海. 商务谈判实务 [M]. 北京：北京邮电大学出版社，2016.

[4] 刘丽娜. 哈佛商务礼仪课 [M]. 北京：中国法制出版社，2014.

[5] 黄建武，万婷，张荻. 现代商务礼仪 [M]. 北京：北京邮电大学出版社，2013.